U0069432

謹以此书献给那些不愿跪下的中國人!

自從毛澤東說'中國人民從此站起來了'的那一刻起,似乎整個中國,就他一個人站起來了,而別人都跪(倒)下了……

王修求

作者簡介：

一九八五年一月十四日，出生於湖南新化。一個擁有獨立思考、追求"活著"要有意義、 對世界有其看法的人。胡適、儲安平、李敖對其的影響頗深。如今，過活之餘，暫做寫個人傳記、收錄電子書、收錄創刊詞等工作；先後編著出版——《中國期刊 • 創刊詞錄》、《中國期刊 • 創刊詞錄（增訂版）》。

毛澤東把地獄搬到了人間

炎黃子孫在馬列子孫統治下的苦難記憶

◎王修求 著

序：最不應該遺忘的是"犯錯的"過去

如果你想瞭解一個人或一件事物，不論他是位高權重還是一介布衣，是璀璨珠寶還是粗糙石頭，最好以平常心平靜地去看待與他相關聯的一切。否則，你所看到的事物，要麼是仰視得來的，要麼是俯視得來的，無論你的位置或高或低，你所看到的,都會偏離正常的畫面而產生畸變。

水晶棺似乎是共產黨發明的專利，從列寧到斯大林，從斯大林到胡志明，從胡志明再到毛澤東，這些開國之人都享有這種死後的特殊待遇。對於水晶棺工藝流程我並不關心，但對於水晶棺中不腐之身卻有著強烈地好奇之心。從郭大龍先生的《素棺》中，我們大概可以窺得一二。那就是人死之後要解剖，把五臟六腑都得取出來，差不多只留肌肉與骨頭，然後得經過消毒與藥水浸泡處理，最後才能放入真空的水晶棺中。其實我們看到躺在水晶棺裏栩栩如生的毛澤東，只是具沒心沒肺的屍體。我覺得這是一個最有現實意義的幽默，一代開國之人，最後居然變得沒心沒肺。然而，這也正生動地給爭權奪勢、勾心鬥角、你死我活、現實黑暗的政治，做了一個最為貼切的寫照；水晶棺中的毛澤東——沒心沒肺，它似乎象徵性地暗示了獨裁政治的無情與黑暗。

更有意味的是，一九五六年毛澤東與眾多宣導喪葬改革的人，在懷仁堂簽名提倡火葬。然而二十年後，他卻若無其事地躺在了水晶棺中。無論做何種解釋，都與宣導優秀文化扯在一起有點牽強。如果說，最終存屍於水晶棺是毛澤東自己最後的決定，那麼說明他是個言而無信的人；而如果把這種言而無信，用《三國》口銜天憲的曹操"我說的話可以不算數，你們就不行”的標準來衡量的話，那麼顯然是蠻不講理、漠無天道的體現。如果說，最終存屍於水晶棺是組織的決定，那麼這就顯然是對於死者的不夠尊重，是對毛澤東遺言的背叛；如果組織定要大而化之，以“國家利益”的名義為存屍水晶棺找理由，那麼只能說明，這個組織是個背信棄義，又不擇手段的組織。

這種說得好聽是為了“國家利益”，說得不好聽是“強姦人意”的做法，現在中國卻大其道。每年民不知曉“代表人民意志”去北京開兩會的所謂“人民代表”，卻是最為典型的例子；還有玩過場的，暗中操縱的各種所謂的新聞發佈會；還有由上級領導欽定的，走走形式的所謂的村民選舉；還有每天七點黃金時段，各省電視臺必須播出的新聞聯播；還有紙上談兵的憲法第三十五條，而現實當中卻不復存在的出版、新聞、結社等等自由，還有……這些無一不是把毛澤東送入水晶棺式做法的延續，這種延續——延續了文化的虛偽本性，延續了個人意志不受尊重的劣根性。這種“不尊重”的病毒，深藏於民族文化大腦的細胞當中，它隨時都可以威脅到任何人，小到一介草民，大到一國之君毛澤東，也不能倖免。

毛澤東統治中國幾十年，他披著所謂人民民主專政的外衣，實享受著封建帝王的惟我獨尊，獨裁著中國的一切。事實證明，他留給中國的遺產，除了進入水晶棺，結束了“治國無方，擾民有術”的最為黑暗的統治之外，似乎很少有積極意義的東西。主席終身制，如果毛岸英不那麼早夭折，說不定中國是朝鮮的榜樣——世襲制；他的雙百方針下的“陽謀”，翻手為雲、覆手為雨，自己口銜天憲，全然沒有一點封建帝王都懂得的一言九鼎的影子。在他的統治下，法律成爲了笑話，“走狗”堂而皇之的寫進了憲法；在他的統治下，恐怖伴隨著國人的生活，迫害無處不在，大家說話都得小心翼翼，生怕一不小心禍從口出；在他的統治下，政治運動不斷，人爲的災難也不斷，有不知多少家庭，被迫捲入無情的運動漩渦中，弄得妻離子散，整得家破人亡。他不知道什麼是定國安邦！他不知道他所統治的子民，需要安居樂業！他一生值得後世有用的標榜並不多。你看他把中華民國改成中華人民共和國的私心，你看他對那麼多老同志的下手無情，你看他老死任上對權位的貪戀。說心裏話，他所說的“中國人民站起來了”，好像說的是他自己，因爲最終別人都倒下了，唯獨他自己站起來了，壽終正寢。

很多人都把毛澤東的功過七三分，其實是一種對權貴獻媚的說法。對於歷史或現實中的人物，當權者，尤其是國家領導人，我們寧可苛刻些，少些寬容，更不應該輕易來過往不咎；因爲他們的過失，往往會給很多人帶來災難，這種災難往往是滅頂的，所以我們需格外小心些；而對於他們的過錯，我們必須時時毫不客氣地牢牢抓住；只有這樣，才能讓他們知道人們永遠不會忘記他們所犯下的錯誤；也只有這樣，他們及他們的接班人才會吸取教訓，才不會輕易地去犯錯。

對於一個歷史悠久的古國，文化底蘊最多，同時它的包袱也最多。有時候我們一而再，再而三的強調我們傳統文化的優越性，其實是沒有必要的。文化的優劣，不是通過強調就能見分曉的。一塊土地的好與壞，它不是我們嘴巴上說了算的，一種莊稼就知道了。無論是西化還是中化，文化本身只是塊土地。什麼莊稼適合在哪里種，莊稼比誰都清楚。種罌粟的地方不一定適合種玫瑰，適合種玫瑰的地方也不見得就能種罌粟。如果定要違反自然規律，桔變成枳是無法避免的。我們沒必要拿曾經的輝煌來掩飾現在的落後，就像一個乞丐說他爺爺的爺爺是宰相一樣是件毫無意義的事情，唯一有點積極意義的是承認自己就是乞丐，然後通過自己的努力，去改變自己的命運。中國有時候什麼都不缺，就缺一種勇於面對的精神。因為不敢面對，有時候我們一錯再錯，一錯到底。因為不思悔改，使很多機會錯過了，使我們與人類文明漸行漸遠。

　　唐代有個故事，那是唐太宗為了表彰崇德報功，不忘革命感情，就叫閻立本為他的二十四位功臣一一畫像，掛在淩煙閣。可是後來，這二十四位功臣當中一位叫侯君集的造了反，被抓住，依法非殺不可，唐太宗對這位"朋友變敵人"的老同志，非常痛苦。他哭了，他哭著向侯君集說：你造了反，非殺你不可，但你是我的老同志，我不能不想起你、懷念你，我再上淩煙閣，看到你的畫像，教我情何以堪？你死了，"吾為卿，不復上淩煙閣矣！"

　　差不多的故事近代也有一個，可是我們的做法，卻不是唐太宗的"吾為卿，不復上淩煙閣矣！"。

　　現在藏於北京革命博物館的《開國大典》，這幅畫經歷過三次劫難：1952 年底，畫家董希文奉中央美術院的命令製作此畫，耗時兩月於 1953 年完成。1955 年高饒事件後，董希文奉命將畫中的高崗刪除（高崗與饒漱石，因反對周恩來、劉少奇的領導，而被打倒），原位以一盆鮮花代替，為第一次修改；1971 年文化大革命中，董希文又奉命將劉少奇刪除（劉少奇被打倒），原位以董必武填補，為第二次修改；1972 年，又接命令，去掉畫中的林伯渠（刪除的原因，林伯渠在延安時，曾反對毛澤東與江青結婚）；因董希文畫不動了，遂現場當指導，由靳尚誼動手，在複製的新品上，將林伯渠去掉，此為《開國大典》的第三次修改。1979 年，基於 "實事求是" 原則，畫家閻振鐸、葉武林受命，在複製品上，恢復了 1953 年董希文成畫時的本來面目。

在一個詭誕的年代，一幅畫也因為染上了政治色彩變得多災多難。這使我想起了愛因斯坦那個可愛的老頭，對他的相對論的解釋：他說當他成功了，德國人說他是德國人，法國人說他不是德國人是猶太人，因為法國人恨德國人；而當他失敗了，法國人說他是德國人不是猶太人，德國人卻說他不是德國人是猶太人，因為德國人恨猶太人。這就是現實的政治，為了利益，枉顧事實的政治。

當然，我們也不必太消極。毛澤東說數英雄人物，具往矣；同樣，這些讓我們無法開顏的事情，在不久的將來，也會成為 "往矣"。想想德國領導人，在希特勒屠殺猶太人的地方，下跪道歉；想想澳大利亞領導人李克文，向丟失小孩的原著民，說對不起；想想臺灣總統馬英九，向 "二二八事件" 的受難家屬，賠不是。這些，都是社會的進步。

法國前總統德斯坦，在給《圓明園大劫難》一書所作的序言裏說："記憶的責任，意味著必須承認和不忘記過去的錯誤和罪行，不論是他人還是自己所犯"。對於歷史的記憶，大多時候是有選擇的，有的有意選擇遺忘，有的刻意選擇銘記。但我總認為，對於那些在歷史上，所犯下的過錯與罪行，我們是最應該銘記的。因為記住它，就意味著我們不會再走曾經走過的老路與彎路，我們也就會，更多地享受一份幸福而非痛苦。

2022 年 2 月 26 日

目錄

不願作奴隸的田漢——站起來了嗎？

田漢【1898 － 1968】

起來！

不願作奴隸的人們！

把我們的血肉，

築成我們新的長城

中華民族到了最危險的時候，

每個人被迫著發出最後的吼聲！

起來！起來！起來！

我們萬眾一心，

冒著敵人的炮火前進！

冒著敵人的炮火前進！

前進！前進！進！

《義勇軍進行曲》[1]是一首讓人唱起來熱血沸騰的歌曲，凝聚的不僅僅是作者的心血，更是那個特殊年代一個民族的心聲。然而，民族只是個宏大敘述的名詞，有血有肉的個體、作者田漢歲末所經歷的那段苦難深重的人生，留給我們的記憶，永遠比民族這個空洞的概念要重要的多。

田漢生於 20 世紀末長沙的一戶農家（1898 年 3 月 12 日

出生），相比毛澤東晚出生幾年的光景，他 9 歲喪父，三兄弟全倚仗母親養育成人。然三兄弟當中，數田漢受教育最多，自然日後也相比其他兩兄弟也就出息多了；成爲了戲劇界、現代話劇界，舉足輕重的人物。

對於田漢的人生，幫助最得力的除了母親支持他受教育之外，還有他的舅父易象（梅園、梅臣）；在田漢的心目中，易象是"知我最甚、愛我最深、責我最力"的，資助去日本留學，還將愛女嫁給了他[2]。

年輕的田漢，除了多才多情之外，更是個有思想抱負的人。參加過少年中國學會、發起中國左翼作家聯盟、組織創造社、與妻子易漱瑜創辦《南國半月刊》、繼而組織南國電影劇社、也擔任過上海藝術大學的校長，與歐陽予倩、周信芳等舉辦藝術魚龍會，成立南國社及南園藝術學院、中華全國戲劇界抗敵協會等等，他的前半生可謂建樹豐富，碩果累累。

1932 年，經劉保羅的介紹，加入共產黨（瞿秋白是監誓人）。1934 年，創作了他的傳世之作——《義勇軍進行曲》；次年坐國民黨的牢，後經徐悲鴻、宗白華、張道藩保釋出獄，被軟禁於南京，但都毫髮無損；1937 年，中共代表團到達南京，審查了田漢被捕後的表現，恢復了他的組織關係。

之後，田漢的人生，於 1949 年走到人生的頂峰，他作詞的《義勇軍進行曲》，成爲中華人民共和國的國歌。建國後的他，也算混的風生水起。三反五反中，如履平地；反右運動中，主持批判吳祖光的座談會，出席揭發右派分子的座談會（1957 年），自己也因《爲演員的青春請命》、《必須切實關心並改善藝人的生活》兩篇文章受到批判，但與同時期受到批判的人相比，只能算青蜓點水了；其創作的《關漢卿》（1958 年）、《謝瑤環》（1961 年）獲得了 '爲民請命' 的

002

聲譽，參加各種政治活動（1949、1957 年出訪蘇聯、1963 年出訪朝鮮），頭銜眾多、光環閃爍。

然而，好運的人生，從 1964 年開始，就赫然停止了。曾經批判別人的田漢，這回也輪到別人批判田漢了。

1964 年 6 月 27 日，毛澤東在中宣部《關於文聯所屬各協會整風情況的報告》上作了批示：

> 這些協會和他們所撐握的刊物的大多數，十五年來，基本上不執行黨的政策，不去接近工農兵， 不去反應社會主義的革命和建設，竟然跌到了修正主義的邊緣，如不去認真改造，勢必在將來的某一天，要變成像匈牙利裴多菲俱樂部那樣的團體。[3]

緊接著，田漢的《謝瑤環》被批成"反黨反社會主義的大毒草"[4]。1965 年 1 月，全國政協四屆一次會議舉行。在政協文藝組的會上，在人大、政協文藝界代表的座談會上，不斷受到批判。那些昔日對他仰慕備至、尊之為師的演員們，一齊向他開炮。同時，劇協免去了他黨組書記的職務，67 歲的田漢，被下放到京郊順義縣牛欄山公社"勞動鍛煉"，並被要求繼續作懺悔式的"檢討"。

1966 年 1 月，《劇本》、《人民日報》、《光明日報》掀起了批判田漢及其《謝瑤環》的高潮；7 月，田漢被集中到社會主義學院接受"教育"和批評，並要求揭發周揚的問題；8 月，"紅衛兵"每半個小時就把他押到文聯車庫平臺上"示眾批鬥"一次，批鬥的高潮過後，就被放回貼滿大字報的家中；12 月，有關部門把他從家中押走，這一走，就再也沒有回來。

其子田申，在《我的父親田漢》一書的前言及正文中，有過如下描寫：

> 1966 年 12 月，聽說父親在家裏被'四人幫'抓了去，從此音信全無。我們全家人都受到'株連'，家裏就只剩下九十多歲高齡的祖母和始終陪伴著她人老家的忠心不移的紹益娭。祖母始終堅信兒子會回來，

因為 1935 年 2 月父親在上海被捕，後來又轉押到南京國民黨監獄，她還去探過監，送過飯，最後兒子還是放了出來，但是這一次，她日復一日地坐在院子裏苦盼，卻直到 1971 年的冬天，她老人家與世長辭，也沒有盼來丁點兒的消息。[5]

……

專案組要醫護人員劃清界線不能與病人講話，說‘李伍’是黑人，審訊時專案組人員進去，醫護人員出來，記憶中，李伍受審後還要寫交待材料。

我對李伍印象最深的一點，他被整的很傻，警衛戰士特別狠，有一次他大便拉在地上，戰士訓他逼他自己搞乾淨，把大便打掃到廁所，有一次聽李伍講：‘我還有個媽媽，我想我的媽，你們讓我回去看看她吧’。他被整得很慘，當時病房的窗子都是釘死的。

李伍精神上被整的很麻木，不允許家屬去看，完全與外界隔絕，死後，屍體拖到太平間，醫護人員就不知道了。[6]

1949 年，田漢建議去掉鐮刀、斧頭的五星紅旗——32 號方案被採用作為國旗[7]；他的作品《義勇軍進行曲》被推選為中華人民共和國的國歌，受到了舉國及全世界敬重的禮遇。然而，這位“起來！不願作奴隸的人們！”，1968 年 12 月 10 日，因糖尿病、高血壓、心臟病得不到有效的治療，死於 301 醫院。死前，還在接受組織的審查，並寫交代材料。

田漢在他的人生最後歲月，寫過兩首詩。其中一首，寫於 1967 年 7 月 1 日：

先烈熱血灑神州，我等後輩有何求。

沿著主席道路走，堅貞何惜拋我頭。[8]

一首寫於 1967 年 9 月 25 日：

締造艱難十八年，神州真見舜堯天。

擊金祥鼓豐收報，錦字紅書火炬傳。

海外鬥爭雄似虎，宮前戲舞妙如仙。

美蔣枉自相驕矜，七億吾民莫比堅。[9]

　　從《我的父親田漢》中"田漢之死"可以看出，現代戲劇的奠基人、中華人民共和國國歌《義勇軍進行曲》的作詞者田漢，到死都不明白什麼才是奴隸的生活；到死都認為"神州真見舜堯天"！然而，他心目中的'舜堯'，正是讓他死不能用真名（李伍）、死無葬身之地（骨灰也不曾留下）的始作俑者。

相關注釋：

1、《義勇軍進行曲》創作於 1934 年。1949 年 7 月 10 日，經政協常委會籌備會批准，向全國徵集國歌、國旗等議案；1949 年 9 月 25 日晚，毛澤東、周恩來主持在中南海豐澤園會議室召開國歌、國旗等問題座談會，《義勇軍進行曲》從徵集的 632 首歌詞中脫穎而出，馬敘倫、徐悲鴻等提議用田漢作詞、聶耳作曲的《義勇軍進行曲》作為暫代國歌；1949 年 9 月 27 日，第一屆中國人民政治協商會議在中南海懷仁堂召開全體會議，《義勇軍進行曲》被確定為代國歌。——《我的父親田漢》第 004、137、138 頁、《田漢全集：第二十卷、書信、日記、難中自述》第 594、603 頁、《田漢年譜》第 424 頁、《田漢文集·第 16 卷》第 598 頁。

2、易象，田漢的舅舅，也是田漢的岳父；1920 年 12 月 25 日，被軍閥趙恒惕在長沙木牌樓殺害，禍因受孫中山之命，策動趕逐譚延闓。——《我的父親田漢》第 4、25 頁、《戲曲魂：田漢評傳》第 307、308、309 頁、《田漢自述》第 78、87 頁。易象之女易漱瑜嫁給田漢，1925 年因病去逝；去逝前向田漢推薦了其中學同學黃大林，黃大林於 1927 年成為田漢的第二任妻子。——《田漢自述》第 92 頁、《田漢》第 51 頁。

3、毛澤東在《關於文聯所屬各協會整風情況的報告》草稿上的第二個批示，此批示於 1964 年 7 月 11 日作為正式文件下發。——《中國學術界大事記1919-1985》第 235 頁。

4、田漢創作的京劇《謝瑤環》，1961年由中國京劇院的杜近芳演出，獲得'為民請命'的稱譽。文革中，因為《謝瑤環》有句唱詞引用李世民的'民猶水也，水能載舟，亦能覆舟'，成了田漢'顛覆人民政府'的罪證；這部'為民請命'的劇，成為了'大毒草'。——《田漢自述》第194頁、《我的父親田漢》第162、163頁、《田漢全集：第二十卷、書信、日記、難中自述》第610頁、《田漢文集：第十六卷》第604頁。

5、田漢的兒子田申，在其《我的父親田漢》的前言中，描述父親帶走後，田漢的母親日夜盼著兒子的歸來，可是，到死也不知自己兒子是死是活。田漢的母親死於1971年底，其實她的兒子，早她三年就受折磨而死了（1968年12月10日）。——《我的父親田漢》第001頁。

6、一位護士，文革後回憶病人李伍，'李伍'是專案組為了隱藏田漢的身份，而給他另外取的名字。——《我的父親田漢》第171頁。

7、1949年6月15日，新政治協商會議籌備會在北京開幕，會議決定成立國旗、國歌等擬定小組；7月10日籌備會向全國發出徵集國歌、國旗等議案。上海曾聯松送來的五星紅旗方案，經過修改後最終被定為國旗（曾送來的方案中，最大的星中有鐮刀與斧頭的圖形，與蘇聯國旗相似，經田漢建議去除鐮刀與斧頭的圖形）。——《我的父親田漢》第003、004、137頁、《天安門百年聚焦》第60、63頁、《他們影響中國》第003、004、005、006頁。

8、9、這是田漢一生中，最後歲月寫的兩首詩，詩中把毛澤東的統治比喻成舜堯。也就是在田漢所謂的舜堯時代，1966年到1968年，這兩年時間，田漢不僅沒有自由可言，不能見自己的親娘也不能見自己的老婆與孩子，還要受到肉體與靈魂的種種折磨；如果他還能聽見自己的聲音——'我還有個媽媽，我想我的媽，你們讓我回去看看她吧'，那麼還能'沿著主席道路走'、還能'堅貞何惜拋我頭'、還能'莫比堅'，那麼只能說明，曾那個寫'起來，不願作奴隸的人們'的田漢，其實早就已經死了。——《田漢：狂飆中落葉翻飛》第89頁、《戲曲魂：田漢評傳》第727頁、《我的父親田漢》第170頁、《田漢評傳》田本相版第399、400頁。

參考資料：

1、 《田漢》，董健著，中國華僑出版社，1999 年版。

2、 《田漢自述》，作者田漢，大象出版社，2002 年版。

3、 《田漢評傳》，董健著，南京大學出版社，2012 年版。

4、 《田漢評傳》，田本相等著，重慶出版社，1998 年版。

5、 《田漢年譜》，張向華編，中國戲劇出版社，1992 年版。

6、 《他們影響中國》，鄭雄著，上海辭書出版社，2010 年版。

7、 《我的父親田漢》，作者田申，遼寧人民出版社，2011 年版。

8、 《戲曲魂：田漢評傳》，劉平著，中國文獻出版社，1998 年版。

9、 《田漢：狂飆中落葉翻飛》，李輝著，大象出版社，2002 年版。

10、《田漢文集·第十六卷》，田漢著，中國戲劇出版社，1986 年版。

11、《中國學術界大事記 1919-1985》，王亞夫、章恒忠等編，上海中國社會科學院出版社，1988 年版。

12、《田漢全集·第二十卷、書信、日記、難中自述》，田漢全集編委會編，花山文藝出版社，2000 年版。

13、《田漢：回憶田漢專輯》，中國人民政治協商會議全國委員會、文史資料研究委員會編，文史資料出版社出版，1985 年版。

是誰站起來了？董希文卻倒下了

董希文【1914 － 1973】

　　1914 年 5 月 29 日（陰曆五月初五），在浙江省紹興縣
柯橋鎮光華溇村，出生了一個嬰兒，他的名字叫董希文。這
個叫董希文的人，後來不僅天安城樓上毛澤東的第一代畫像
是他所畫[1]，而毛澤東一手締造的中華人民共和國用來裝點
門面的油畫——《開國大典》，也是出自他之手，成爲了在
中國近代藝術史上，舉足輕重的人物。

　　據說他的祖父董松山，雖是農民出身，但對於教育卻很
重視。1916 年的時候，在董希文出生的柯橋光華，出資建小學。
其父親董萼清，對字畫、古玩、銅器、瓷器都有一定的研究，
並且是杭州鑒賞古物的名士。出身於這樣的家庭，對於董希
文的成長，尤其是後來他放棄了其父親認可的土木工程系，
改學自己喜歡的繪畫，與其父對於古物的情有獨鐘是一脈相
承。

　　這個叫董希文的孩子，19 歲前，基本上都生活於杭州，
受教育於杭州。

　　1918 年，舉家遷入有著"天堂"之稱的杭州之後，進入
惠興小學就讀；小學畢業後，考入崇文中學；中學之後，考

入惠蘭高中；高中後，依父親之見考入杭州之江大學文理學院土木工程系。然而，一年之後，這個 19 歲的學生，向人借錢考入了自己所鐘意的蘇州美專，"棄工從藝"了，開始了他一生的美術之路。

1933 年，在蘇州美專，師從顏文樑的學習，不僅是他美術之路的伊始，更是他接受正規美術教育的開端。第二年，也就是 1934 年秋，這個心地善良的孩子，為了給家裏減輕負擔，考入相對經濟些的杭州藝專預科高二班，師從林風眠、常書鴻、李超士、潘天壽等先生，繼續接受藝術的薰陶。

1937 年，中日戰爭爆發，杭州失陷，學校停課；1938 年春，征得學校同意，去劉海粟任校長的上海美專借讀學習。然而，當杭州藝專與國立藝專合併成國立藝專並遷至湖南沅陵時，24 歲的董希文，不畏路途的艱險，與張林英女士一起追隨合併後的國立藝專而去，以圓他們的藝術夢，直到 1939 年國立藝專從貴陽遷至昆明時才畢業。

1939 年，藝專畢業的他，被學校選為留法預備班學生，到越南河內巴黎美專分校學習。如若不是戰爭的爆發，官費停止，被迫提前歸國，董希文是有希望去法國繼續深造的。

歸國後的他，1940 年至 1943 年間，在貴州省合作委員會編輯處與重慶中央電影製片廠，相繼謀了差事，開始脫校後的自由創作，《苗女趕場》[2] 卻是此間的代表之作。

1942 年，重慶美術學院展出了其老師常書鴻敦煌的臨摹畫作品，為敦煌藝術所震憾，遂寫信給老師常書鴻表達去莫高窟的願望。次年，與一直追隨自己的張林英女士，以登報告之的方式在重慶結婚。其後，經過漫長的三個月長途跋涉，來到老師常書鴻領導的敦煌研究所工作，直到抗戰勝利後離開。（之所以去了敦煌，一方面的是躲避戰事，一方面也是對藝術的追求。在敦煌，董希文創作了《苗家笙歌》、《蒙

009

古牧馬》、《收穫》、《春耕》等以少數民族生活爲題材的繪畫作品。）

1945 年冬，帶著妻子、兩個兒子，同老師常書鴻、潘潔茲等，開始了回家的旅程。1946 年元旦，到達蘭州。在這裏，應美術界朋友之邀，舉辦了 "董希文敦煌壁畫臨摹創作展覽"，並籌集旅費；而後 4 月，在母校蘇州藝專及上海也舉行了類似的展覽，輾轉最後 6 月才回到杭州，與因戰事而闊別 10 年的父母團聚。8 月，經李宗津、吳作人介紹，結識了畫家徐悲鴻。徐悲鴻昔才，特邀請董希文到北平國立藝專任教（副教授）。此時的董希文，已是兩個孩子的父親，生活的壓力使得他不得不更努力工作。在國立藝專任教的同時，兼任中國美術學院的副研究員、北平師範大學副教授、輔仁大學美術學院副教授。

1947 年 5 月，參加中共地下黨領導的 "反饑餓、反內戰、反迫害" 的學生運動，與北平藝專的學生一起上街遊行示威。此時的董希文，儼然已經成爲共產黨的追隨者，之前的反映平民生活狀態的畫風轉變了，開始創作爲政治意識形態服務的宣傳畫。《解放軍是人民的救星》、《解放軍和老百姓咱們是一家人》、《保護外國僑民》卻是此時期的作品。

董希文在 1949 年土改運動中，（在火營廠）組織農民挖窮根，清算、鬥爭地主、（在藍錠廠）發動群衆沒收地主 "剝削" 果實等——表現突出，及之前積極參加地下黨的各種工作，得到了組織的賞識與肯定；最終，由地下黨員侯一民與洪波的介紹，於 12 月 8 日正式加入共產黨，開始了 "自己是從舊社會來的，需要改造。不改造，不會有進步。跟不上時代，就不可能很好地爲人民服務"[3] 的新生活。

"解放" 後的畫家，逐漸喪失了獨立思考與創作的能力，成爲了政府宣傳機器的一部分。正如周功華在《油畫民族化：

董希文的理論與實踐研究》中所分析的那樣：

> 在文藝作方面，由於‘文代會’的召開，又經過知識份子思想改造運動，完全改變了從前藝術家個人化，分散化的創作狀態，統一由黨和政府統一組織領導，分派任務的方式中來。[4]

董希文 1952 年底受命，1953 年耗時兩月繪製的《開國大典》[5]，卻是由黨與政府領導下的產物。這幅油畫產生於政治需要，也成名於政治需要。它的成名，一頭成名於“開國”這一開天僻地的特殊歷史時刻，一頭又成名於作為至高權力者毛澤東對它的肯定所帶來的政治效應，更成名於在那個特定年代的特殊經歷。

1954 年，“高饒事件”發生後，董希文奉命將高崗從《開國大典》中刪除，原處以一盆鮮花替代，為了使畫面更有氣勢，將原有的麥克風由兩個增至四個。1971 年，董希文被確診為癌症，但由於劉少奇的被打倒，又奉命帶病幹活，在兒子的幫助之下，將劉少奇從《開國大典》中去除，把原畫中露出半個臉的董必武改成全身像。1972 年，又接命令去掉畫中的林伯渠，此時的董希文生命已岌岌可危，再也沒有力氣修改《開國大典》了，只能現場當個指導，由靳尚誼動手臨摹董希文的原畫。在靳尚誼的複製品中，林伯渠被尊命去掉。1979 年，閻振鐸、葉武林又奉命將靳尚誼於 1972 年複製的《開國大典》在歷次政治運動中刪掉的人物補上去，恢復了 1952 年董希文奉命畫成時的模樣。至此，這幅《開國大典》總算劫數度盡。而此時，此畫的原作者董希文先生，已經去世 6 個年頭了[6]。

這幅畫的遭遇，如同那個時代人的遭遇一樣，多災多難（一共經過四次修改）；可不同的又是，畫上的人物可以塗改，甚至可以另外再畫一幅相同的畫；而一個人的生命被無端地摧殘了，凋零了，他的生命，卻無任何機會與可能——再度重來。

　　董希文晚年的歲月，也如同他畫的《開國大典》一樣，一樣身不由己、多災多難。

　　1953 年、1954 年、1956 年還是毛澤東同志等倍受尊寵的座上賓[7]，1957 年 2 月，還受命去蘇聯參加蘇聯第一屆全國美術家代表大會；但這年的 5 月，本來是奉毛澤東的"百花齊放、百家爭鳴"號召，於'五月會議'上向文化部提了些意見——指出中央美院國畫系學素描是'消滅國畫'；沒想到，差點兒成為了右派份子；所謂的提意見，卻換來了'留黨察看兩年'[8]的處分（1960 年撤銷）；並在《美術研究》上，於 1958 年 2 月，發表《我的檢查》，公開進行自我檢討[9]。

　　這種思想上的自我檢查，很多時候，表面上看起來是自願的，實際上是被迫不得不為之。因為，如果不那麼去做，換來的後果，在那個時代是可想而知的；各種各樣的批判與批鬥大會，幾乎每天都在周圍上演，稍微一不小心，受批判與批鬥，就會輪到自己。大家都生活在緊張的氛圍之中，很多人，下意識地就會去檢討自己的思想與言行。

　　抗日戰爭年代，董希文為了自己鍾愛的藝術，不辭辛勞，不畏艱險，那完全是從內心自發的，對藝術的熱愛，是生命的靈氣；"解放"後，政治力量對思想的改造從未停止過，董希文曾跟他的學生談過，他自己所鍾意的路子是《苗女趕場》式的[10]，而今卻不得不走《開國大典》、《百萬雄師渡長江》式的路子。不能尊循自己的意願與意志，去做違背內心的事情，對於藝術，對於生命，這是一場大災難。但身處時代浪潮之中的董希文，除了讓自己適應於時代，似乎別無他法。

　　董希文生活在"檢查"的陰影下，《開國大典》式的宏大敘述及毛澤東高人一等（為了突出毛澤東的高大，毛在畫中的比例做了特殊處理）的尊卑意識取代了《苗女趕場》式的樸實與平易近人。差點被劃爲"右派"的日子,剛剛沒過去多少久。1966 年,聲勢浩大的"無產階級文化大革命",繼續摧殘著這個藝術家的靈魂與生命。

關於這場大革命,董希文的女兒在其《回憶父親董希文》中,有這樣的畫面:

> 一天,一大幫紅衛兵來抄家,整個院子扔得亂七八糟,偏偏我爺爺前一天剛死,還躺在小房間裏呢!我看見幾個紅衛兵一進去就開始大罵。就在這時,忽然看見爸爸從大門外進來了,見到這般亂糟糟的情景,他竟然一點不吃驚,卻有著幾分異樣的神情。好多日子沒見到他了,我一陣高興,是來看我的嗎?還是來看爺爺?他是怎麼知道這兒也在抄家的呢?還沒等我走過去,爸就被姑母帶到爺爺躺著的房間去了。我在門外看見爸站在那高高的床前,伸出一只手,平平地放在爺爺胸口的那地方,眼睛裏現出一種莫名的光亮。沒兩分鐘就被邊上的人吆喝著趕到一旁,緊接著,那群人很快地用單子將爺爺卷了起來,歪歪扭扭地兜著朝門外的卡車走去。我急忙追出去看,只見那些人悠了幾下,那大布包就被高高地甩過卡車的欄杆,"咚"的一聲掉進裏邊。周圍擠滿了嬉笑的人群,我正在因家裏的事兒被人看熱鬧而緊張得發呆,聽見爸在旁邊小聲說:"來,我們走。"我以為是要跟著卡車上哪兒去,就伸出手抓住車幫打算往上攀。爸敏捷地拉住我的胳膊,說:"不,我們去那邊。"我便由他拉著朝背後的方向走開去。爸的語氣和動作是那麼平靜,以至於讓我相信:這沒什麼。但爸那不再說話的神情,讓我也不敢再問大布包上哪兒去了?那是我生平第一次看見死人,所以猜想人死了之後就是要這樣拿去扔掉的吧。[11]

也就是這個被扔掉的老人,培養了董希文這樣一個爲黨服務的藝術家;1955 年,他把其一生收藏的幾百件古代書畫,都捐獻給了故宮博物院;董希文的故鄉,還留著老人當年出資興建的學校。

> 在爸爸被從社會主義學院拉回批鬥的那天,我傻頭傻腦地被院子

里的大孩子叫著一同去美院，說是"今天有大活動"。還沒跑到大門口，就望見了陣勢：那兒已經擠滿了人。我們還沒湊到跟前，擁擠著的人群就閃到兩旁空出了一條道。"嘿！快瞧嘿！"不知誰在喊。一隊看不清臉的人被趕著走了過來，個個胸前晃動著大牌子，我看得吃驚！又一聲："快瞧，董希文嘿！"我驚了一大跳，很快地在隊中尋找，先看見了李可染伯伯，緊接著就看見了爸爸。還是那件乳白色的短袖衫，黝黑的頭髮，胸前也有塊大牌子！還沒看清他的臉，就又被接上來的後背和腦勺擋住了。人群推搡著被夾在當中的這一隊，擁到了操場中間，事先搭好的大臺子上支著大條標語，那些我能認得出的伯伯們被一溜小跑地趕上了臺。看見的這一切真嚇得我要命，心怦怦直跳，生怕院裡同來的人再指給我看"那是你爸"。趁著周圍正在興奮大叫的時候，我鑽出人群，上氣不接下氣地跑回了家。忍著陣陣要吐出來的感覺，我強迫自己要閉住嘴。但眼前不斷閃過推搡的人群和透過人縫那些晃動的牌子。我努力想像著爸那沒被看清的臉。當著這麼多人成了這樣子，他怕嗎？他會怎麼對我們說呢？我怎麼對他說呢？告訴他我看見他掛著牌子被人推搡著走嗎？剛才這一連串的事情是什麼"活動"呢？還有，我怎麼告訴媽媽這些事呢？耳邊又響起那幸災樂禍的嬉笑聲："瞧！董希文嘿！"恐懼和難堪使我的腦子亂成了一團，預感到更為可怕的事情就要發生，神經在等待中繃到了極限。

晚上，忽然有人敲門，緊接著是爸的聲音，回來了！門打開後，我越過媽的肩膀看見爸，那原來的濃髮變成了小平頭，他以一種警惕的目光迅速地在媽媽和我們幾個人的臉上掃了一圈，見沒什麼異樣，立即又恢復了往常那平靜的笑容，但是只有我看出了幾分勉強。因為時間已經很晚，誰也沒多談什麼，就都去睡覺了。我那繃緊的神經卻一直不能放鬆。[12]

這是 1966 年至 1968 年間，女兒親眼所見自己的父親被批鬥的情形，而其被批鬥的理由卻是"反動學術權威"、"牛鬼蛇繩"。而此時，董希文的妻子張林英進了單位的學習班、大兒子董沙貝與自己一同接受批鬥（後董沙貝以 '現行反革命' 罪名被關押，在山西寧武屢次被鬥、遊街、背煤勞改）、女婿被以 '特務'、'走資派'、'反動學術權威' 的罪名長期被關押。

1969 年，董希文雖然從 "牛棚" 中被放出，但在患有嚴重的胃病的情況之下，又被迫集中到北京鋼廠抬礦石、搬沙子，進行 "勞動改造"（董希文在 1958 年的 '檢查' 中寫過 '今後為了徹底改變自己，我決心爭取機會，進行勞動鍛煉，到工農兵的生活中去'。他沒想到這樣的機會不是自己創造的，更不是自己願意爭取的，而是組織為他創造的，並且沒得選擇。），因勞累過度，以致胃出血，倒在地上，可又不許立即送醫就治，幾經家人的懇求才獲准醫救。在醫院搶救了 8 小時，胃部被切除了五分之三，才算度過了危險。1970 年，胃部手術出院才 4 個月，在強忍痛苦、不能正常進食的情況之下，又被迫到河北磁縣東村解放軍 1584 部隊的農場進行勞動改造，接受工農兵再教育，過軍事化集體生活；11 月，病情加重，發現頸部多處腫塊，開證明後才被允許回京治病，但得到中央美術學院傳達室，與蕭淑芳同班看大門，算是對這位藝術家莫大的仁慈了。

一個原本是搞藝術的，不能正常地發揮自己的藝術才幹，他的作品在 '大革命' 中被貼上各種標籤，精神上已經算是很痛苦的事了；然而，當身患重病的時候，又不能正常的進行治療，於肉體又是最最痛苦的折磨；董希文的晚年，生活在精神與肉體的雙層折磨之中，其所承受的苦痛，是那個時代留給歷史的傷痕。

這位因《開國大典》博得盛名的董希文先生，雖然主觀上，他說還想再畫 20 年[13]；但咄咄逼人的現實，如他自己 1972 年，跟家人所說的："我想畫屈原像，已經想到、想出怎麼樣的了。我想了七、八年、十幾年，但是現在就是想，沒有力氣畫了。"[14]

　　在經歷了一連串的精神與肉體的折磨之後，於1973年1月8日，"沒有力氣畫了"的董希文先生，帶著遺憾，離開了這個給他帶來痛苦的世界。他留給世人的《開國大典》，容易使人聯想到毛澤東曾經的名言："中華人民共和國從此成立了！""中國人民從此站起來了！"[15]；如果沒有"大革命"，董希文再畫20年是有可能的，而他最終卻以這樣的方式倒下，中國人民是否真的站起來了，我看——是件值得商榷和推敲的事情。

相關注釋：

1、1949年2月12日，慶祝北平解放大會，天安城樓掛上了毛澤東畫像，同時還懸掛上了朱德、林彪、聶榮臻、葉劍英的畫像，這是毛的畫像第一次掛上天安門城樓，從此一直掛到今天。——《天安門百年聚集》第73頁、《紅舞臺上的永恆：天安門城樓八版毛主席畫像的繪製》第1頁。

2、《苗女趕場》是關注平民生活狀態的畫作，採用的是一種寫實的手法，沒有政治話語，董希文後來說，這才是他喜歡的路子。可惜，後來的路不是他想怎麼走，就能怎麼走的。——《董希文畫集》第1頁。

3、語出《中國現代美術大家評傳：董希文》第27頁；解放後，大規模系統的對知識份子進行思想改造，是1952年之後。而之前，這種改造，從延安整風運動就開始了，或許更早。

4、《開國大典——'是大國，是中國'》開頭語。——《油畫民族化：董希文的理論與實踐研究》第67頁。解放後，董希文的很多畫作，都是奉命而為。對於一個畫像來說，不知是解放而是束縛？譬如男女之間傳宗接代的大事，兩相情悅是水到渠成，霸王硬上弓卻只能算強姦；同樣是繁殖後代，而對於當事人的感受，卻大不一樣：一個產生愉快，一個製造痛苦。

5、1952 年，董希文受中國革命博物館之命畫《開國大典》，歷時兩個月完成，這是董希文的成名之作。——《 '開國大典' 油畫曾 4 次被迫修改》、《董希文和他創作的油畫 '開國大典' 》、《董希文研究文集》第 10-15 頁。

6、閻振鐸、葉武林最終恢復的《開國大典》是 1979 年，而此畫原作者董希文，已於 1973 年就去逝了。——《 '開國大典' 油畫曾 4 次被迫修改》、《董希文和他創作的油畫 '開國大典' 》、《中國現代美術大家評傳：董希文》第 51 頁。

7、1953 年 5 月，同丁井文、周揚等到中南海懷仁堂陪毛澤東、周恩來、朱德、劉少奇等中央領導參觀美術界作品展；1954 年 2 月 26 日，在中國人民政治協商會議第二屆全國委員會第二次會議期間，與其他代表一起受到毛澤東等中央領導的接見；1956 年 1 月 16 日，參加北京市各界舉行的慶祝社會主義改造勝利聯歡大會，在天安城樓上再次受到毛澤東與周恩來的接見。——《董希文研究文集》第 200-202 頁。

8、"留黨察看兩年" 期間，對於開會時需要舉手表決的，董希文沒有這個權力。——《董希文研究文集》第 154 頁。

9、1958 年 2 月，發表於《美術研究》上的《我的檢查》：

（一）、檢查我在創作問題上所發展我的個人主義思想

自己入黨，究竟為黨服務，還是要求黨為我服務，這一根本性的問題，在思想上是沒有得到解決的。這幾年來，我為了滿足個人興趣，追求名譽和地位，我從思想上和時間精力上都傾向於要多搞創作。我不僅在業務教學上表現了不夠負責，而且完全不管教學中的思想指導，對同學同志們漠不關心，對工作躲躲閃閃，我漸漸放棄了一個人民老師應盡的義務，也慚慚失去了全心全意為人民服務的主人翁思想，更談不到起一個共產黨教師的作用。

我的責任心差，逃避工作，放鬆黨內生活，除了思想上不重視外，也與自己的狂妄自大有關，我每每認為有些工作不必我來做，我應多做些適合自己來做的事。我把創業看得超於一切，並把自己看得能搞創業高人一等。

我無限制地向著學校工作以外的事業——創作任務上去發展，這方面既合自己的興趣，又有名譽，又有地位，確實吸引自己在這方面發展努力。這種不正常的發展，有如資本家的追求利潤，愈追求反愈嫌少，永遠貪得無厭，更大的野心是我還想留名於後世。

因為在創作方面的欲望無止境，相反的當校內工作一起擠上來，就覺得很分自己的心，雖然自己思想上也有鬥爭，知道這種偷偷摸摸不務學校的正業是不應該的，很想把有的創作任務推掉，但不管思想如何矛盾，結果總還是個人主義占上風，不顧一切的去搞這玩意兒。

單搞創作，不關心教學，逃避工作，卻表現出許多不負責任的情況和流露出不耐煩的情緒來，我常常覺得創作任務逼死人，自己的身體已經很壞，不完全向學校請假已經算好了，誰還能更多的去管同學們的思想，那是愈管愈多的。索性不管倒也乾脆，所以過去當江豐提出同學的思想問題交給學生會去管，我認為這辦法最實際。平時哪一天我到學校來的時候，曾真正從心裏想起跟同學們談談思想問題？老實說，老腦裏還連影子都沒有。

（二）資產階級文藝思想

我把政治思想教育與業務教學分了家，乾脆放棄思想指導，片面地強調技術教學，這與自己歷來所受資產階級藝術教育是一脈相承的。譬如從前有的先生在教課時說：對著一塊破牆壁畫畫，也可以獲得繪畫功夫。有的先生強調人物投影中的眼睛不必當它是眼睛畫。描寫一個衣衫襤褸的窮孩子，也只作為光色所構成的美感來畫。至於人物的社會屬性，心理屬性，在過去的美術教育中，是絕不當作一項課題的，我小時候在家臨過一些古畫，但只是依樣畫葫蘆。當抗日戰爭民族危難中自己卻跑到了敦煌，鑽進古人的'形式美感'裏去。今天我的教畫不教人，純技術觀點的教學思想，確實是與自己歷來所受的資產階級藝術教育是分不開的。由於自己的資產階級文藝思想沒有澄清，在業務教學中，就不自覺地灌輸給同學一些非社會主義的藝術觀點，如'天才教育'。

美術學院同學中出了許多右派，自己教的班上也出了右派，作為一個黨員教員的我，平時對同學的思想不聞不問，今天我已經深深地認識到自己應該很嚴肅地來看待這個責任問題。通過這次檢查，我特別認識了一個黨員藝術家，首先要求他應該是一個好黨員，一個教員兼畫家，首先要求他是一個全面負責的教員。

另外，我還要說一說在美術觀點上我特別強調風格、個性與感情的問題。

本來在藝術上政治性與藝術性應統一，無論如何政治標準是首要的，可是我在思想性與藝術性、政治標準與藝術標準的問題上，至今還特別強調後者，面對前者只是輕描淡寫的一說而已。雖然在口頭上我認為社會主義現實主義的方向是正確的，但總覺得在我們的一些美術作品中風格單調，形式缺少變化，而且很少具有作者的個性與感情。去年參加全國美術教育的討論會，我曾說過今天美術學校的現實主義基因固然正確，但從風格與形式上的更多變化來講，尚不如舊的美術學校。在教學中，我有時過份強調這些。自以是把自己的好東西給了同學。

從正確的角度主張風格形式多樣化，本來是可以的，而且也是應該的。但問題是怎麼多樣化，決不應該像資產階級形式主義那樣為形式而形式，風格而風格。風格的多樣化，應該是為了更豐富地去表現生活。形式的變化應該是從生活中來，要求深刻地提示內容。而更重要的是應該考慮到工農兵方向。多樣的形式與風格其目的在於表達勞動人民的思想感情，要為工農兵理解欣賞。這方面的道理，我過去在教書中是很缺乏很不重視的。相反，我是拋開了毛主席以政治標準第一，藝術標準第二的評價藝術準則。

我對於歐洲的近代如印象派、後期印象派，雖然口頭上也在批鬥，但當我見到那些原作時，我情感上就激起了一種不可自製的興奮。'雙反'運動開始時，起初自認為文藝思想我並沒有太大的問題，可是當我把上面這些思想初步羅列出來以後，就突然看到了自己在十多年以前曾經走過資產階級的藝術道路，它至今仍在繼續。在思想性與形象性的關係上，在政治標準與藝術標準的問題上，我以強調所謂造型上的感染力來沖淡前者在政治上的首要性。這種至今還相當濃厚的資產階級文藝觀點，顯然的是與毛主席的文藝路線、社會主義現實主義的創造道路背道而馳的。

在我的創作生活上，我很少去接近勞動人民，我對工農兵的思想感情並不真正理解，自己還沒有去和他們打成一片的要求，雖然為了想多畫些東西，前幾年也去過工廠，參觀康藏公路慰問解放軍，走過長征路線，但那些無非是走馬觀花而已，卻並不認真地想到工農兵生活中去。今後為了徹底改造自己，我決心爭取機會，進行勞動鍛鍊，到工農兵的生活中去。

——《董希文研究文集》第 257 頁。

10、1961 年，當大家討論油畫《苗女趕場》時，董希文對他的學生袁運生說："以我的本意，是想從這條路子走下去"。 ——《董希文研究文集》第125頁。

11、12、董希文的女兒董一沙，在回憶父親的文章中，把自己一家經歷文革的場景，通過文字展現了出來。——《董希文研究文集》第139-142頁。

13、1971年，學生劉秉江去看董希文，他對劉秉江說："等我病好了，我還要畫20年畫"。——《董希文研究文集》第111頁。

14、董希文的女兒董一沙，在父親的年表中，記錄了1972年父親對家人說過："我想畫屈原像，已經想到、想出怎麼樣的了。我想了七、八年、十幾年，但是現在就是想，沒有力氣畫了。——《董希文研究文集》第211頁。

15、一直以為，是毛澤東1949年10月1日在天安門城樓上向世人宣佈："中華人民共和國從此成立了！"或"中華人民共和國今天成立了！"、"中國人民從此站起來了！"。然而，歷史的真實記錄是，1949年9月21日，毛澤東在中國人民第一政治協商會議開幕辭中，講到'中國人從此站起來了'，而非'中國人民從起站起來了'，全句是'占人類總數四分之一的中國人從此站起來了'（《中華人民共和國開國文獻》第1頁、《毛澤東選集·第五卷》第3-7頁、《毛澤東思想萬歲（1943-1949）》第117、118頁）；而1949年10月1日下午3時，毛澤東在天安門城樓上宣告的'中華人民共和國中央人民政府今天成立了！'，眾多資料顯示為'中華人民共和國中央人民政府於本日正式成立了！'（《中華人民共和國歷史紀實開國奠基1949-1951》第15頁、《中華人民共和國開國大典》序言），在中國人民第一政治協商會議開幕辭中有'中華人民共和國的成立'，在《中華人民共和國人民政府公告》有'中華人民共和國的成立！中華人民共和國中央人民政府的成立！'（《中華人民共和國開國文獻》第51、52頁、《毛澤東思想萬歲（1949—1957）》第1頁），而不是"中華人民共和國從此成立了！"或"中華人民共和國今天成立了！"，然而，網上有很多視頻及音頻都為"中華人民共和國中央人民政府今天成立了！"，原話為何？在沒有經過原始史料證實之前，只能約定俗成了。

參考資料：

1、 《潘天壽論藝》，盧炘編著，上海書畫出版社，2010 年版。

2、 《董希文畫集》，董希文著，人民美術出版社，1995 年版。

3、 《毛澤東選集‧第五卷》，毛澤東著，人民出版社，1977 年版。

4、 《國立藝專往事》，鄭朝著，中國美術學院出版社，2013 年版。

5、 《董希文研究文集》，北京畫院編著，文化藝術出版社，2009 年版。

6、 《天安門百年聚集》，賈英廷等編，中國對外翻譯出版社，2000 年版。

7、 《中華人民共和國開國文獻》，東北新華書店遠東分店出版，1949 年版。

8、 《中華人民共和國開國大典》，中國博物館編，文物出版社，1999 年版。

9、 《中國現代美術大家評傳：董希文》，龔產興著，廣西美術出版社，
2001 年版。

10、《油畫民族化：董希文的理論與實踐研究》，周功華著，湖南人民出版社，
2008 年版。

11、《中華人民共和國歷史紀實開國奠基 1949-1951》，王鏞編，紅旗出版社，
1994 年版。

12、《紅舞臺上的永恆：天安門城樓八版毛主席畫像的繪製》，閆樹軍著，
中共黨史出版社，2010 年版。

13、《烽火藝程：國立藝術專科學校校友回憶錄》，吳冠中、李浴、李霖燦
等著，中國美術學院出版社，1998 年版。

14、《毛澤東思想萬歲（1943—1949）》、《毛澤東思想萬歲（1949—
1957）》，毛澤東著，鋼二司武漢大學總部出版， 1968 年版。

15、《新美術》1998 年第 1 期——《國立藝專時期 (1928-1949)》，作者範景中。

16、《人民政協報》2007 年 3 月 29 日第 B02 版——《董希文和他創作的油畫 '開
國大典'》，作者高凡。

17、《民主與法制時報》2013 年 6 月 17 日第 016 版——《'開國大典'油
畫曾 4 次被迫修改》，作者周冉。

18、《中作美術學院》2015 年——《西遷時期 (1937-1946) 國立藝專國畫專
業教育史證》，作者劉元璽。

19、《美術》2003 年第 7 期——《探索中國特色油畫的先行者：紀念董希文
先生逝世 30 周年》，作者京雲、人毅。

被侮辱與被損害的梁思成

梁思成【1901 — 1972】

　　戊戌變法失敗，梁啓超被迫流亡於日本。1901 年 4 月 20 日，他與第一夫人李惠仙的第一個兒子[1]，降生在日本的東京，取名思成。1912 年，隨著清政府的被顛覆，梁思成隨父母結束了流亡的生活，回到了中國。

　　回到中國的他[2]，在北京匯文與崇德接受母語的第一階段教育；1915 年始，來到清華，進一步接受母語的薰陶；期間，得父親的指導，與徐宗敘、梁思永一起合譯威爾遜的《世界史綱》[3]，是梁思成人生第一次正兒八經從事學術的著作。

　　從清華結束學業的他，原本是計畫 1923 年就出國留學，卻因意外受傷，不得不選擇休學。休學期間，在父親的教導下，研讀中國的古典文學。1924 年 4 月，與戀人林徽因、徐志摩等一起，接待來中國訪問的印度詩人泰戈爾。6 月，他與林徽因一道，來到了美國的賓夕法尼亞大學，開始求學的生活。

　　在清華的梁思成，喜歡音樂，也酷愛繪畫，而最終在賓大，卻選擇了讀建築系[4]；這要緣於他的戀人林徽因，因為她喜歡建築，也想應讀建築系，而當時美國賓大的建築系是不招女生的，林只好去上了美術系。梁思成之所以選擇了建築系，一方面是愛屋及烏，另一方面也算是幫戀人圓了一個求學夢。有心栽花花得開，梁思成與林徽因，完成學業[5]之後，於 1928 年在加拿大渥汰華的姐夫家，一場持續數年的戀愛馬拉松結束了，走進了婚姻的殿堂，修成了正果。

同年，開始蜜月旅行。見多識廣又善解人意的父親，以專業對口為原則，為旅行中的新人，精心引薦了值得一遊的地方[6]，讓小倆口在歐洲宏偉的古建築與現代建築之間，體會了一把真正意義上的不虛此行，讓他們能以專業的眼光，欣賞自己看得懂的建築美學。

回國之後，梁氏夫婦效力於東北大學[7]，並請來援兵，第一次把建築這門功課搬上教堂，為中國初生的建築系，貢獻著自己的平生所學。

1931 年，出任由朱啓鈐創辦的中國營造學社研究員始，到 1946 年任清華建築系主任，十餘年間，190 餘縣 2700 多個古建築，都曾留下梁思成實地調查與測繪的足跡。抗戰時，從北京到長沙，從長沙到昆明，再從昆明到李莊，很長一段時間過著很不穩定的生活，而外除了夫妻身體不是很好之外，其他一切都算是安生，學術的工作，也不曾受到太大的影響。

1948 年末，解放軍進駐清華園，進逼北京城。有一件事讓梁、林出乎意外，又心存感動。兩位解放軍代表，由梁思成的老朋友張奚若帶至家中，他們請梁思成在軍用地圖上，標明北京需要保護的古建築與文物存放地點，以便在攻城時加以保護。因了對共產黨這點滴的瞭解與感動，因了對母國的一片深情與厚誼，梁‧林婉拒了朋友邀其去美國工作、治病的好意[8]，夫婦自願留在了清華園，繼續著他們的教學之任、建築之路，憧憬著建國偉業。

1950 年 1 月，梁思成被任命為北京市人民政府都市計畫委員會的副主任，與陳占祥一起，為建設新首都獻計獻策。2

月，自印《關於中央人民政府行政中心區位置的建議》，以高瞻遠矚的專業視角構建著首都美好的藍圖，送與領導審閱，以期那美好的藍圖能夠得以實現。然而，毛澤東同志心目中的藍圖是："從天安門城上望去，要看到處處都是煙囪"[9]；自然，在權力具有最終話語權的中國，領導的個人喜好才是最被重視的。後來的城市建設，還是政治傾向勝出——"倒向社會主義"——選擇了蘇聯專家給出的方案[10]，證明了梁思成與陳占祥從專業角度所描繪出的的美好願景，只是一場徒勞無功的美夢罷了。

1953 年 7 月，眼看著東四、西四牌樓將要拆除時，"拆掉一座城樓就像挖去我一塊肉，剝去了外城牆磚像剝去我一層皮"[11]的梁思成，向領導寫信，大聲疾呼對古城的保護。此時的共產黨，早已沒有了昔日讓其在地圖上標明保護古建築時的謙遜與良善。對於"在北京城市建設過程中對於文物的那種粗暴無情"[12]，梁思成的妻子林徽因，絕望地發出天問："為什麼經歷了幾百年滄桑，解放前夕還能從炮口下搶救出來的稀世古城，在新中國的和平建設中反而要被毀棄呢？為什麼我們在博物館的玻璃櫥裏，那麼精心地保存起幾塊出士的殘磚碎瓦，同時卻又要親手去把保存完好的世界唯一的這處雄偉古建築拆得片瓦不留呢？"[13]

1955 年 4 月 1 日，對保護古城憂心忡忡的林徽因，在憂慮中過早地去世。去世的當夜，曾有話要對梁思成說，卻被護士以夜深為由拒絕，遂成終生遺憾。林的早逝，是上帝對她的眷愛，是不幸中的大幸。但即便如此，梁思成為其設計的墓碑，在文革期間還是被清華的紅衛兵砸毀[14]。如果活著，等待她的，不知是何等悲慘的命運。一個參加國徽、人民英雄紀念碑碑座設計的人，卻失去了丈夫梁思成為自己設計的墓碑，人若有靈，不知林徽因會作何想。

然而，活著的梁思成，就沒有這麼幸運了。在 1955 年掀起的反右運動中，梁思成作爲被批判的對象，遭到了有組織的批判。與當時批判的"胡適、胡風、梁漱溟"一起，可以說是"二胡、二梁"，儘管組織有意與"二胡、二梁"分開來，但對"以梁思成為代表的資產階級唯美主義的復古主義建築思想"有組織的批判[15]，對於剛剛經歷了喪妻之痛的梁思成，不能不說是一種落井下石的打擊。從文革中的交待材料裏，我們可以知道，自從經歷了這場政治批判之後，梁思成爲了不至於再"犯錯誤"，"除了作為'任務'接受下來，並按交待下來的'精神'交卷外，我沒有寫過任何有關建築問題的文章"（《梁思成傳》第278頁）；那個一腔熱血，心心念念人民英雄紀念碑設計的事，躺在病床上向彭真提意見的梁思成[16]，一去不復還了。

雪壓竹頭底，這位中國建築史上的學術巨人，不得不選擇與政治靠攏，以尋求保護自己。1956年2月6日，在寫給毛澤東的入黨申請信中，像一個犯了錯又不知所措的孩子一樣說道："一個多月來，我內心不可抑制地要求就是不僅僅外面靠攏黨，而要求自己成為黨的一個兒子。我深深地知道自己距離一個共產黨員的標準還遠得很，甚至日常生活也還很散漫，很不嚴肅，但我一定以一個黨員的標準要求自己，同時我也一口認定黨是我的親娘了。"[17]這一招委曲求全，顯然是有效的；至少爲他換來了，差不多十年相對安穩的生活；並且三年後，終於圓了他"做黨的好兒子"的夢想[18]；然而，好夢不長，聲勢浩大的文革，吞噬了他良好的願景。

1966年6月，梁思成被造反派打成與彭真一夥的"反黨分子、混進黨內的大右派、反動學術權威"，受到批鬥。對於這樣的批鬥，梁思成遺孀林洙，在《建築師梁思成》、《梁思成、林徽因與我》中，有著痛苦的記憶：

> 我最怕的事終於發生了。那天我正在系館門口看大字報，突然一個人從系館裏被人推了出來，胸前掛著一塊巨大的黑牌子，上面用白字寫著'反動學術權威梁思成'，還在'梁思成'三個字上打了一個

‘Ｘ’。系館門口的人群‘轟’的一聲笑開了。他彎著腰跟蹌了幾步，幾乎跌倒，又吃力地往前走去。我轉過臉來，一瞬間正與他的目光相遇。天啊！我無法形容我愛的這位正直的學者所表現出來的那種強烈的屈辱與羞愧的神情。……那一天回到家裏，我們彼此幾乎不敢交談，為的是怕碰到對方的痛處。從此一出門就必須掛上這塊黑牌子（反動學術權威——梁思成）。看著他蹣跚而行的身影，接連好幾天我腦子裏一直重複著一句話：‘被侮辱與被損害的’。[19]

清華建築系的教師陶德堅，在她的自傳《風雨人生》裏，有一段描寫梁思成挨批鬥的文字：

> 記得有一次是批鬥梁思成先生，梁先生久患肺氣腫這個難治的病，現在越來越重了，根本無法起床，是用平板三輪車拉來的。批鬥會上，他捲曲著身子扒在平板車上，我作為陪鬥就站在他的旁邊，我清楚地聽見他的喘息聲，每喘一下，他全身都要顫抖一陣；聽到他那嘶嘶的哮喘聲越來越沉重，我的肺好象也要爆炸了。但沒有人管這些，發言批判他的人，照樣若無其事地在那裏揭發批判，只有陣陣口號聲蓋過了梁先生的氣喘聲。我跟著他難受，時間好象過得特別慢，好容易挨到散會，梁先生又被原車拉走了。[20]

由於梁思成被作為“反動學術權威”的頭號人物來批鬥，他的很多學生也受到株連，而他的第二任妻子也被組織逼著與他離婚、劃清界線。同時，林洙的孩子，在學校成為小紅衛兵“打倒梁思成”的靶子；在這樣的形勢下，無所適從的妻子，得教育自己的孩子與別的孩子一道，在學校喊“打倒梁思成”。

1966年8月，“破四舊”的旋風刮來，家裏的東西被抄走，梁思成85歲高齡的娘（王桂荃，梁啓超的第二位妻子）被從家裏趕出，住進一間陰暗的小屋，被編入勞改隊去掃大街。終於在一個凄風苦雨的夜晚，這位有著九位兒女的梁啓超遺孀，孤獨地離開了這個世界。

梁思成本來身體就不好，二十歲出頭時因騎摩托遭遇車禍，從三十二三歲時起，上半身就箍著鋼架子。一身是病，虛弱到不能站立和走動的梁思成，在批鬥中整跨了。1968 年 11 月，由於得到周恩來的關照，才能勉強住進了北京醫院；院雖然住了，但“交待罪行”、“寫檢查”還是一刻也不能容緩。1972 年，梁思成肺心病的晚期，再次住進北京醫院。醫院要求晝夜得有人護理及陪住，林洙來照顧丈夫，也得組織的允許。本來要晚上十二點才能離開學習班，由於醫院發出了病危通知，經批准才得以提前到了九點，到醫院都得十一點，但這已經算是組織上莫大的恩賜了。

儘管晚年的梁思成，努力著去改造自己，為的是“做黨的好兒子，做毛澤東的一個好學生”，但在“天若有情天亦老”的毛澤東們心目中，梁只不過是‘用處不大的，也要養起來，留做反面教員，’[21] 的工具罷了。梁思成曾經絕望地對家人說：“抗戰八年，我跋山涉水，先長沙，後昆明，再李莊。面對饑餓與疾病，我過關斬將，終於迎來了勝利之日。現在看來，我是過不了‘文革’這一關了。”[22] 他一語成讖，不幸而言中。1972 年 1 月 9 日，中國的一代建築學宗師，參與了聯合國大廈設計和人民英雄記念碑設計的梁思成，其活著的“罪行”還沒有交待完，就“永遠地離開了黨[23]、離開了他的親娘 [24]”，離開了他嘔心瀝血為之奉獻的“中國建築史”[25]。

解放前，有朋友勸梁思成去美國，去了不但可以工作、也可以夫妻倆治病。他為了心目中的“國”，謝絕了朋友的好意。當後來有人責備他，若是當初聽了朋友的勸，他的妻子林徽因，也不至於那麼早就離開人世，梁思成竟無言以對。同樣的，若是他聽了朋友的勸，不僅是他的妻子，自己也不至於那樣——在“被侮辱與被損害”[26] 中死去。

相關注釋：

1、梁啓超與第一任太太，李惠仙生子女四人，長大成人三人，分別是：梁思順（女）、梁思成（子）、梁思莊（女）；與第二任太太，王桂荃生子女八人，長大成人六人，分別是：梁思永（子）、梁思忠（子）、梁思懿（女）、梁思達（子）、梁思寧（女）、梁思禮（子）。——《建築師梁思成》第10、11頁、《梁思成與林徽因：我的父親母親》第265頁。

2、回國的時間，有兩種說法。一種是1912年，隨父母回國，見《梁思成全集（第九卷）》2001年版第101頁；一種是1913年，隨母李惠仙回國，見《梁思成傳》2012年版第336頁。回國前的梁思成，1906年至1912年，就讀日本橫濱大同學校幼稚園和神戶同文學校初小。——《梁思成全集（第九卷）》第101頁、《梁思成傳》第336頁。

3、《世界史綱》這本譯著，經梁啓超修改後，於1927年由商務印書館出版。——《梁思成全集（第九卷）》第101頁、《梁思成傳》第27頁。

4、梁思成在後來的回憶文章中，談到自己爲什麼選擇建築這個專業："我第一次去拜訪林徽因時，她剛從英國回來，在交談中，她談到以後要學建築。我當時連建築是什麼還不知道，林徽因告訴我，那是集藝術和工程技術於一體的一門學科。因爲我喜歡繪畫，所以也選擇了這個專業。"——《梁思成傳》第37頁、《建築師梁思成》第23頁。

5、1927年2月，梁思成獲賓夕法尼亞大學建築系學士學位；6月，獲賓夕法尼亞大學建築系碩士學位。林徽因於1927年2月，獲賓夕法尼亞大學美術系學士學位。離開賓大，梁思成去了哈佛大學，讀城市設計專業；林徽因去了耶魯大學，在戲劇院學舞臺設計。——《梁思成與林徽因：一對探索中國建築史的伴侶》第34-37頁、《梁思成全集（第九卷）》第102頁、《梁思成傳》第336頁、《梁思成與林徽因：我的父親母親》第47頁。

6、1928年3月31日，梁思成與林徽因，在加拿大渥汰華其姐姐家結婚。婚後開始歐洲的旅行，父親梁啓超在信中，爲這對新人的旅行，出謀劃策：

"你們最主要目的是遊南歐，從南歐折回俄京搭火車也不太經濟，想省錢也許要多花錢。我替你們打算，到英國後折往瑞典、挪威一行，因北歐極有特色，市政亦極嚴整有新意（新造之市，建築上最有意思者為南美諸國，可惜力量不能供此遊，次則北歐特可觀），必須一往。由是入德國，除幾個古都市外，萊茵河畔著名堡壘最好能參觀一二。回頭折入瑞士，看些天然之美，再入義大利，多耽擱些日子，把文藝復興時代的美，徹底研究瞭解。最後便回到法國，在馬賽上船，（到西班牙也好，劉子楷在那裏當公使，招待極方便，中世及近世初期的歐洲文化以西班牙為中心）中間最好能騰出時間和金錢到土耳其一行，看看回教的建築和美術，附帶著看看土耳其革命後的政治（替我）。關於這一點，最好能調查得一兩部極簡明的書（英文的）回來講給我聽聽。……" ——《梁思成傳》第 57、58 頁、《梁思成與林徽因：我的父親母親》第 61-62 頁。

7·其父親原先是希望他能到大藏畫家龐萊臣門下為徒，梁思成沒有回應之後，又想為其在清華學校謀個職位。此時的東北大學，正值籌備創建建築系，尋找人才。該校原本是希望楊廷寶擔任建築系主任一職，因楊已在他處就職，轉而推薦梁思成。東北大學派人到北京梁家遊說，梁啓超在清華與東北兩所大學之間，權衡利弊之後，為梁思成接了東北大學的聘書。梁思成到校之後，為東北大學帶來自己的妻子，另外還請來了陳植、童寯、蔡方蔭等建築方面的人才。————《梁思成傳》第 70 頁、《梁思成全集（第九卷）》第 102 頁、《一代宗師：梁思成》第 35 頁。

8、抗戰勝利後，有學校邀請梁思成去美國工作，有朋友也勸他們去美國生活、治病，梁思成選擇了留在國內，他給出的理由是："我的祖國正在災難中，我不能離開它；假使我必須死在刺刀和炸彈下，我要死在祖國的土地上。"——《梁思成、林徽因與我》第 152 頁、《建築師梁思成》第 85 頁。

9、北京市長，在天安門的城樓上，對梁思成說過："毛主席說將來從這裏望過去，要看到處處都是煙囪"。——《梁思成與林徽因：一對探索中國建築史的伴侶》第 219 頁、《一代宗師：梁思成》第 300 頁。

10、梁陳的《關於中央人民政府行政中心區位置的建議》，被指與蘇聯專家的方案分庭抗禮，被指違背向蘇聯一邊倒的國策。——《梁思成、林徽因與我》第205頁、《建築師梁思成》第111、112頁。

11、12、"整風一個月的體會"中梁思成的話，發表於1957年6月3日的《人民日報》。——《梁思成全集（第五卷）》第293頁。

13、梁從誡在《倏忽人間四月天——回憶我的母親林徽因》中，談到母親因保護古城牆失敗時，對新政府發出的質問。——《薪火四代（下）》第191頁。

14、梁思成親自為妻子設計的墓碑，其墓碑上的"建築師林徽因之墓"幾個字，在文革中被砸毀，至今沒有恢復。——《一個真實的林徽因》第341頁、——《薪火四代（下）》第196頁、《梁思成與林徽因：我的父親母親》第228頁。

15、1955年2月，建設工程部召開設計及施工會議，開始對"梁思成為代表的資產階級唯美主義的復古主義建築思想"進行批判。之後，北京市委專門成立寫作班底，有組織地對梁思成進行批判。梁思成於1955年5月27日，在病中，寫下"大屋頂檢討"；1962年2月，在全國政協二屆二次會議上，公開進行檢討。——《梁思成傳》第268-274頁、《梁思成全集（第九卷）》第108、109頁。

16、1951年8月29日，在病中，就"人民英雄紀念碑"的設計，向彭真寫信，提出自己的看法與建議。——《梁思成全集（第五卷）》第127-130頁、《梁思成與林徽因：我的父親母親》第228-233頁。

17、1956年2月6日，梁思成寫給毛澤東的入黨申請信，由周恩來轉交。信的內容：

　　最敬愛的毛主席：

　　幾年來，我是您一個最壞的學生。我脫離了您的領導，犯了嚴重錯誤，為祖國人民帶來了巨大損失，而長期看不見自己的錯誤，但是，今天我卻正在為自己祝賀，因為在您和各位領導同志的關懷下，在彭真同志的親切教導下，我終於初步認識到自己的錯誤了。對於您，對於黨我惟有衷心的感激了。

　　在認識錯誤的過程中，我覺得我一步步地更接近了黨，一步步地感到不斷增加的溫暖和增強的力量。這溫暖和力量給了我新的生命。我覺得自己變成了一個年富力強的青年，準備著把一切獻給您，獻給我們偉大的黨和可愛的祖國。

　　這個新的生命的一切都是您——是黨給我的。一個多月以來，我內心不可抑制的要求就是不僅僅從外面靠攏黨，而要求自己成為黨的一個兒子。我深深地知道自己距離一個共產黨員的標準還遠得很，甚至日常生活也還很散漫，很不嚴肅，但我一定要以一個黨員的標準要求自己，同時我也一口認定黨是我的親娘了。

　　當我知道在今晚的宴會上將得到最大的幸福，將能陪同您坐在一席的時候，我不能抑制這"再生的青年"的興奮，在感情的推動下，寫了這封信，以向您表達我心底深處最大的願望和奮鬥的最高目標。這也是全國億萬個年輕的心房裏跳躍著的願望和目標。我知道您是瞭解每個（即使是返老還童的）青年的心的。

　　敬愛的毛主席，我有信心，在您的關懷和鼓舞下，只要我努力學習，不斷改造自己，總有一天，黨會把"中國共產黨黨員"的光榮稱號授予我。我將珍惜它勝過自己的生命。我將為這一天的早日到來而百倍努力。

　　我懷著無限感激和崇敬的心情，祝您永遠康健，比松柏還長壽，願您領導我們一直走進偉大、幸福的共產主義社會，同時，我向您保證，我一定不斷嚴格要求自己，使自己永遠不愧做一個黨的好兒子，您的好學生！

　　梁思成

　　1956 年 2 月 6 日

　　毛澤東於 1956 年 2 月 24 日，作了批示："彭真，我覺得可以吸收梁思成入黨。交北京市委酌處。"——《一代宗師：梁思成》，第 252-253 頁、《梁思成、林徽因與我》第 226 頁。

18、梁思成於 1959 年 1 月，加入中國共產黨。——《梁思成全集（第九卷）》第 109 頁、《梁思成傳》第 339 頁。

19、梁思成第二任妻子林洙，對文革的回憶。——《建築師梁思成》第 194 頁、

《梁思成、林徽因與我》第 257-258 頁。

20、陶德堅在她的個人回憶錄——《風雨人生》（“工軍宣隊進校”章節中）講到梁思成挨鬥的情形。來源網址：https://taodejian.wordpress.com/

21、1969 年 1 月 26 日，清華大學在《堅決貫徹執行對知識份子“再教育”“給出路”的政策》中，對於知識份子給出了五個政策。1、對一般知識份子；2、對可以教育好的子女；3、對犯了“走資派”錯誤的幹部的政策；4，對資產階級反動學術權威”的政策；5、對“反革命分子”的政策。其中關於梁思成的政策屬於第 4 條，給“資產階級反動學術權威”梁思成的結論是：“年紀太大，用處不大的（如梁思成、劉仙洲），也要養起來，留做反面教員。”——《梁思成傳》第 306-307 頁。

22、在文革中，跟家人說的話。——《南渡北歸：離別》第 408 頁、《梁思成、林徽因與我》第 265 頁。

23、1956 年 2 月，梁思成在全國政協會議上，作題為《永遠一步也不再離開我們的黨》的發言，其實是一篇檢討。——《梁思成全集（第五卷）》第 268-169 頁。

24、見上 17 注釋。

25、1939 年，中央博物院聘請梁思成任《中國建築史》編纂委員會的主任，1942 年著手編寫《中國建築史》，於 1944 年完成；晚年的梁思成，準備重寫《中國建築史》，苦於政治動運的接踵而至，終沒能開寫，不僅成為他個人的遺憾，也成為整個中國建築史的遺憾。——《中國建築史》第 371-373 頁。

26、梁思成第二任妻子林洙，對文革的回憶。——《建築師梁思成》第 194 頁、《梁思成、林徽因與我》第 257-258 頁。

參考資料：
1、 《梁思成傳》，竇忠如著，百花文藝出版社，2012 年版。
2、 《中國建築史》，梁思成著，百花文藝出版社，1998 年版。
3、 《南渡北歸：離別》，南嶽著，湖南文藝出版社，2011 年版。
4、 《一個真實的林徽因》，田時雨編著，東方出版社，2004 年版。
5、 《梁思成全集》，梁思成著，中國建築工業出版社，2001 年版。
6、 《建築師梁思成》，林洙著，天津科學技術出版社，1996 年版。
7、 《薪火四代（下）》，梁從誠編著，百花文藝出版社，2002 年版。
8、 《梁思成、林徽因與我》，林洙著，清華大學出版社，2004 年版。
9、 《一代宗師：梁思成》，郭黛姮、高爾蘭、夏路編著，中國建築工業出版社，
    2006 年版。
10、《中國建築之魂：一個外國學者眼中的梁思成林徽因夫婦》，費慰梅著，
    成寒譯，上海文藝出版社，2003 年版。
11、《梁思成與林徽因：一對探索中國建築史的伴侶》，費慰梅著，曲瑩璞、
    關超等譯，中國文聯出版公司，1997 年版。
12、《梁思成與林徽因：我的父親母親》，梁再冰口述、於葵執筆、龐淩波、
    潘奕整理，中國建築工業出版社，2021 年版。

鄧拓沒有死在敵人的手上

鄧拓【1912 — 1966】

對我來說，完全沒有想到，在我們偉大的共產黨領導下，在我們偉大的社會主義國家，竟然一個接一個地、越來越嚴重的人為災難發生了，很多優秀人物，沒有犧牲在敵人的槍林彈雨中，而是慘死在我們自己製造的禍害之中，鄧拓就是這樣犧牲的。早在十年浩劫之前，他就不斷遭受各種無理的遭災和專橫的打擊。[1]

——胡績偉

今天的宣傳機器，依然離不開《人民日報》這種黨的機關報，中央靠它向人民傳達黨集體的意志，雖然不再是"毛澤東思想"。而想當年，駕馭《人民日報》這臺機器馳向共和國，為新政權的江山鞏固塗脂抹粉，離不開一個人，那就是鄧拓。一個出身於清朝末代知識份子家庭，成長於民國相對自由的政治環境，效力於共產黨的用馬克思主義武裝起來的意識形態型知識份子。

鄧拓出生的這一年，正好趕上改朝換代的 1912 年，而他剛剛步入小學的這一年，卻又碰上影響中國深遠的 1919 年。可以說，他的整個青少時代，中國社會都充滿著巨變。

高中畢業的他，本來有機會步入清華，他卻因為看電影睡過了頭，錯過了考試的上半場，退而求次地去了光華[2]。

1930 年，這個 18 歲，涉世不深、不諳世事的孩子，懵懂地加入了共產黨。1937 年以前鄧拓的人生，本應該是安靜求學的歲月，卻因為參加黨的政治活動，曾兩次入獄[3]；雖然二度都是經過親人的設法營救，才得以而恢復自由，雖然二度都看不見他所加入的組織搭救他的身影，而他卻無可救藥地追尋著他所找到的信仰，甚至為之犧牲也在所不惜。

對於中國來說，盧溝橋事件改變了中國的歷史進程。對於鄧拓來說，日軍的來犯，迫使他與很多中國人一樣背井離鄉；所不同的是，很多人是逃難，而他卻是奔向革命。1937 年，也是他第二次出獄不久，他離開了親人，來到了晉察冀，真正來到了黨的懷抱。從此，緊密團結在黨的周圍，以黨媒為槍手，以宣傳為宗旨，或殺敵，或虐己。他的一生，服務於黨，榮辱與共，生死相隨。

1938 年 4 月，22 歲的鄧拓被聶榮臻委以重任，成為了晉察冀機關報《抗敵報》的主任。這《抗敵報》，如果從考證學角度來講，它是《人民日報》真正的前身。鄧拓真的是才氣襲人，作為黨的宣傳能臣，在最嚴酷的延安整風運動波及的審查中，他不遺餘力地為"毛澤東思想"搖旗吶喊[4]；在國共角逐的烽火硝煙中，他以宣傳為武器，向國民黨猛烈開火；在建國初期，在他的帶領之下，黨的喉舌——《人民日報》攻城拔寨，發行量從幾萬份邁向幾十萬份，黨集體的意志通過報紙進入毛澤東王國的每一個角落[5]。可以說，從晉察冀一路走到北京城，從戰爭年代一路走到和平年代，鄧拓，作為一員忠誠於共產黨，忠誠於毛澤東的宣傳幹將，他用自己的才華，為毛澤東打造出了一個共產黨意識形態的帝國，為黨國的鞏固根基，做出了不可磨滅的貢獻。

49 年，鄧拓執掌《人民日報》的總編輯，其人生進入了最為輝煌的時期。在《人民日報》這把交椅上，鄧拓能把工作幹得風生水起，一方面得益於黨相信他的才華能征服人心，另一方面他也需要黨提供的這塊園地來施展抱負。如若不是後來黨（毛澤東）對他失去了信任，他一定會不遺餘力地燃燒他的光芒，照耀黨的前程。

　　1956 年，由胡喬木代表中央指揮，鄧拓和副主編胡績偉領導《人民日報》進行改版。然而，改版後的《人民日報》，毛澤東並不喜歡，並受到批評；可是，此次的改版，正是得到了毛同志批准的，這讓鄧拓吃了一個不是啞巴的啞巴虧[6]。同年 6 月 20 日，鄧尊旨發表的"反冒進"的文章，雖然領會了送審時毛澤東批"不看了"三個字的深意，做了技術上的處理，小一號字發表，以縮小其影響力，但事後仍然免不了的責備[7]。可以說，至此，鄧在毛澤東心目中的地位正一步步喪失。而後 1957 年 2 月，毛澤東在最高國務會議上作了題為《關於正確處理人民內部矛盾》的報告，《人民日報》由於未接指示，故沒有宣傳，更沒有發表社論；同樣，在"雙百方針"開始後，《人民日報》依然沒有動靜，這讓毛澤東很不滿意。4 月 10 日下午，《人民日報》全體編委被召到毛澤東的臥室進行訓話，據說毛當時只穿了件上身睡衣，因為鄧拓主持的《人民日報》沒有遵照毛澤東的意圖進行宣傳，鄧被毛當眾批為'書生辦報、死人辦報、把著茅坑不拉屎'[8]；至此，無論之後的崗位調動，或是調離《人民日報》，都昭示著以毛澤東為中心的黨中央，已經不再信任鄧拓了。

　　鄧拓算是"毛澤東思想"的首位宣傳者 從1944年主編《毛澤東選集》系統地宣傳"毛澤東思想"開始，到離開《人民日報》，他已經整整為"毛澤東思想"工作了 16 個年頭了。他的《留別＜人民日報＞諸同志》[9]中的"書生累"、"功與過"，有著太多的說不出的個人苦悶與無奈，只能任由後人去體會了。

　　遭毛澤東抛棄後的鄧拓，回到老領導彭真的地盤，擔任
北京市委主管文教工作。雖然被貶，但這個曾經主持中央機
關報的宣傳能臣，倒並沒有失意頹廢，反而是志在千里，幹
起了宣傳的老本行，搗騰起《前線》半月刊，直到 1966 年被
勒令停刊。

　　1959 年，他的妻子因爲向黨說了幾句真心話，置疑‘大
躍進’與‘人民公社’是不是辦早了，置疑‘毛澤東是不是
頭腦發熱了’，卻成了向黨進攻，被批判與下放 [10]。而恰是
這年的元旦，他還在《慶春澤・迎接 1959 年元旦》[11] 詩裏大
聲疾呼 "領導英明，前途幸福無邊" 爲大躍進唱讚歌，然而似乎忘
了自己爲什麼 1958 年被貶的事實；更不可思議的事，他 1958
年剛剛把他 1937 年出版的《中國救荒史》改成白話文，面對
大躍進，難道不會有所思？如果說作迎接 1959 年元旦詩時，
他的妻子沒有下放，家庭還不曾受到打擊，那麼作迎接 1961
年元旦詩 "曠古中華好兒女，從今爲主不爲奴" [12] 時，雖然自己的妻
子下放回來了，難道妻子下放一年所受到的委屈與怨恨就當
沒有發生過？！難道自己所經歷的歷次反復地政治運動及被
批成‘死人辦報’的教訓不足痛苦與深刻？！很顯然，無可
救藥的革命熱情麻痺了他的思考，或者說被自己親手樹立起
來的‘毛澤東思想’所麻木。要不然，他怎麼會像個無恥又
無知的傢伙一樣，爲毛的大躍進辯護——"大躍進是舉世無雙的
勝利，只不幸被自然災害消弱了他的光芒" [13]；又或者我們可以這樣
解釋，1959 年 2 月的 "文章滿紙書生累" 只不過詩人偶爾的
情思湧動，鄧拓從來不曾懷疑過自己所信仰的東西——‘共
產主義與毛澤東思想’，他又怎麼會痛徹心扉痛定思痛地去
追尋過去痛苦的根源在哪里？他像一個癮君子一樣，對那些
痛苦，都是無意識的，他怎麼會真正明白‘爲主不爲奴’的

真諦與內涵！

　　從 1961 年 3 月 19 日開始，鄧拓以馬南邨爲筆名，應《北京晚報》朋友之約，寫起他的名篇——《燕山夜話》[14]。這《燕山夜話》，老舍先生說鄧拓是‘大手筆寫小文章，別開生面，別具一格’。或許是《燕山夜話》寫的小有心得，讓他有更近一步的野心；同年，他約吳晗、廖沫沙合寫《三家村劄記》[15]，共用吳南星爲筆名。1964 年 7 月，鄧拓給《三家村劄記》寫完最後一篇，這個欄目算是壽終正寢了，鄧拓也算告別了短暫地由宣傳員傾向文人身份的轉變。耐人尋味的是，也是這一年，鄧拓把他花大價錢收藏的一百多件文物，都捐給了美術家協會。在一個用儲安平的話講，是“自由‘有’‘無’”的年代[16]，鄧拓的封筆與獻物，不得不讓人產生無限聯想了。

　　1958 年後，鄧拓雖然離開了毛澤東的遊戲中心，不再受毛澤東的耳提面命，但奉“毛澤東思想”爲統治中國唯一政治哲學真理的鄧拓，他終身都離開不開他所信仰的東西對他的控制。在毛澤東心目中，或許鄧拓來到老領導彭真的地盤，就已經意味著鄧拓進入毛澤東權力對手的陣容。1966 年 3 月底，毛澤東在杭州同夫人江青、康生等人談話時批評鄧拓的《三家村劄記》與《燕山夜話》是反黨反社會主義，只不過是借文字遊戲打擊政治對手罷了，因爲在毛澤東心裏——以彭真爲首的北京市委已經是‘水潑不進、針插不進’的‘獨立王國、閻王殿’，‘需要解散’[17]；而鄧拓，此時恰恰是彭真手下的文官。4 月，市委傳達中央精神，公開批判《三家村劄記》與《燕山夜話》；5 月 8 日，毛澤東夫人在《解放日報》以高炬爲筆名，發表《向反黨反社會主義的黑線開火》的文章，吹響了全面批鄧的號角。至此，鄧拓生活在聲討與批判當中，他一手經營、培養起來的宣傳媒體，反過來全面向他無情地開火。

　　1966 年 5 月 16 日，全國各報轉載了戚本禹發表在《紅旗》

雜誌第七期上的文章——《評＜前線＞＜北京日報＞的資產階級立場》，文中把鄧拓說成"叛徒"：

> 鄧拓是一個什麼人？現在已經查明，他是一個叛徒。在抗日戰爭時期又混進黨內。他偽裝積極，騙取黨和人民的信任，擔任了《人民日報》的重要職務。他經常利用自己的職權，歪曲馬克思列寧主義、毛澤東思想，推行和宣傳他的資產階級修正主義思想。1957年夏天，他是資產階級右派方面一個搖羽毛扇的人物。他發表了許多反黨、反社會主義的右派言論，《人民日報》1957年5月11日有一篇化名蔔無忌《廢棄"庸人政治"》的文章，就是他寫的。這篇文章對黨進行了惡毒的攻擊，要黨把領導權交給資產階級右派。除此之外，他還積極支持右派分子向黨倡狂進攻。

1966年5月17日，經過一波又一波的批判，這位爲"毛澤東思想"做出巨大貢獻的宣傳能臣的天塌下來了。在寫給市委的絕筆信[18]的最後 鄧拓再一次高呼，也是最後一次高呼：

> 偉大的，光榮的，正確的中國共產黨萬歲！
>
> 我們敬愛的毛主席萬歲！
>
> 偉大的毛澤東思想勝利萬歲！
>
> 社會主義和共產主義的偉大事業在全世界的勝利萬歲！

然後，於18日零晨，"將馬列作家傳"[19]的宣傳能臣鄧拓，拋下了妻兒，拋下了共產主義事業，也拋下了萬歲的毛主席，自己結束了自己的生命。

鄧拓死後，用化名火葬。他的死被要求保密，丁一嵐只能跟孩子撒謊說自己的丈夫住院了。鄧拓在給妻子的遺言[20]中如此寫道："我害得你們夠苦了，今後你們永遠解除了我給予你們的精神創傷。永別了，親愛的。"雖然鄧拓是跟妻子永別了，但對"三家村"的批判並沒有結束。"鄧拓吳晗廖沫沙，一條藤上仨黑瓜。反黨反人民反國家，你說放該殺不該殺！"[21]文革中，這首殺氣騰騰的歌曲，讓鄧拓的家人聽得膽顫心驚。他的老婆丁一嵐被關進牛棚，被剃陰陽頭，常拉去批鬥，成了"黑老婆"，成了親朋避之唯恐不及的異類。曾經溫情脈脈的"六年血火情深處，山海風波定白頭"[22]成了永遠實現不了的誓言；而"獨立西風裏，珍重複珍重"[23]卻成了獻給妻子最好，也是最不好的禮物。

八年後，鄧拓遺孀給世人留下了一首《江城子》，隱喻地敘述那個時代對她造成的傷害：

> 八年生死兩茫茫，別離恨，天地長。
>
> 獨倚孤窗，無處話彷徨。
>
> 縱使相逢難相訴，淚滿面，鬢添霜。
>
> 回顧遂安，唯有淚千行。
>
> 風雨夜，雷電狂。[24]

相關注釋：

1、1986 年 5 月 10 日，在福州鄧拓學術思想討論會上，胡績偉的發言。——《人民新聞家鄧拓》第 47 頁，《人民日報回憶錄》第 279 頁。胡績偉是鄧拓的老部下，後來做過《人民日報》的總編輯、社長。

2、1929 年初夏，鄧拓高中畢業，他乘船來到上海，準備參加那裏幾所大學的招生考試。考前，鄧拓到南京中央研究院見其三哥鄧叔群，三哥建議他報考清華大學，然後爭取拿政府獎學金去美國留學，也提出願意為其支付大學學費，當時鄧拓同意了這樣的安排。然後一回到上海，跟一群同鄉跑去看電影，晚上睡過了頭，錯過了清華招生考試的前半場，因而另外考取了上海的光華大學（光華校訓：讀書勿忘救國，救國勿忘讀書），與清華大學（清華校訓：自強不息，厚德載物）失之交臂，在光華大學讀政治法律系。事後，當三哥責備他時，他蠻橫無理地說："你以為清華和留學，便能挽救國家的命運嗎？在這個國民黨的腐敗官僚掌握之下，所有的科學和文化的貢獻、設施，都是空話！"——《鄧拓：毛時代的中國文人》第 16、17 頁，《名人與冤案：中國文壇檔案實錄（三）》第 37 頁，《往事鉤沉：重大冤案實錄》

第 101 頁，《鄧拓》第 6 頁，《書生鄧拓》第 23 頁，《憶鄧拓》第 229 頁，《人民新聞家鄧拓》第 13 頁，《鄧拓評傳》第 18、19 頁，《鄧拓和他的一家》第 16、17 頁，《鄧拓全集【第五卷】哲學‧經濟‧文化藝術‧新聞工作卷》第 439 頁，《鄧拓的後十年》第 6 頁。

3、1930 年，鄧拓經郝連如介紹，秘密加入共產黨。——《鄧拓的後十年》第 10 頁，《鄧拓全集【第五卷】哲學‧經濟‧文化藝術‧新聞工作卷》第 439 頁（介紹人未知）。入黨後，起了一個革命的名字，叫丁丙根。——《鄧拓：毛時代的中國文人》第 18 頁。

　　第一次入獄：1932 年 12 月 11 日，在紀念 "廣州起義、廣州暴動" 的公開遊行中被捕，在南京和蘇州監獄裏度過將近 8 個月的時間，後經其父的多方奔走，於 1933 年 9 月出獄（此處採用其妻丁一嵐的說法，其他說法各有不同，有的說春天，也有的說夏天。在齊慕實所著的《鄧拓：毛時代的中國文人》中，鄧拓為了獲得釋放，簽過一份宣佈放棄共產主義的退黨申明）。——《鄧拓：毛時代的中國文人》第 22-24 頁，《名人與冤案：中國文壇檔案實錄（三）》第 41 頁，《往事鉤沉——重大冤案實錄》第 101 頁，《鄧拓》第 9、10 頁，《書生鄧拓》第 33、37、345 頁，《人民新聞家鄧拓》第 16、17、204 頁，《鄧拓評傳》第 26 頁，《鄧拓傳》第 19、22 頁，《鄧拓和他的一家》第 22、23 頁，《才子鄧拓：一位蒙冤者的血淚人生》第 3-6 頁，《鄧拓全集【第五卷】哲學‧經濟‧文化藝術‧新聞工作卷》第 439 頁，《鄧拓的後十年》第 12 頁（經國民黨人曾仲鳴、褚民誼保釋出獄）。

　　第二次入獄：1937 年 6 月，因參加 "中國民族解放先鋒隊" 的活動，於河大畢業考試後被捕。又一次經家人營救，月餘出獄。此次負責營救的人物，從其父親換成了大哥大嫂。——《鄧拓全集【第五卷】哲學‧經濟‧文化藝術‧新聞工作卷》第 441 頁，《名人與冤案：中國文壇檔案實錄（三）》第 45、46 頁，《往事沉鉤：重大冤案實錄》第 102 頁，《鄧拓》第 13 頁，《書生鄧拓》第 55 頁，《人民新聞家鄧拓》第 22 頁，《鄧拓評傳》37 頁，《鄧拓和他的一家》第 28、29 頁，《才子鄧拓：一位蒙冤者的血淚人生》第 10 頁，《鄧拓的後十年》第 15 頁。

4、1944 年 5 月，鄧拓受命系統性地主編中共歷史上第一本《毛澤東選集》（受命於聶榮臻、程子華、劉瀾濤，北方晉察冀分局是執行黨中央關於應該系統出版毛澤東著作的指示，當時中共中央宣傳委員會的書記是毛澤東、副書記王稼祥）。《毛澤東選集》有兩種版本：一種是單卷精裝本，另一種是藍色油印的五卷本。（鄧拓在＜編者的話＞中寫道："毛澤東的思想就是代表中國無產階級及其政黨——共產黨的思想，就是黨內布爾什維克的思想，就是最能代表中國革命人民利益的思想。"在編《毛澤東選集》的同時，1944 年夏，受到延安整風運動的波及 鄧拓因為過去的舊歷史受到審查 進入學習班(《鄧拓全集【第五卷】哲學・經濟・文化藝術・新聞工作卷》附錄二生年表中，鄧拓整風學習的時間為 1944 年夏到 1945 年春，第 445 頁；按《丁一嵐傳》中丁一嵐的說法：晉察冀的整風學習從 1943 年多就開始了，當時名為"搶救運動"，河南的黨被組織上懷疑是假黨，鄧拓是從河南來的，凡是從河南來的黨員，都受到新一輪的審查，第 105 頁；對於這次審查，《鄧拓：毛時代的中國文人》中有另一種說法：1944-1945 年鄧拓因當時歌頌聶榮臻的錯誤思想受到批評，並且再度因 1932 年入獄那段歷史受到審查 第 116 頁）——《鄧拓：毛時代的中國文人》第 111、112 頁，《名人與冤案：中國文壇檔案實錄（三）》第 80、73 頁，《往事沉鉤：重大冤案實錄》第 102 頁，《書生鄧拓》第 128、347 頁，《人民新聞家鄧拓》第 207 頁，《鄧拓全集【第四卷】詩詞散文卷》第 64 頁。

毛澤東思想與毛澤東主義的來源：1942 年 2 月，中央馬列學院教員張如心在文章中首先提出"毛澤東同志的思想"的概念。同年 2 月 8 日，張又第一次在《解放日報》對"毛澤東主義"做了闡釋。1943 年 7 月 5 日，中央研究組副組長王稼祥在《解放日報》發表《中國共產黨與中國民族解放的道路》，首次提出"毛澤東思想"的概念，以之代替"毛澤東主義"。1945 年 4 月 23 日，中共七大在延安舉行，此次大會，把"毛澤東思想"作為黨的指導思想寫入黨章。——《鄧拓：毛時代的中國文人》第 109、110 頁，《書生鄧拓》第 124-128 頁。

5、在毛澤東的建國初期，鄧拓領導《人民日報》所發揮的影響力，請看以下相關數據：

《人民日報》發行量：1949 年，總共發行 8 萬多分，到 1953 年增加到 48 萬份，1955 年變成 55 萬份。——《書生鄧拓》第 177 頁，《鄧拓傳》第

71 頁（1949 年為 9 萬份），《鄧拓和他的一家》第 114 頁（1949 為 9 萬份，1952 年為 40 萬份）。

《人民日報》人員：1949 年，只有 200 人，1951 年發展上萬人。——《書生鄧拓》第 177 頁，《鄧拓：毛時代的中國文人》第 134 頁（1951 年發展到上千人）。

《人民日報》社論：1949 年，一年下來，100 篇不到，1951 年達到 200 多篇；——《名人與冤案：中國文壇檔案實錄（三）》第 93 頁，《鄧拓》第 66 頁，《鄧拓評傳》第 122 頁。

《人民日報》由來的歷史：1937 年 12 月 11 日，《抗敵報》成為晉察冀軍區的官方雙頁報紙，每三天出一期；1938 年 4 月，中共晉察冀召開第一次代表大會，黨委會把《抗敵報》確定為晉察冀邊區黨委的機關報，鄧拓任總編和主任；1940 年 11 月 7 日，《抗敵報》改名為《晉察冀日報》，報紙從過去的三天一期改為日期，版面從雙頁擴充到四頁；1948 年 6 月 14 日，《晉察冀日報》和晉冀魯豫地區黨報《人民日報》（該報於 1946 年 5 月 15 日創刊。——《難得清醒》第 107 頁）合併為《人民日報》，屬華北局；1949 年 2 月 2 日，北平版《人民日報》創刊，由範長江任總編，時為北平市委的機關報；1949 年 3 月 15 日，華北局的《人民日報》由河北遷入北平出版，《人民日報》北平版停刊，改出《北平解放報》，由鄧拓任社長，時為北平市委機關報。1949 年 8 月 1 日，《北平解放報》停刊，華北的《人民日報》改為中共中央機關報。同年秋，鄧拓任總編。——《鄧拓：毛時代的中國文人》第 60、61、68 頁，《晉察冀日報大事記》第 2、6、7、277 頁，《名人與冤案：中國文壇檔案實錄（三）》第 7、50、56、89、90 頁，《鄧拓》第 63 頁，《書生鄧拓》第 153、154、348 頁，《鄧拓評傳》第 117、118、228 頁，《鄧拓傳》第 50、57、66、68、69、302 頁，《鄧拓和他的一家》第 51、52、55、104、107 頁，《丁一嵐傳》第 99 頁，《鄧拓的後十年》第 19、22、27 頁，《鄧拓全集【第五卷】哲學・經濟・文化藝術・新聞工作卷》第 447、448 頁。

6、1956 年，《人民日報》進行改版，從 7 月 1 日開始，從原來的 6 個版面擴大到 8 個版面。——《鄧拓傳》第 83 頁。改版後的《人民日報》毛澤東並不喜歡，說 '紙張緊張，還出那麼多版，誰看得完？'——《鄧拓和他的一家》第 134 頁，《才子鄧拓：一位蒙冤者的血淚人生》第 275 頁；在 1957

年 4 月 10 日，那次著名的批鄧拓‘死人辦報’的當天，對於《人民日報》改爲八個版面的事，有人說是經過中央同意的，毛澤東問中央是誰呀？答：請示過毛主席。毛澤東說：如果是那樣，是我說了昏話，我的很多話你們都聽不進去，這件事你們就聽進去了。——《鄧拓的後十年》第 57 頁，《鄧拓：毛時代的中國文人》第 198 頁。

7、1956 年 6 月，劉少奇根據黨中央政治局的意見，佈置中宣部起草一篇題爲《要反對保守主義，也要反對急躁冒進》的文章，作爲《人民日報》的社論發表。文章經鄧拓修改後，排出清樣，送劉少奇、陸定一、胡喬木再次修改，最後送毛澤東同志審定。毛澤東同志批了三個字："不看了"。從這三個字上，鄧拓意識到毛澤東同志的不滿，又特意在定稿上寫了：‘全文（20）日見報，改排新五號字’，想以較小的字發表，以減輕其分量。但是，即使這樣，這篇社論在 6 月 20 日發表以後，仍然多次受到毛澤東同志的嚴厲批評和指責。——《丁一嵐傳》第 139 頁，《書生鄧拓》第 181、182 頁，《鄧拓和他的一家》第 135、136 頁。

在《鄧拓的後十年》第 74、75 頁，《要反對保守主義，也要反對急躁冒進》這篇文章，由中宣部陸定一督辦，陸定一將社論清樣送劉少奇審閱時，還在清樣上附一白紙寫道："少奇同志，囑寫社論，已由本部王宗一同志寫好。我認爲可用，特送上請審正。"最後將清樣送毛澤東同志審定時，批了‘不看了’；而在《鄧拓：毛時代的中國文人》第 179 頁，曰此文爲鄧拓起草，然後送中宣部陸定一及其他人修改，最後經劉少奇審閱、通過，毛澤東在大樣上批了‘不看了’三個字；胡績偉在《人民日報回憶錄》第 275 頁的文章中也提到"反冒進"的文章，是鄧拓主持起草和精心修改的。

8、1957 年 4 月 10 日，《人民日報》發表了《繼續放手，貫徹‘百花齊放、百家爭鳴’的方針》的社論，毛澤東看了社論並在自己的臥室召見了《人民日報》的編委及這篇社論的執筆人王若水。鄧拓在這次召見中，受到毛澤東的嚴厲批評。經歷人王若水在文革寫的自傳中，對鄧拓之所以受到批評，做了這樣的詮釋：毛主席提出了"雙百"方針，鄧拓按兵不動，相反卻發表了陳其通等四人的文章，進行抵制（鄧拓曾擬定了一個宣傳雙百方針的計畫，送到胡喬木那裏，被壓下來了。和《文匯報》、《光明日報》等非黨報比，作爲中央黨報的《人民日報》，的確對雙百方針顯得不那麼熱情和主動，這使得毛澤東很惱火）。——《王若水80周年誕辰紀念：自述·作品·年表》第32、85頁。

4月10日的談話略記：

毛澤東對大家說：睡不著，找你們來談一談。看了今天的社論，雖然發的晚一些，還是好的，總算對陳其通等人的文章表了態。

毛澤東對鄧拓說：最高國務會議和宣傳工作會議已經開過一個多月了，共產黨的報紙沒有聲音，而讓非黨的報紙舉著這面旗幟。過去我說你是書生辦報，不是政治家辦報。不對，應當說是死人辦報！

鄧拓解釋說：過去中央有規定，黨的會議不發消息，主席講話沒有公佈前，也不引用。

毛澤東打斷他的話說：中央什麼時候有這個規定？最高國務會議發了消息，爲什麼不發社論？爲什麼把黨的政策秘密起來？宣傳會議不發消息是個錯誤。這次會議有黨外人士參加，爲什麼也不發消息？黨的報紙對黨的政策要及時宣傳。最高國務會議以後，《人民日報》沒有聲音，非黨報紙在起引導作用，黨報被動，黨的領導也被動。黨報在非黨報紙面前丟臉。叫你來列席政治局會議，中央精神你都知道，有什麼用？只有一個作用，就是增加板凳的折舊費。

毛澤東轉向幾個副總編輯：你們真怪。難道你們都同意他嗎？是不是因爲鄧拓會團結人，你們的意見都那麼一致？幾個副總編輯鐵板一樣，不願意背棄自己的主編。有意見可以爭論嘛！要敢於給鄧拓提意見，頂多撤職。爲什麼一點風都不透，沒有一個人向中央寫報告情況？我的意見，你們只要不到馬路上去鬧，什麼意見都可以講。大概鄧拓你有德，他們不忍心反對你……我看你很像漢元帝，優柔寡斷。你要是當了皇帝，非亡國不可！

鄧拓說：我不知道自己是不是漢元帝，不過我實在是感到能力不夠，難以勝任。希望主席考慮撤掉我的職務。我幾次誠心誠意地提出這個請求……

毛澤東激動地說：我就相信你那麼誠心誠意！你只知道汽車進，汽車出，養尊處優。你不要霸住茅坑不拉屎……

最後由胡喬木說這件事不能全怪報社，他也有責任，毛澤東才停了下來。

——《鄧拓：毛時代的中國文人》第190-198頁，《鄧拓的後十年》第52-56頁，《鄧拓》第75頁，《書生鄧拓》第191-200頁，《鄧拓傳》第81-93頁，

《才子鄧拓：一位蒙冤者的血淚人生》第 271-298 頁，《鄧拓評傳》第 141 頁，《鄧拓和他的一家》138-142 頁，《名人與冤案：中國文壇檔案實錄（三）》第 102 頁，《鄧拓全集【第五卷】哲學・經濟・文化藝術・新聞工作卷》第 451 頁。

9、1959 年 2 月，《人民日報》在新總編吳冷西的帶領之下，為鄧拓舉行了歡送大會，而鄧拓早在 1958 年 8、9 月，就離開《人民日報》社到北京市委去上班了。在此次歡送會上，作詩《留別＜人民日報＞諸同志》：

> 筆走龍蛇二十年，分明非夢亦非煙。
> 文章滿紙書生累，風雨同舟戰友賢。
> 屈指當知功與過，關心最是後爭先。
> 平生贏得豪情在，舉國高潮望接天。

——《鄧拓：毛時代的中國文人》第 224 頁，《鄧拓的後十年》第 85、86 頁，《鄧拓》第 84、86 頁，《書生鄧拓》第 221 頁，《人民新聞家鄧拓》242 頁，《鄧拓和他的一家》第 151、152 頁，《才子鄧拓：一位蒙冤者的血淚人生》第 291 頁，《丁一嵐傳》第 156 頁，《鄧拓全集【第四卷】詩詞・散文卷》第 120 頁，《鄧拓全集【第五卷】哲學・經濟・文化藝術・新聞工作卷》第 452 頁。

歡送時間考：《鄧拓：毛時代的中國文人》第 224 頁中，歡送的時間為 1959 年 2 月 20 日；《鄧拓全集【第五卷】哲學・經濟・文化藝術・新聞工作卷》第 452 頁、《鄧拓和他的一家》第 151 頁、《鄧拓全集【第 4 卷】詩詞散文卷》第 120 頁，歡送會的時間均為 1959 年 2 月；《鄧拓的後十年》第 85 頁、《鄧拓》第 84 頁、《書生鄧拓》第 221 頁，時間均為 1959 年 2 月 12 日；《名人與冤案：中國文壇檔案實錄（三）》第 14 頁、《人民新聞家鄧拓》242 頁、中的時間為 1958 年，顯然錯誤，那年 8 月鄧拓只是離開《人民日報》去北京市委，歡送並沒有舉行。

離開《人民日報》時間考：《書生鄧拓》第 221 頁、《鄧拓全集【第五卷】哲學・經濟・文化藝術・新聞工作卷》第 452 頁，調離時間為 1958 年 9 月；《鄧拓和他的一家》第 151 頁、《才子鄧拓：一位蒙冤者的血淚人生》第 291 頁、《丁一嵐傳》第 156 頁，調離時間均為 1959 年 8 月。

鄧拓職務變動側記：1957 年 6 月 1 日，吳冷西接胡喬木通知，說毛澤東要見他。在毛澤東的住處見到了主席，閒談片刻之後，毛直截了當地對吳說想他去人民日報工作，同時兼任新華社社長。這任務來的太突然，吳再三推辭，毛澤東給了他十天的時間考慮。6 月 13 日，毛澤東再次召見吳冷西的時候，雖然吳還是有意推辭，但毛澤東說：沒有那麼多好考慮的了，中央已經決定你去人民日報，而且今天就要去。今天你以胡喬木的幫手身份去，幫他看大樣，你看了他再看，由他簽發。這樣工作一段時間，中央正式宣佈你當總編輯，同時還可以繼續兼任新華社社長，把兩個單位的宣傳統一起來。半個月後的 6 月 29 日，黨中央正式任命吳冷西為《人民日報》的總編輯，主管新聞和版面；鄧拓改任社長，主管評論、理論和文藝。吳冷西當《人民日報》的總編，毛澤東跟他說要有五不怕精神：一不怕撤職、二不怕開除黨籍、三不怕老婆離婚、四不怕坐牢、五不怕殺頭。吳冷西在《人民日報》工作了 9 年之後，於 1967 年終於成為了毛澤東的階下囚。——《人民日報回憶錄》第 1-10 頁，《鄧拓全集【第五卷】哲學·經濟·文化藝術·新聞工作卷》第 451 頁。

10、1959 年秋，丁一嵐因為批評黨的政策，受黨組織的黨內警告處分，撤銷廣播局總編輯室副主任職務，之後局黨委委員也落選，並下放到湖北省遵化縣建明公社勞動改造，直到 1960 年底，才回到廣播局調對處對外部工作。——《丁一嵐傳》第 146-157 頁，《書生鄧拓》第 235 頁。

11、1959 年 1 月 1 日，作《慶春澤·迎接 1959 年元旦》：

中國飛奔，全球注視，東風吹遍大千。

領導英明，前途幸福無邊。

人民忠勇勤勞甚，更難能足智多賢。

有雄心，改造家鄉，建設田園。

新年又值春光早，看棉糧歌舞，鋼鐵騰歡。

一望高潮，竟然倒海移山；再經苦戰幾回合，管教他地覆天翻。

盼將來，星際通航，世界長安。

——《鄧拓全集【第四卷】詩詞·散文卷》第 118、119 頁，《鄧拓的後十年》第 92 頁。

12、1961 年 1 月 1 日，應《人民日報》之約，作《春風嫋娜·迎接一九六一年元旦》：

聽，春雷欲動，大野昭蘇，辭舊歲，展鴻圖。

趁良辰美景，同心戮力，堅持奮鬥，切莫躊躇！

革命翻身，新邦建設，萬里長征無坦途，曠古中華好兒女，從今為主不為奴！

世界雲騰龍舞，當前形勢——殖民地拉朽摧枯。

東風疾，西風徂，五洲板蕩，六合替虛。

我國人民，沖天壯志，三年躍進，四海歡呼。

紅旗高舉，看工、農、商、學，軍民各業，誰是先驅！

——《鄧拓全集【第四卷】詩詞・散文卷》第 192、193 頁，《鄧拓的後十年》第 111 頁。

13、1960 年 2 月，鄧拓在《新建設》雜誌上，頌揚毛澤東的大躍進政策，他寫道：大躍進是舉世無雙的勝利，只不幸被自然災害消弱了他的光芒.（齊慕實在《鄧拓：毛時代的中國文人》第 232 頁中的觀點：鄧拓 1958 年初和廬山會議以後，發表支持大躍進的作品，其數量之多，範圍之廣，以至於迫於壓力，違心而作這種說法，根本不可能成立。）——《鄧拓：毛時代的中國文人》第 214 頁。

14、顧行是《北京晚報》的副主編，劉孟洪是該報副刊編輯，1960 年底就有請鄧拓在《北京晚報》開設欄目的想法。一開始鄧拓並沒有答應他們，1961 年 3 月初，在顧行與劉孟洪的軟磨硬泡之下，鄧拓終於答應了開欄的請求。欄目命名為《燕山夜話》，專欄每周刊出兩次，從 1961 年 3 月 19 日開始，到 1962 年 9 月 2 日結束。關於欄目的命名，鄧拓這樣解釋："燕山，是北京一條主要山脈；夜話是夜晚談心的意思。馬南邨取 '馬蘭村' 的諧音，那是我們原來辦《晉察冀日報》所在的一個小山村，我對它一直很懷念。"——《憶鄧拓》第 111-115 頁，《書生鄧拓》第 241-245 頁，《鄧拓》第 90-92 頁，《鄧拓全集【第五卷】哲學・經濟・文化藝術・新聞工作卷》第 454 頁，《名人與冤案：中國文壇檔案實錄（三）》第 116、117 頁，《鄧拓傳》105 頁，《鄧拓和他的一家》第 163、164 頁，《才子鄧拓：一位蒙冤者的血淚人生》第 309、310 頁，《鄧拓的後十年》第 126-128 頁，《丁一嵐傳》第 161 頁。

《燕山夜話》封筆原由：

A、關於鄧拓《燕山夜話》為什麼寫到《三十六計》就不寫了，鄧拓在出版的《燕山夜話》第五書集《奉告讀者》中這樣講到：由於近來把業餘活動的注意力轉到其他方面，我已經不寫‘燕山夜話’了。並說：前一段時間寫《燕山夜話》是被人拉上馬的 現在下馬也是為了避免自己對自己老有意見，等將來確有一點心得，非寫不可的時候，再寫不遲。——《鄧拓》第93、94頁、《憶鄧拓》第129、130頁，《名人與冤案：中國文壇檔案實錄（三）》第119頁，《鄧拓評傳》第187、188頁，《鄧拓的後十年》第135、136頁。

B、對於鄧拓為什麼停寫《燕山夜話》，周揚在《鄧拓文集序言》中，有另外一種說法：1962年秋冬，夜話的發表是作者衷心擁護積極貫徹中央這些正確方針的表現，但他在表達自己正當的不滿時，仍然力圖採取委婉的方式；階級鬥爭擴大化的指導思想重新抬頭的時候，他就擱筆不寫"夜話"這類雜文了。——《才子鄧拓：一位蒙冤者的血淚人生》第313頁、《鄧拓評傳》第188頁、《名人與冤案：中國文壇檔案實錄（三）》第119、120頁。

鄧拓寫《燕山夜話》時間考：《鄧拓：毛時代的中國文人》第276、372頁、《丁一嵐傳》第161頁、《鄧拓和他的一家》第164頁、《鄧拓傳》105頁、《鄧拓評傳》第176頁（其175頁為1961年2月為誤）、《書生鄧拓》第243、244頁、《鄧拓》第90頁、《名人與冤案：中國文壇檔案實錄（三）》第116、117頁、《鄧拓全集【第五卷】哲學・經濟・文化藝術・新聞工作卷》第454頁，時間均為1961年3月19日；《憶鄧拓》第115頁，《才子鄧拓：一位蒙冤者的血淚人生》第300頁，時間均為1961年3月9日；《鄧拓的後十年》第128頁，時間為1961年3月10日。

鄧拓《燕山夜話》文章數考：《鄧拓的後十年》第128頁、《丁一嵐傳》第161頁、《鄧拓和他的一家》第164頁、《鄧拓傳》105、106頁《鄧拓評傳》第181頁、《鄧拓》第92頁、《名人與冤案：中國文壇檔案實錄（三）》第116、117頁、《鄧拓全集【第五卷】哲學・經濟・文化藝術・新聞工作卷》第454頁，均為153篇；在《書生鄧拓》第245頁中，《燕山夜話》從開始至結束，總共發表了147篇文章；《憶鄧拓》第115頁，為152篇；《才子鄧拓：一位蒙冤者的血淚人生》第300頁，為154篇。

15、1961年9月，鄧拓請吳晗、廖沫沙在北京四川飯店吃飯，說動他們給《前線》新開的一個跟《燕山夜話》風格類似的專欄寫稿。三人之中唯一的倖存者廖沫沙回憶說：當時只是確定了欄目名稱，確定了三人名字中各取一字，分別是吳（吳晗）、南（鄧拓寫《燕山夜話》時用的筆名'馬南邨'中的南）、星（廖沫沙筆名'繁星'），從而得到了欄目作者的聯合筆名'吳南星'，並約定文章篇幅在一千字左右，內容為生活、教育、思想、工作等等，鄧拓還說'吳晗同志可以寫歷史'，至於每一篇的主題和內容，則全由作者自行決定。鄧拓於 1961 年 10 月開始寫《三家村劄記》，到 1964 年 7 月停筆。——《鄧拓：毛時代的中國文人》第 268 頁，《書生鄧拓》第 249 頁，《鄧拓和他的一家》第 165、166 頁，《鄧拓的後十年》第 137-140 頁，《丁一嵐傳》第 161 頁。

《三家村劄記》文章數統計：《前線》雜誌上的《三家村劄記》全部以聯合筆名吳南星的名義發表，其中鄧拓執筆 18 篇，吳晗 21 篇，廖沫沙 21 篇。除這三位主要作者外，還有 5 篇或由雜誌編輯部其他同志代寫，或由鄧拓出面約稿，其中李遠 1 篇，李筠 2 篇，張世續 1 篇，李文 1 篇。——《鄧拓：毛時代的中國文人》第 268 頁，《鄧拓的後十年》第 139、140 頁。

16、1937 年 3 月 8 日，儲安平在《中國的政局》裏比較國共兩黨的言論自由：老實說，我們現在爭取自由，在國民黨統治下，這個"自由"還是一個"多""少"的問題，假如共產黨執政了，這個"自由"就變成了一個"有""無"的問題了。——《觀察》第 2 卷第 2 期第 3-8 頁。

17、1965 年，以毛澤東夫人為首，批吳晗的《海瑞罷官》鬥爭開始。然而，北京彭真所領導的班子，並不贊成對吳晗進行政治批鬥，只限於在學術的範疇內進行探討。上海發的批判吳晗的文章，到了北京，得不到回應，即使回應批了，也是敷衍，出來的文章不痛不癢，這事讓毛澤東甚是惱怒。然後，才有了 1966 年 3 月，毛澤東同志在杭州的天庭震怒。1966 年 3 月 17 日至 20 日，毛澤東在杭州召開的中央政治局擴大會議上，說上海的滬劇《蘆蕩火種》不能在北京演出，批評彭真是搞'獨立王國'；1966 年 3 月 28 日至 30 日，毛澤東在杭州跟夫人江青、康生、張春橋談話時，罵北京市委'針插不進，水潑不進，需要解散'；並說中宣佈是'閻王殿'，要'打倒閻王，解放小鬼'。——《丁一嵐傳》第 162、163 頁，《書生鄧拓》第 297-305 頁，《鄧拓傳》138-145 頁，《才子鄧拓：一位蒙冤者的血淚人生》第 317 頁，《鄧拓的後十年》

第 199-204 頁。

18、1966 年 5 月 17 日晚，自殺前寫給北京市委的信（自殺時間：18 日零晨，自殺方式：吃過量安眠藥）：

彭真、劉仁同志並市委同志：

這些日子以來，一場轟轟烈烈的"文化大革命"以排山倒海之勢，雷霆萬鈞之力，向著資產階級文藝思想，現代修正主義文藝思想和三十年代文藝所結成的反黨反社會主義黑線開火。我完全擁護並願有機會用自己的全力投入這個偉大的革命鬥爭。

廣大的工農兵群眾高舉毛澤東思想的偉大紅旗，真正成為文化的主人、學術的主人，這個新時代的確已經到來了。我們應該為之歡欣鼓舞，只有那些牛鬼蛇神才會仇恨、咒罵。

儘管在這個鬥爭中，我已經變成眾矢之的。全國範圍的批判運動正在勝利進展，人們一致聲討《巴山夜話》和"三家村"的"黑幫"反黨反社會主義的罪行。但是，我一直努力帶著當前的問題進一步學習毛主席著作，要想跟上革命形勢的發展。

我看了所有能夠看到的報導材料，對於工農兵群眾對我的一切譴責，我認為都是可以理解的、正當的。如果我發現誰在反黨反社會主義，我也一定要跟他鬥爭到底。何況廣大的工農兵群眾，他們是在我們的黨和毛主席的領導下，從過去黑暗的生活是解脫出來，他們當然要堅決地起來保護黨，保衛社會主義事業。

許多工農兵作者幾乎都說："聽了廣播，看了報上刊登的鄧拓一夥反黨反社會主義的黑話，氣憤極了。"我完全懂得他們的心情。我對待所有批評我的人絕無半點怨言。只要對黨和革命事業有利，我個人無論接受任何痛苦和犧牲，我都心甘情願。過去是這樣，現在是這樣，永遠是這樣。

目前鬥爭的焦點是"三家村黑幫"。這個責任全部應該由我來承當。因為我是負責管北京市的文教工作的，許多文章又是我寫的，別人怎麼能夠，也不應該為我分擔責任。市委的領導，從彭真同志、整個書記處、常委會以及個別部門的負責同志在內，沒有什麼錯誤的。如果說有錯誤，那只有一條，就是你們錯用了我，是我在工作當中闖下了亂子，給黨和首都的榮譽帶來了意外的嚴重損害。

我的《燕山夜話》和《三家村劄記》的出現，確實同當時的社會思潮和社會背景是有關係的。大家都熟悉的"單幹風"、"翻案風"，我就不多說了。這裏只提幾件事情。

從 1960 年起，我們有三次組織學習毛主席著作，但是三次都受到批評，說我們是"貼標籤"、"做廣告"、"抬高自己"、"裝門面"，因此是"庸俗化的作風"。這樣，我們學習毛主席的著作的運動三起三落，組織有三批文章只登了一個頭。

那個時候，強調百花齊放、百家爭鳴有很大的片面性。說什麼"社會主義現實主義不一定要求每個作家都照辦，齊白石、梅蘭芳以及其他國寶，就不是社會主義現實主義。"當時還大力宣導"挖掘傳統"、"搶救傳統"。看戲要看《盜魂靈》、《柴市節》、《十八扯》、《花田錯》、《女吊》等等。有的說："看戲不是上課"，"不學技巧很危險。"因此強調老專家要趕快教徒弟，而"不論什麼流派"。

仔細查閱我寫的東西，與報上三次摘要和批語對照，聯繫自己當時的思想，我認為有許多問題要進行具體的分析和批判。

例如，大家強烈譴責，認為最惡毒攻擊黨的《偉大的空話》。我完全沒有把那個孩子的詩和毛主席關於東風壓倒西風的英明論斷聯繫起來。主席對於世界形勢的這一精闢論斷，我在各種講話和文章中有二十多次加以闡述，有歷次稿件可查。事實上，那個孩子的詩，並不是以闡明東風壓倒西風為主題的，我當時正聽一個政治工作會議的傳達，腦子裏面只考慮到政治宣傳方面如何克服標語口號式的作品，要求更具體更生動，聯繫活思想、活教材，做到有血有肉。但是，因為是雜文，句子總想俏皮些，帶點刺兒，這是出亂子的劣根所在。

又如《專治"健忘症"》。我是根據兩封讀者來信（是從晚報編輯部轉來的，應該查得到）寫的。其中症狀的敘述便是概括來信人說明的情況，有一個說他常常受到別人的責備，非常痛苦。為什麼要提到巫醫呢？我認為像卜卦、算命一樣，讓讀者知道有這種騙人的把戲，就不會上當。至於西醫的休克法，我確實聽到過。有的青年醫生揭露我瞎說《艾子後語》是醫書，我在文章裏沒有說它是醫書，它是小說，我不過聯想到這個例子加以引用。還有"巴戟天丸"、"丹參飲子"兩個方子，我是說《古今圖書集成》、《醫部匯編》中"健忘"條下看到的，並非杜撰。

再如，《說大話的故事》、《一個難蛋的家當》和《兩則外國寓言》，意思很明顯，不應該引起誤解。《說大話的故事》是聽見當時有的地方弄虛作假、謊報情況而寫的。《一個難蛋的家當》是針對當時有些社隊又出現搞投機買賣和進行剝削的行為而寫的，文字表達的意思比後一篇更為明顯。《兩則外國寓言》寫在蘇修二十二大之後，所講的競技人的吹牛與山雀的誇口，顯然是把"古巴事件"以赫魯雪夫的嘴臉，比做"西方貴族老爺及其子孫們的交際場合中司空見慣"的一樣。文中說到列寧用這個例子諷刺馬赫派。我對好幾個同事說，從雜文的觀點來看，馬赫派正好可以說成是披著馬列主義外衣的赫魯雪夫修正主義派。

　　文章的含義究竟如何？我希望組織上指定若干人再做一番考核。《燕山夜話》和《三家村劄記》中我寫的文章合計一百七十一篇，有問題的是多少篇？是什麼性質的問題？我相信這是客觀存在的，一定會搞清楚的。

　　我過去寫的文章，我近來查閱了一遍，已印未印的稿件，雖然不完全，但是，可以做出全面的分析和批判。

　　這幾天報上刊登的我在《北京日報》座談會上的談話、在北京大學歷史系半工半讀開學式上的講話等等，有一些重要的地方與原話有出入。比如，我不只在《北京日報》座談會上，而且在別的會上的講話中，都一再說：聽黨的話，我從來認為就是要聽毛主席的話，聽黨中央的話。不是我們這些人或是別的什麼人可以把自己的話當作黨的話，要大家聽。而是要大家把我們說的話，和毛主席、黨中央的話對照一下，哪些地方我們說錯了，不符合毛主席和黨中央的精神，大家就要提出批判。因此，我希望，那些記錄應該好好地查對一下。

　　目前大家對我的揭露越徹底越好，我首先表示熱忱的歡迎。我誠懇地希望大家真正按毛主席在全國宣傳工作會議上的講話中所說的："凡是毒草，凡是牛鬼蛇蜒，都應該進行批判，決不能讓它們自由泛濫。但是，這種批判，應該是充分說理的，有分析的，有說服力的，……"這樣去做，不斷地取得一個又一個的勝利。

　　我對自己的錯誤也越來越感到憎惡。我怎麼就寫雜文呢？而且那麼隨便，順手牽羊，東拉西扯，晚上一寫，明天交稿，筆越寫越滑溜，這樣不犯錯誤才算怪咧。那兩年我的確沒有聽到反對的意見。截止 1962 年 8 月以前，我收到讀者來信和編輯部反映的材料，一個勁督促我多寫。來往的許多同志也給我加油，有的還給我出題目。幾個報刊編輯部都曾經來信約稿。這裏邊的教訓真夠深刻的了。

最初我沒有想到自己的錯誤性質會這樣嚴重。我約了吳晗和廖沫沙給"三家村"寫稿，想不到就成了黑幫。這個期間報上批判的文章說我是反黨反人反社會主義的反動分子，是右傾機會主義即修正主義分子，是漏網的右派。現在戚本禹同志的文章說我是一個叛徒，我認為這是代表黨對我所做的政治歷史結論。

我應該說明的是：抗戰前我兩次被捕的情形，已有多次向黨交代，我相信黨已經做了詳細的調查和考察。第一次被捕時有一個關鍵的問題，是敵人千方百計逼我供出張稼夫同志的關係，我說不知道，記不得了，不記得他叫什麼名字，忘記他是哪里人，敵人終於沒有法子。江西一位女同志，原名黃月珂，她曾說我在看守所跟她對質過，這不是事實。有一個叛徒曾經找她和我說降。我當時一言不發，她卻大罵起來，說她家的田地財產都給紅軍搶光了，她恨死共產黨了。我認為他不應該為了掩護自己在敵人面前罵黨。第二次被捕的關鍵問題是敵人力逼我供出聯繫人來。當時我的聯繫人是劉子厚同志，我已事先把他護送回北京了，因此敵人捉到我就到頭了。有一位施於民同志曾經跟我對質，我責問毫無根據誣賴好人，後來他改口說認錯了人。

第一次被捕出來以後，我就參加了"福建人民政府"，遇到季步飛、劉湘紋夫婦，他們是黨派到福建人民政府工作的，我把被捕經過詳情托他轉報上級黨組織，他說要解決我的組織問題，先參加工作，與他發生單線關係。後來福建人民政府失敗，我們的關係又斷了。以後遇到劉子厚同志，我又把全部經過向他報告，他說要負責解決我的組織問題，決定派我去蘇北，繞路過開封瞭解情況，不料我又被捕了。

在太原見到黃敬同志的時候，以及到了晉察冀之後，我都一再地將兩次被捕情況向黨報告，在鞏固黨、整黨、整風的幾次運動中，我都寫過詳細報告，交給黨審查。

因此，我過去並不認為自己是混進黨內、偽裝積極、騙取黨和人民的信任。我自己一直認為是在我們黨的領導下，為革命事業不顧一切地努力奮鬥。

說我在反右鬥爭中，是站在右派方面搖羽毛扇的。這一點，我過去也是不了解的。我寫過《廢棄"庸人政治"》的短文在《人民日報》副刊發表，這件事情我後來向喬木同志做了檢討，並在《人民日報》的一篇自我批評的稿子中交代過的。

人大學生林希翎闖到報社辦公室，跟我只談過一次話，當時《人民日報》的秘書也在場。我怎麼也不會把她當"最親密的人朋友"。

離開《人民日報》是我在反右派鬥爭以前就提出請求的，緊接著反右鬥爭開始了，我盡力把工作支持下來。後來決定調動工作的時候，鄧小平同志親自召集新華社和《人民日報》兩個編委會的同志開會，肯定了過去成績是主要的。喬木同志也到報社講過一次話，同鄧小平同志講話精神一致。

到北京市委來工作，同樣是經過中央正式決定的。我不知道戚本禹寫文章的時候，是否瞭解這些情況？

還有林傑同志的文章中提到我留別《人民日報》同志們的一首詩。他把其中一聯解釋錯了。"屈指當知功與過"是講自己現在明白了成績和缺點、錯誤的所在。"關心最是後爭先"是說明我最關心的是要使《人民日報》工作中的落後方面，趕快克服，爭取成為先進。這和我離開報社時的講話是一個意思。

但是，無論如何，我已被報上點名說是叛徒了。我的妻子、兒女痛斥了我，離開了我。當然，她們做的對。這些日子，她們已經為我受了許多精神上的痛苦，我希望今後再不至於因為我而刺傷她們。

作為一個共產黨員，我本應該在這一場大革命中經得起嚴峻的考驗。遺憾的是我近來舊病都發作了，再拖下去徒然給黨和人民增加負擔。但是，我的這一顆心永遠是向著敬愛的黨，向著敬愛的毛主席。

當我要離開你們的時候。讓我再一次高呼：

偉大的、光榮的、正確的中國共產黨萬歲！

我們敬愛的領袖毛主席萬歲！

偉大的毛澤東思想勝利萬歲！

社會主義和共產主義的偉大事業在全世界的勝利萬歲！

鄧拓，1966年5月17日夜

——《鄧拓全集【第五卷】哲學・經濟・文化藝術・新聞工作卷》第427-433頁（全），《鄧拓》第104-106頁（略），《書生鄧拓》第317-318頁（略），《鄧拓傳》第150-151頁（略），《鄧拓和他的一家》第209-211頁（略），《才子鄧拓：一位蒙冤者的血淚人生》第362-365頁（略），《鄧拓後十年》第219-222頁（略），《名人遺書》第523、524頁（略），《告別人間：名人遺書》第 257、258 頁（略），《歷史的代價：文革死亡檔案》第 41 頁（略）。

他們受屈而死，怎麼還喊'萬歲！'？蕭乾在他的個人回憶錄是這樣解釋的：我反正死定了，何不乘此給潔若和孩子求求情，請革命群眾對他們高抬貴手。在紅色政權之下，先死比後死幸運，死了比活著幸運，因為死了就不再有知覺和感情了。——《未帶地圖的旅人：蕭乾回憶錄》第 289 頁。

19、1959 年 9 月，當聽到家鄉解放了，作詩《寄父》：

來詩天末寫殘箋，猛憶兒時課讀虔。

風送塔鈴遙自語，月沉鳥夢靜初圓。

高堂貧病暮年苦，戰友青春新歲還。

鄉國今朝欣解放，好將馬列作家傳。

——《鄧拓全集【第四卷】詩詞・散文卷》第 87 頁。

20、1966 年 5 月 17 日晚，自殺前寫給妻子的信（自殺時間：18 日零晨，自殺方式：吃過量安眠藥）：

一嵐：

你和孩子離開我是對的，同樣，我不能讓你們再跟我一起了。

盼望你們永遠做黨的好兒女，做毛主席的好學生，高舉毛主席思想的偉大紅旗，堅持革命到底，為社會主義的偉大事業奮鬥到底！

我因為趕寫了一封長信給市委，來不及給你們寫信。此刻心臟跳動很不規律，腸疾又在糾纏，不多寫了。

你們永遠不要想起我，永遠忘掉我吧。我害得你們夠苦了，今後你們永遠解除了我所給予你們的精神創傷。

永別了，親愛的。

大雲　5 月 17 日夜

——《名人遺書》第 524、525 頁（全），《告別人間：名人遺書》第 258 頁（全），《鄧拓後十年》第 222 頁（略），《才子鄧拓：一位蒙冤者的血淚人生》第 366 頁（略），《鄧拓和他的一家》第 212 頁（略），《鄧拓傳》第頁 152（略），《書生鄧拓》第 319 頁（略）。

21、1966 年後，批"三家村"鄧拓、吳晗、廖沫沙時，傳遍很廣的一首歌謠。——

《鄧拓和他的一家》第222頁，《文革受難者：關於迫害、監禁與殺戮的尋訪實錄》第69頁。

22、1948年3日，正是鄧拓與丁一嵐結婚6周年，鄧拓作詩送妻，誓與妻子白頭到老，名《無題》：

憶自滹沱河畔遊，鶼鶼形影共春秋。

平生足慰齊眉意，苦志學為孺子牛。

久歷艱危多剛介，自空上俗倍溫柔。

六年血火情深處，山海風波定白頭。

——《丁一嵐傳》第128頁，《鄧拓全集【第四卷】詩詞·散文卷》第85頁，《鄧拓的後十年》第161頁（其時間為1948年4月28日，鄧拓與丁一嵐結婚於3月，如是周年紀念，應是3月寫成才合乎情理）。

23、1944年秋，有消息說敵人要來掃蕩邊區，鄧拓及妻子丁一嵐分隊轉移。鄧拓對自己內部（前4注釋）的懷疑、打擊，難以忍受，寫長詩寄給妻子，傾訴內心惆悵。鄧拓當時寄給妻子的詩——《戰地歌四拍》：

1、一年又值秋風起，北雁祗南飛，望南來雁影無蹤，算不合關山阻？

遠水繞荒村，莫是枕經眠木曉？明鏡菩提勤拂拭，不著人間塵土。

2、青絲依樣似舊時，鎮日書空，孤懷無寄！

入鄉有意從頭認，壯志縱成煙，不向蓬蒿浪擲！

心血如潮，七度春秋銷北地，數三十又三年，哀逝堪傷天欲晦；問後來歲月，還能幾許？

古道淒清埋詩塚，高山流水休再聽，廣陵散絕，無複當年韻！

只如今抖擻舊精神，酬盡心頭文字債，待取新衣上征途，好將身手試，長為孺子牛。

3、擊鼓又聲喧，打疊琴書無著處，縮地失長鞭，腳跟無線，咫尺吳頭楚尾。

想旦夕四野動烽煙，顧不得驚起伯勞飛燕各西東。

漫負笈攜囊早登程，且休回首，向莽莽平沙去處舞干戈，莫念那恒嶽巍巍雲裏人！

4、別離滋味濃還淡，欲訴又箋殘，想將心緒譜奇弦，彈與知音人見；

結伴同行重話舊，不識何時也！

果不相逢時，強飯加衣好護持，獨立西風裏，珍重複珍重！

——《鄧拓全集【第 4 卷】詩詞散文卷》第 62-64 頁，《丁一嵐傳》第 172-174 頁。此詩 1948 年鄧拓幫妻子抄於絲絹上。文革中，丁一嵐爲了保護此詩不被抄走，將它縫補在貼身棉襖裏，最終得以保全。但在下放五七幹校勞動時，字跡被汗水浸濕。——《丁一嵐傳》第 167 頁。

24、這是一首妻子悼念亡君的詞，裏頭有後來者不爲人知的故事：每年 5 月 18 日鄧拓的忌日，我（丁一嵐）都寫封信，傾訴我對他的思念，以及我想說的話。因爲心裏話對誰、對孩子都不能說，只有寫在信上再偷偷燒掉。直到 1974 年，鄧拓離開我們八年了，我仿蘇東坡悼念亡妻寫的一首《江城子》，寄託我的哀思。——《丁一嵐傳》第 167 頁。"遼安"是丁一嵐與丈夫所住的地方，鄧拓就是在那裏自殺的。丁一嵐在那裏，不知度過了多少個"風雨夜，雷雨狂"的日子。

參考資料：
1、《觀察》，儲安平編著，觀察週刊社，1947 年版。
2、《鄧拓》，王必勝著，人民日報出版社，1996 年版。
3、《難得清醒》，李莊著，人民日報出版社，1999 年版。
4、《書生鄧拓》，李玲著，福建教育出版社，2015 年版。
5、《鄧拓評傳》，王必勝著，人民日報出版社，2013 年版。
6、《鄧拓傳》，顧行、成美著，山西教育出版社，2002 年版。
7、《憶鄧拓》，廖沫沙等編著，福建人民出版社，1980 年版。
8、《鄧拓和他的一家》，龐暘著，春風文藝出版社，1998 年版。
9、《自殺的藝術家》，許明善著，北方文藝出版社，1991 年版。
10、《鄧拓：文章滿紙書累》，李輝著，大象出版社，2000 年版。
11、《鄧拓的後十年》，宋連生著，湖北人民出版社，2010 年版。
12、《名人遺書》，李秀忠、李樹房編著，山東友誼出版社，1998 年版。
13、《告白人間：名人遺書》，褚贛生、鄒益編著，杭州出版社，1996 年版。
14、《人民新聞家鄧拓》，晉察冀時報史研究會編著，人民出版社，1987 年版。
15、《才子鄧拓：一位蒙冤者的血淚人生》，張帆著，海天出版社，2003 年版。

16、《末帶地圖的旅人：蕭乾回憶錄》，蕭乾著，中國文聯出版社，1991年版。

17、《歷史的代價：文革死亡檔案》金石開編著，中國大地出版社，1993年版。

18、《中外名人自殺之謎》劉勁生、王允紅編著，四川辭書出版社，1994年版。

19、《鄧拓全集第四、五卷》，鄧拓著，常君實編著，花城出版社，2002年版。

20、《丁一嵐傳》，成美、陳道馥、薛夏原著，中國國際廣播出版社，2011年版。

21、《人民日報回憶錄》，人民日報報史編輯組編著，人民日報出版社，1988年版。

22、《名人與冤案：中國文壇檔案實錄（三）》，胡平、曉山編著，群眾出版社，1998年版。

23、《往事鉤沉：重大冤案實錄》，楊萬福、田林、潤林編著，中國檔案出版社，1996年版。

24、《鄧拓：毛時代的中國文人》，齊慕實著，郭莉、黃新譯，牛津大學出版社，2016年版。

25、《晉察冀日報大事記 1937.12-1948.6》，晉察冀日報大事記編寫組編著，群眾出版社，1986版。

26、《文革受難者：關於迫害、監禁與殺戮的尋訪實錄》，王友琴著，開放雜誌出版社，2004、2007年版。

27、《王若水 80 周年誕辰紀念：自述・作品・年表》，王若水若，publisher not identified 出版，2007年版。

"爹親娘親不如毛主席親" 的李劫夫
——死在了毛主席治下的 "學習班"

李劫夫【1913 — 1976】

天大地大不如黨的恩情大，

爹親娘親不如毛主席親。

千好萬好不如社會主義好，

河深海深不如階級友愛深。

毛澤東思想是革命的寶，

誰要是反對它，

誰就是我們的敵人！[1]

　　這是一首有著強烈的時代色彩的歌詞，李劫夫創作它的時候，正是文化大革命的前夕；離他的出生 51 年多 1 個月，離他經丁玲丈夫陳明介紹入黨 27 年又 5 個月，離他被組織安排與他小 16 歲的張洛結婚 19 年，離他被列入 "右派" 想到自殺 9 年，離他因林彪反革命集團牽連進 "學習班" 隔離審查 4 年多 7 個月，離他死在 "學習班" 妻子見最後一面 10 年又 9 個月，離他的骨灰入土為安 28 年零 1 個月[2]；這一連串的歲月，見證的不僅僅是時代的滄桑，更是一個個體在時代浪潮中的身不由已、心不由已的無奈與荒謬。

李劫夫初名李雲龍，1913 年 11 月 17 日，出生在吉林農安縣一個貧窮的家庭。父親李瑞春吃喝、嫖賭、鴉片無一不沾，這種特殊的家庭環境，爲李劫夫的幼年帶來了生活的壓力與屈辱，使其不得不爲因債務入獄的父親送鴉片而向獄卒下跪乞求通行。這樣的家庭困境，使得李劫夫受到的正式教育極其有限，1920 年至 1926 年，讀了 4 年小學。之後，雖時有入學的記錄，但那都成了三天打魚、兩天曬網。1928 年後，因二哥的資助，在縣立中學學習了一段時間；爾後，因爲家庭生活捉襟見肘，只上了一個學期又停下來了；之後的 1933 年，又回縣中學讀書，但同年 7 月就逃難於青島；就這樣，李劫夫的教育算是完成了。

　　在李劫夫 24 歲之前，除了偶爾的學習受教育之外，其他大部分的時間，都在爲生活而奔忙勞碌。當然，其今後的人生走向，也是這 20 歲以後的幾年才確定的。1928 年，在李雲林中藥鋪，大概當過一年的夥計。1929 年，經二姐夫潘國臣介紹，在長春第二監獄做過兩個月的錄事，其間認識了中共地下黨員劉作垣，這是今後他走上延安不可忽略的原因之一。1933 年、1934 年間更名李劫夫，劫夫一名與其逃難一事不無關係，只是無法印證罷。1933 年 7 月，在青島市民眾教育館謀到助理員一職務（館長爲其表哥），在康樂部或閱覽部或多或少受到了文藝的薰陶，爲他今後在延安開啓的音樂與美術之路，灑下了種子。1934 年離開青島市民眾教育館到北平，此行的目的只是爲了能在北平中山中學求學，因爲學費的沒著落而放棄。沒想到在北平再見劉作垣，之後又回到青島，並把自己所掙到的錢一部分寄給劉作垣作爲從事地下活動的經費。可以洞見，正年輕的李劫夫受劉作垣的影響不小，甚至可以說，如果沒有劉作垣，也就沒有日後寫"爹親娘親不如毛主席親"的李劫夫。當然，"左聯"的王亞平們，帶給李劫夫的影響也不可忽視，從其爲王亞平的詩歌雜誌設計封面、《青島時報》副刊上發表的漫畫及文章，都可以看出影響的蛛絲馬跡。

1936 年，李劫夫領導黃臺路小學的學生們抑制日貨、及日後參加"青島文化界抗敵協會"等一系列的政治活動，引起了青島當局的嚴重不滿，最後被限期離開，否則逮捕下獄。爲此，從青島到南京，在南京呆了一段時間之後，於 1937 年 5 月，踏上了當時共產黨的根據地延安，從而開啓了他一生爲共產黨服務的音樂之路。

在延安，加入中國工農紅軍延安人民社劇、加入西北戰地服務團、及 1938 年 9 月經丁玲丈夫陳明介紹入黨並開始作曲填詞。在冀東軍區，1946 年 5 月出任尖兵劇社社長，1947 年春節經組織介紹與小自己 16 歲的張洛結婚及任冀東軍文藝團團長。在東北，1953 年，出任東北音樂專科學校校長，1956 年於專校創立"民族音樂系"。這一路走來，雖有失女之痛，雖有風雨漂泊，但李劫夫的生活及事業之路，算走的平穩與進步。

然而，1957 年，當"反右"旋風襲來，平靜的生活似乎被打亂，李劫夫被列入省文化局"右派"候選的名單當中，這使得他過上了很長一段時間擔驚受怕的日子，甚至想到過自殺，後來因爲省委宣傳部長的保護，才最終沒有被迫害到。

自此之後，1958 年始，劫夫的創作有了一個新的動向，開始爲毛澤東的詩詞譜曲。這樣的舉動，是否跟之前的"反右"受傷，有著某種微妙地心裏變化關係，不得而知。

1959 年的北陵"整風"，李劫夫又被推向了運動的風口浪尖，在《紅色音樂家：劫夫》中，李劫夫與張洛夫人有一段對話，可以看出端倪：

> 李：小妹，怎麼檢討也過不關，我支撐不住了。活著沒意思，我
> 真想離世。——迢迢這麼小，我又不忍心——一有運動就整我，我覺
> 得冤——"反右"好易容過去了，這次夠嗆——不請專家，讓他們教，
> 教得了嗎？
>
> 李：又是大字報，又是漫畫，我實在受不了了。
>
> 張：你不可以這麼做，這叫自絕於黨，自絕於人民，這個罪，了
> 不得——咱們有三個孩子，你解脫了，我們怎麼過？我們就成了反革
> 命家屬了。
>
> 張：你自己毀了，我們都毀了，老哥，孩子還小，我們怎麼辦？
> 不就畫得難看點嗎？我們不嫌棄你，這種日子總會過去的。[3]

雖然最後中共瀋陽市委，以其犯有右傾機會錯誤，讓其
檢討過關。但在運動中接受摧殘的李劫夫，創作數量減少了，
而之後風格也發生不同尋常的變化。為毛主席的詩詞譜曲，
1966 年邢臺地震中，創作《爹親娘親不如毛主席親》；以及
後來文革中，為毛主席的語錄譜曲。其心路歷程，只有經歷
過那個時代的人，才能感同身受。然而，把希望寄託在主席
的身上，把個人崇拜當成了救命稻草，顯然喪失了理性的成
份，其所換來的結果，也大抵是讓人失望及絕望的。

1960 年，當上了遼寧歌劇院的院長。1964 年 3 月，《劫
夫歌曲選》由春風文藝出版社正式出版；同年 4 月，中共遼
寧省委宣傳部，又搞了《劫夫歌曲音樂會》。表面上看，李
劫夫又過上了風平浪靜甚至春風得意的日子，然而這一切的
發生，似乎都與他本人沒有太大的關聯，唯一有關聯的是，
他被動地參與其中，實質上他只是處在於一種身不由己的狀
態。

這種相對平靜的日子沒過多久，1966 年的 8 月，紅衛兵

以"破四舊"之名，抄了他家七八次，並且又貼上了大字報；同年 9 月 30 日，《人民日報》、《解放軍報》用整版刊登了十首語錄歌，其中八首是出自劫夫之手。一時間，語錄歌傳偏了大江南北；正因為語錄歌的興起，為劫夫又贏得短暫的相對安穩的生活。然而，好景不長，在 "毛澤東思想紅衛兵紅色造反團、井崗山紅衛兵"兩派勢力的相爭之下，李劫夫成為他們的爭奪之物；11 月，剛剛還在逼著劫夫支持他們的"毛澤東思想紅衛兵"，翻臉不認人，在校園又貼上了大字報。12 月，大字報開始出現鋪天蓋地之勢。次年 1 月 15 日，劫夫被"井崗山紅衛兵"以上訪為由押到了北京，事實為了保護劫夫。後因"中央文革"的出面，才得以平息這兩派紅衛兵對劫夫的爭奪之戰。

1967 年 3 月，重回瀋陽。1968 年 2 月，應黃永勝之邀飛廣州；同年 5 月 10 日，隨瀋陽軍區首長回瀋陽參加遼寧省革命委員會成立大會；同年 9 月，應"八一"電影製片廠之邀，來北京參加電影《萬水千山》的音樂創作。1969 年 4 月，出席北京召開的九大。1970 年 8 月，李、張夫婦被調至錦州參加學院的"鬥、批、改"。1970 年 12 月，出席瀋陽市第 5 次代表大會，並被選為主席團人員。1971 年 9 月，瀋陽"革委會"令李、張夫婦參加學校的"鬥、批、改"[4]。

1971 年 10 月 20 日，遼寧省革委會決定對李劫夫、張洛夫婦實行隔離審查，當日就被解放軍從錦州帶至瀋陽的"學習班"；自此，李劫夫卻再也沒有從"學習班"活著出去。

對於"學習班"的生活，劫夫的夫人張洛後來接受霍長和的訪談時，如此描述：

自從進來以後，我始終不知道劫夫在哪兒。1973 年的一天，我聽見一聲咳。那時夜深人靜，這聲咳我聽得十分清楚，並且認定，它出自劫夫。我知道劫夫和我住在同一個樓裏。從此，我的腦子突然像透了氣。劫夫還活著，我一下有了希望。從那天，我開始抄'毛著'，一遍一遍地抄，目的在於轉移精神。再就是把我那兩件毛衣拆了做、做了拆。你知道，如果不這樣，你就會發瘋。1973年以後，他們突然就不理我了，不提審、不批鬥、不談話。我所能做的事情，就是透過被封死的窗上的一條小縫往外看。麻雀在樹枝上搶食，樹葉長了又落，然後大雪份飛。周而復始，這樣的日子，我過了六年零九天。儘管我注意調整我自己，可是出'班'以後，孩子們還是發現我不對勁：不會笑，語言能力減弱，不會過馬路，見到塑膠桶就覺得新鮮。[5]

李劫夫進了"學習班"之後，很長一段時間裏，他所創作的歌曲，從人們的生活裏消失了。包括《爹親娘親不如毛主席親》、《我們走在大路上》、《祝福毛主席萬壽無疆》；而其罪證之一，就是為林彪的詩詞"重上井崗山"及語錄譜曲，被指"利用文藝為林彪反革命集團復辟資本主義大造反革命輿論"[6]。這或許是李劫夫之前萬萬沒有想到的，原本的表忠心，卻因事事無常，陰錯陽差地成為了自己搬起來砸自己腳的那塊石頭，而這次砸的並不是自己的腳，卻是自己的性命。

1976年12月17日，一代紅色音樂家李劫夫因心臟病去逝，從此真正"走在大路上"[6]。劫夫死後，學習班的人讓其夫人去見他最後一面，'活著不讓看，讓我看死的'[8]——這是那個時代留給其夫人的切膚之痛。一年之後，物是人非，張洛獲得了自由；時隔18年，李劫夫才有了葬灰之地。

每當我讀到"天大地大不如黨的恩情大，爹親娘親不如毛主席親。千好萬好不如社會主義好，河深海深不如階級友愛深。毛澤東思想是革命的寶，誰要是反對它，誰就是我們的敵人！"時，再聯想到李劫夫沒能活著走出"學習班"的現實，心裏裝的是滿滿的諷刺與酸楚。

相關注釋：

1、1966 年，邢臺發生地震，李劫夫與夫人張洛等奉命去災區慰問，其間寫了 19 首歌曲，《爹親娘親不如毛主席親》是之一，乃根據邢臺革命諺語寫成。——《炎黃春秋》2013 年第 9 期之'音樂家劫夫的結局'、《紅色音樂家：劫夫》第 274 頁、《我們走在大路上：劫夫歌曲新編》第 191、192 頁。

2、1913 年 10 月 20 日（農曆），出生於吉林省農安縣；1938 年 9 月，經丁玲丈夫陳明、王玉清介紹，中央組織部副部長李富春批准，加入共產黨；1947 年春，李劫夫與張洛正式結婚；1959 年的整風運動中，曾跟自己的妻子張洛說'怎麼檢討也過不關，我真支持不住了。活著沒有意思，我真想離世……'；1966 年邢臺發生地震，李劫夫與夫人張洛等去災區慰問，根據邢臺革命諺語，寫成了《爹親娘親不如毛主席親》；1971 年 10 月 20 日，遼寧省革委會，決定對李劫夫、張洛夫婦實行隔離審查，當日就被解放軍從錦州帶至瀋陽的"學習班"；1976 年 12 月 17 日，李劫夫病死於'學習班'；1994 年 4 月 1 日，李劫夫的骨灰，在瀋陽回龍崗革命公墓進行安葬；對於骨灰的安葬，遼寧省委曾有兩點指示：一、劫夫同志的骨灰可放在回龍崗革命公墓，但按省委有關規定，不修墓、不建碑、不舉行骨灰安放儀式（實際後來舉行了安放儀式）；二、鑒於李劫夫同志已經逝世十八年之久，現在發消息沒有實際意義，故不必見報。——《紅色音樂家：劫夫》第 2、70、139、206、274、350、353、360、384 頁、——《炎黃春秋》2013 年第 9 期之'音樂家劫夫的結局'、《劫夫紀念文集》第 373、383 頁。

3、1957 年反右運動中，李劫夫曾經一度想過自殺；1959 年的整風運動中，同樣想到自殺，與夫人張洛談過'真想離世'。——《紅色音樂家：劫夫》第 197、206 頁。

4、1966 年 8 月，中共八屆十一中全會在北京舉行，8 月 8 日通過了《中國共產黨中央委員會關於無產階級文化大革命的決定》，此決定對"批、鬥、改"做了詳細的詮釋，即是"鬥垮走資本主義道路的當權派，批判資產階級的反動學術'權威'，批判資產階級和一切剝削階級的意識形態，改革教育，改革文藝，改革一切不適應社會主義經濟基礎的上層建築，以利於鞏固和發展社會主義制度"。——《黨史研究與教學》2007年第5期之"1966年：'文革'頭一年'鬥批改'思想的歷史演變"。

5、"學習班"親歷者李劫夫的夫人張洛，跟霍長和談自己所經歷的"學習班"。——《紅色音樂家——劫夫》第361頁。

6、1968年2月19日，李劫夫受到了林彪的接見；1970年，李劫夫給林彪的《重上井岡山》譜曲；1971年，又寫過《緊跟林主席向前進》（在自己進學習班前，他誤判是毛主席病危，林主席要接班，正準備積極地爲林主席創歌譜曲）的曲目；還因李劫夫曾經與林彪、黃永勝等有過往來，林彪被打倒後，捲入'林彪反革命陰謀集團'遭到隔離審查，直到死去。李劫夫所創作的歌曲，包括完全是個人崇拜型的《爹親娘親不如毛主席親》、《祝福毛主席萬壽無疆》等全部被禁，到1981年才有慢慢解禁的跡象。——《炎黃春秋》2013年第9期之'音樂家劫夫的結局'、《紅色音樂家——劫夫》第337、356、359、373-380頁。

7、《我們走在大路上》是李劫夫創作的歌詞，完稿於1963年3月。——《紅色音樂家：劫夫》第237頁、《我們走在大路上：劫夫歌曲新編》第128頁。歌詞中有'我們的前程無比輝煌 誓把祖國變成天堂 我們獻身這美麗的事業、無限幸福無尚榮光'，李劫夫的晚年，很長一段時間，都生活於各種運動當中，曾經多次想過自殺；由於曾經與林彪有過來往，並且爲其當過鼓吹手，林彪出事後，受到牽連。1971年，末進入學習班，直到死亡；當他走在去'天堂的大道上'，回首人間的生活，不知道他是否還會用'輝煌、美麗、幸福、天堂'來形容自己那段未了的人生歲月。

8、1976年12月17日，李劫夫死在了"學習班"。"學習班"負責人讓張洛去見劫夫遺體最後一面，張洛說'活著不讓看，讓我看死的'。——《紅色音樂家·劫夫》第364頁。李劫夫原本與夫人張洛被關在同一棟樓裏，只是不同一間房間，咫尺天涯，卻不能相見；於今，人去了，卻換了一見，是人世間最溫柔的人性回歸嗎？而這最後的一面，張洛要求三個女兒也要見，卻又不被允許（其女兒李丹丹在《憶父親》一文中，專案組有安排李劫夫的女兒見他的遺體。）——《劫夫紀念文集》第191頁。

參考資料：

1、 《紅色音樂家：劫夫》，霍長和著，人民出版社，2003 年版。

2、 《炎黃春秋》2013 年第 9 期——《音樂家劫夫的結局》，作者楊東閣。

3、 《我們走在大路上：劫夫歌曲新編》，李劫夫著，中國音樂學院出版社，2004 年版。

4、 《劫夫紀念文集》，遼寧省音樂協會、瀋陽音樂學院編，遼寧人民出版社，2005 年版。

5、 《黨史研究與教學》2007 年第 5 期——《1966 年：'文革'頭一年'鬥批改'思想的歷史演變》，作者吳志軍。

懼怕含冤不白的傅雷夫婦吊死在新社會

傅雷【1908 — 1966】

　　1908年4月7日，後來有著"傅譯"之稱的翻譯巨匠傅雷，降生在上海南匯縣周浦鎮漁潭鄉的傅家老宅，取名叫傅怒安，後因篆刻而改名爲雷，怒安則爲其字[1]。

　　在傅雷4歲的時候，父親因肺病離他而去。跟著，另外兩個弟弟一個妹妹也離他而去。本來六口之家，眨眼卻只剩下了他與母親李欲振相依爲命。好在父親生前爲他留下了四百畝良田，爲他們母子的生活提供了一定的保障。也正因爲這四百畝良田，才使得傅雷日後無錢過活時，可以賣田爲生——專心譯事。

　　1912年，也就是父親、弟妹離開他的這一年，母親把家搬到了鎮上的曹家。7歲的時候，母親爲他請來了老師公南鬥，教他讀書識字，念四書五經。1919年，進入周浦鎮小學讀二年級，受教於蘇局仙。1920年，被母親送去上海南洋中學附屬小學讀四年級。1921年，考入上海徐匯公學念初中，初步接觸法語，後因反對宗教被學校開除。1924年，考入上海大同附屬中學，後又因參加反學閥的鬥爭，母親擔心他被捕而被帶回老家，便再也沒有回到大同上學。1926年，考入上海持志大學，沒讀多久後的 1927 年 12 月，傅雷卻吵著要去法國讀書，終於在與表妹朱梅馥訂下姻親之後，母親爲他準備了費用，開始了他的求學，也是改變其一生的四年[2]。

在去法國的途中，寫成了《法航通信》，連續發表於上海的半月刊《貢獻》上（1928 年）。

初到法國的他，苦學法語，考入巴黎大學。在這裏，與異國他鄉的瑪德琳有過一段短暫又深刻的戀情，也是其一生除後來 1932 年 1 月結婚的朱梅馥外唯一的異性戀情；也是在這裏，認識了鄭振鐸、劉海粟、劉抗、張弦、孫伏園、孫福熙、嚴大椿、曾覺之、梁宗岱等朋友，而與劉海粟交情甚深，與其一塊遊巴黎、瑞士（1929 年夏）、比利時（1930 年春）、義大利（1931 年春）等地，尋找藝術、探討藝術、批評藝術，以至於後來傅雷的名片上赫然寫著——美術批評家[3]。在法國的四年，不僅拓展了他對藝術的視角，更爲他後來翻譯法國文學作品，積累了豐富的知識與營養。

1931 年 8 月，與劉海粟夫婦結伴歸國，結束了爲期 4 年的留學生涯。歸國後的他，因了劉海粟的邀請，任劉海粟創辦的上海美術專科學校的辦公室主任（其間，中華書局出"世界名畫集"中的《劉海粟》專輯，由傅負責編選）。

1932 年 1 月，上海美專因"一二一"事變停課半年，向校長劉海粟提出辭職（受到劉的挽留），由留法同學王子貫介紹，進入法國哈瓦斯通訊社（法新社）在上海的分社當筆譯；年秋，回到上海美專講授西洋美術史，並與倪貽德合編《藝術旬刊》，其間開始翻譯外著。

1933 年 9 月，母親李欲振去逝，傅雷堅決辭去上海美專的教職[4]，回家奔喪。

同年，其以"疾風"爲筆名譯出斐列甫·蘇葡的《夏洛外傳》，並自費出版，這是傅雷出版的第一本譯著。自此，

070

傅雷不僅把翻譯當事業，更可以說是當置業。其後來翻譯的大量法國文學作品，滋潤著一代代年輕人的心田[5]。除了短暫的 1934 年與友人葉常青合辦《時事匯報》週刊，1935 至 1936 年應滕固之請——爲 "中央古物保管委員會" 工作，1939 年出任國立藝專教務主任，1945 年與周煦良合編《新語》半月刊，1955 至 1957 年爲政協效勞等外，其他的一切時間，都可以說交給了翻譯工作。爲自己在翻譯這一領地，樹立了自己的豐碑——"傅譯"。

在葉永烈所著的《傅雷畫傳》中，傅雷被譽爲 "中國譯界的豐碑"。其一生致力於法國文學作品的翻譯，其所譯的《貝多芬傳》，三易其稿，精益求精。也正因爲傅雷有這樣認真的學術精神，才爲他在中國的翻譯界，贏得了常人所不能贏得的聲譽。從其 1933 年翻譯出版的《夏洛外傳》開始，到 1965 年《貓兒打球號》結束，這 32 年的時間，所翻譯的名著多達三十餘部。即使在戰爭年代，即使在 "解放" 後政治運動不斷的時代，即使在所譯作品被束之高閣的時下，都沒有放下手中的翻譯工作[6]。其所贏得的聲譽，都是自己一磚一瓦堆砌起來的，也是名副其實的。

這位戰爭年代 "躲進小樓成一統" 搞翻譯工作的傅雷先生，他對國民黨沒有好的印象，對共產黨也沒有過多的感情。本來，其很大一部份的經濟收入，都是靠田收租或賣田變錢；然而，共產黨的土改政策，對傅的典屋賣田，不無影響；對其攜全家由昆明去香港，也不無關係（1948 年至 1949 年國共政權更迭之即）。後來的返回上海，葉永烈的觀點不無道理——"倘若其能在香港工作定居，也就不會有後來 '反右' 及 '文革' 悲劇發生，更不會有傅聰被逼 '出走' 英國這回事了"[7]。

"解放" 後，傅雷成了極少數沒有單位的人，沒有工資，也再沒有租可收，更沒有田可賣。從 1951 年開始，其生活完全靠稿費來維持，可以說，"解放"後傅雷的生活壓力不存在解放一說，反而只會越來越沉重[8]。生活的壓力是可以克服的，但身處瘋狂政治的旋渦，人如秋風中的落葉，只能隨風飄蕩。

1957 年，"整風、反右運動"如瘋狗般地席捲中國大地，見人就咬。年初，還以特邀代表身份，參加中共中央宣傳工作會議，轉眼就受到批判。1957 年 12 月 23 日，其夫人朱梅馥在寫給兒子傅聰的信中，這樣敘述傅雷身處運動中的狀況：

> 作協批判爸爸的會，一共開了十次，前後做了三次檢討……人也瘦了許多，常常失眠，掉了七磅。工作停頓，這對他最是痛苦，因為心不定……五個月來，爸爸痛苦，我也跟著不安，也瘦了四磅……爸爸做人，一向心直口快，從來不知'提防'二字，而且大小事情認真對付，不怕暴露思想，這次的教訓可太大深了。[9]

1958 年 4 月 30 日，傅雷被官方正式定性為"右派"。在這場反右運動中，石西民曾希望傅雷能做深刻檢討（承認自己反黨反社會主義）應付過關，傅雷的回應是："沒有廉價的檢討，人格比任何東西都可貴。我沒有反黨反社會主義，我無法做'深刻檢查'！"在批判傅雷的同時，兒子傅聰也受到審查。這樣的處境之下，兒子擔心回國會出現"父親揭發兒子、兒子揭發父親"的殘忍局面，而被迫'出走'英國[10]。1958 年譯出的《賽查・皮羅多盛衰記》寄到人民文學出版——被束之高閣，而其花費一年時間譯出的《藝術哲學》，亦遭遇同樣的待遇（出版社曾建議採用筆名出版，遭到傅雷的拒絕）。

1961 年 9 月 30 日，報上雖然登出了摘去傅雷"右派"帽子的信息[11]，但瘋狂的年代並沒有過去，等待他的只是更加殘酷的現實。1966 年，發生在中國大地的"文化大革命"，像魔鬼一樣來到人間，給無數的知識份子帶來了噩運；8 月 30 日，上海音樂學院的紅衛兵和造反派來到傅雷的家中，逼其揭發李翠貞的"反動言行"，傅雷不從，於是，從逼供發展到批鬥、抄家。他人寄存在傅雷家中箱子裏頭的蔣介石像、宋美齡照片、舊證書上的青天白日旗，成了傅雷的"反黨罪證"。傅雷夫婦被迫跪倒在地上，接受紅衛兵的審問 [12]。

1966 年 9 月 2 日，傅雷夫婦被拉到大門口，戴著高帽子，站在長凳上，接受批鬥。傅雷曾對老友周煦良說過：*"如果再來一次 1957 年那情況，我是不准備再活的"。* 面對他那所活著的悲慘世界，傅雷說到做到。9 月 2 日深夜，傅雷夫婦寫下遺書 [13]。遺書中交待完事務，於次日零晨，雙雙吊死在那個時代，從此中國再無"傅譯"。

在官方的"死亡檔案"裏，傅雷夫婦的"上吊自殺"是"違反治安管理"、"抗拒運動"、"畏罪自殺"。

傅雷夫婦死後，大兒子傅聰在英國避難，小兒子傅敏在中國受難。其遺體火化登記本上，雖然寫著親屬朱人秀的名字，但作為親屬的他，不敢去收取骨灰。而其夫婦的骨灰，最終得以以"傅怒安"的名字保存下來，多虧了其譯著的讀者——江小燕 [14]。她冒著被打成現行反革命的風險，以"幹女兒"的名義，保留下了傅雷夫婦的骨灰。算是那個時代僅存的一點人性與溫情，也算"傅譯"的求仁得仁。

相關注釋：

1、根據南匯張若愚老人在 1958 年 7 月的回憶，傅怒安改名的經過是這樣的："怒安約 15 歲左右，名雷而以怒安為字。查起名之因，以我正在熱衷篆刻，其時正做客傅家，工具隨身。怒安以為請，篆彼名字，並合擬一單名。我兩人共認怒安兩字，取義於《孟子》'文王一怒而安天下'之句，俗謂大發雷霆之謂怒，我提議以雷為名，如是名與字可相得益彰，君欣然從之。此改名之由來。"——《傅雷與傅聰：解讀'傅雷家書'》第 7 頁、《浦東傅雷研究》第7、8頁、《傅雷傳》第2頁、《傅雷畫傳》第12頁。

2、 對於孤兒寡母的傅雷，他為什麼會去法國？他母親又為什麼會讓他去法國？在其子傅敏與羅新璋編的'傅雷年譜'中，傅雷之所以會去法國留學，是受了其表兄顧侖布的影響。顧侖布是勤工儉學的留法學生，而傅雷在上海徐匯中學的時候，又學習過法語，因此產生了去法國留學的強烈念頭。原本母親是不同意傅雷去那麼遙遠的地方的。一方面是姑母與表兄顧侖布的說服，另一面也是擔心傅雷在上海會惹禍上身，大同校董吳稚暉下令逮捕傅雷的事情還沒過去多久，權衡之後，同意了傅雷去法國的留學。但還是不放心，正好有人給傅雷說媒，在姑母與母親的操辦下，與朱梅馥訂下了姻親，這樣母親才算安心讓傅雷去法留學了。1927 年 12 月 31 日，乘 Andre Lebon 輪船離開上海，1928 年 2 月 3 日，到達法國馬賽港。1931 年 8 月中旬，與劉海粟夫婦結伴歸國，結束了其 4 年在法國的求學生活。——《傅雷全集·第 20 卷》第 332 頁、《傅雷全集·第 17 卷》第 5、6 頁、《浦東傅雷研究》第 14、15、159 頁、《傅雷畫傳》第 17 頁、《傅雷傳》第 28、127 頁、《傅雷與他的世界》第 296 頁。

3、在法國求學的幾年中：拜訪過畢加索、凡·鈍根、特朗等大藝術家，也造訪過莫奈、梵高、高更等藝術大師的故鄉，更參觀了布魯塞爾美術館，也學習於盧佛爾美術館，還有各種藝術沙龍、畫展；在瑞士，於萊芒湖畔的'蜂屋'裏譯成了《聖揚喬夫的傳說》，發表於"華胥社文藝論集"，這是其公開發表的第一本譯作；在意大利，應義大利皇家地理學會和羅馬扶輪社的邀請，作了題為《國民軍北伐與北洋軍閥鬥爭之意義》的演講，又拜會了加維裏亞元帥。——《傅雷傳》第 62-127 頁、《傅雷畫傳》第 22-32、39 頁。有一段時間，傅雷的名片背後，用法語寫著——Critiqued·Art，意為美術批評家。——《傅雷與他的世界》第 16 頁。

4、對於傅雷堅持辭去上海美專的工作，後來在《傅雷自述》中，他自己是這樣解釋的：一、年少不學，自認為無資格教書，母親在日，以我在外未得學位，再不工作她更傷心，且彼時經濟獨立，母親只月貼數十元，不能不自己謀生；二、劉海粟待我個人極好，但待別人刻薄，辦學純是商店作風，我非常看不慣，故母親一死即辭職。——《傅雷全集·第17卷》第6頁、《傅雷全集·第20卷》第334頁、《傅雷傳》第158、159頁。

5、傅雷一生翻譯了33部著作，洋洋500百萬餘字，其中巴爾扎克的著作，就有15部。1965年譯的《貓兒打球號》，於文革中丟失，至今下落不明。在傅雷夫婦死後，冒險為其收骨灰的江小燕女士，就是其譯作的讀者之一。——《傅雷和他的世界》第3、163、279、318頁、《傅雷畫傳》第196-200頁。

6、1958年4月30日，傅雷被戴上了'右派'的帽子。1958年，傅雷譯的《賽查·皮羅多盛衰記》，寄到人民文學出版社，被束之高閣；1958年6月到1959年5月，花費近一年時間譯出的《藝術哲學》，此書是屬於特約，同樣因為'右派'的原因，出版不了。出版社曾建議傅雷改名或者用筆名出版，傅雷的答復是：要嘛還是署名傅雷，要嘛不印我的譯本。——《傅雷畫傳》第140頁、《傅雷全集·第20卷》第341、342頁、《解讀傅雷一家》第55頁、《傅雷傳》第295頁。

7、傅雷的妻舅朱人秀跟葉永烈說：'當時蘇北解放區進行土改，鬥地主，分田地。消息傳來，促使傅雷決心賣田典屋，離開上海。他帶全家去昆明，是想借西南一隅觀察一下形勢、戰局，最後還是去了香港。"傅雷最後回到上海，一方原因是當時中共通過陳叔通、馬敘倫勸其回來，另一個原因是在香港找不著合適的工作。——《傅雷畫傳》第85頁。

8、有兩位作家，從來沒有拿過國家的俸祿，一位是巴金，另一位就是傅雷。——《傅雷傳》第267頁。田租、賣田、譯書的稿費，是傅雷1949年前的三項經濟來源。（1949年後，僅有稿費收入）1956年8月5日，傅雷致人民文學出版社的函中，說到稿費問題："絕大部分是每千字9元，我的一向是每千字11元。"——《傅雷畫傳》第44、92、96、97頁、《傅雷全集·第20卷》第227頁。

9、1957年12月23日，傅雷的妻子朱梅馥，給兒子傅聰寫的信：

你回波後只來過一封信，心裏老在掛念。不知你身體怎樣？學習情況如何？心情安寧些了麼？我常常夢見你，甚至夢見你又回來了。

作協批判爸爸的會，一共開了十次，前後作了三次檢討，最後一次說是進步了，是否算是結束，還不知道。爸爸經過這次考驗，總算有些收穫，就是人家的意見太尖銳了或與事實不符，多少有些難受，神經也緊張，人也瘦了許多，常常失眠，掉了七磅。工作停頓，這對他最是痛苦，因為心不定。最近看了些馬列主義的書，對他思想問題解決了許多。五個月來，爸爸痛苦，我也跟著不安，所以也瘦了四磅。爸爸說他過去老是看人家好的地方，對有實力的老朋友更是如此，活到五十歲了，才知道看人不是那麼簡單，老朋友為了自己的利害關係，會出賣朋友，提意見可以亂提，甚至造謠，還要反咬一口，如×××　×××都是。好在爸爸問心無愧，實事求是。可是從會上就看出了一個人的真正品質，使他以後做人要提高警惕。爸爸做人，一向心直口快，從來不知'提防'二字，而且大小事情一律認真對付，不怕暴露思想；這次的教訓可太大太深了。我就更連帶想起你，你跟爸爸的性格，有許多相同的地方，而且有過之，真令人不寒而慄。"

——《傅雷家書》第160、161頁、《傅雷傳》第289頁、《傅雷畫傳》第138頁、《傅雷與他的世界》第99頁。

傅雷從1955年5月出席上海政協第一屆委員會常務委員擴大會議召開的第一次會議始，到1957年3月列席中共中央宣傳工作會議止，算積極參加政治活動的了。在1956年4月上海政協一屆二次會議中，他滿懷熱情地說："我所以不憚煩地提到這一點，因為肅反運動以來，在各學校、機關、團體內，黨員與群眾之間似乎更有了距離，而非黨團的群眾之間也普遍的互相存著'戒心'，大家只說公事上必要的話，認為自己的思想越少暴露越好，對事業本身越少表示意見越好。一個大規模的運動所遺留下來的這種消極的、不健全影響，必須大力排除，方能真正實現黨與大眾的團結，領導幹部與知識份子的團結，從而充分發揮知識份子的力量。"（從這段文字中，可以看出傅雷的赤子之心。但1957年12月23日，傅雷的妻子朱梅馥向傅聰所道出的現實政治，慘痛地告訴了他，不董陰謀陽謀的人，只適合生存於書齋。）——《傅雷全集·第20卷》第340、341頁、《傅雷傳》第275頁。

10、傅雷的兒子傅聰，1958年12月從波蘭'出走'英國。對於傅聰的'出走'，傅聰多年後回憶這段往事時，是這樣說的："我是被逼上梁山。1957年反右整風時，我和父親幾乎同時挨整，他在上海，我在北京，我是從波蘭被召回參加整風反右。我寫了個檢查，後來仍被允許回波蘭學習。我走後，對父親的批判越來越擴大化了。我在波蘭聽到了很多關於他的傳說。1958年12月，我留學畢業，如果我回來，勢必是'父親揭發兒子、兒子揭發父親'，可是我和父親都不會這樣做。當時我是被逼上梁山的。當然，對我的走永遠是內疚的。"1959年，傅聰向外國記者談話時，闡述了三原則："1、不入英國籍，2、不去臺灣，3、不說不利祖國的話，不做不利祖國的事。"1964年，傅聰加入英國籍。——《傅雷全集·第20卷》第342頁、《傅雷與他的世界》第108頁、《傅雷畫傳》第144、145頁、《解讀傅雷一家》12、13、249頁、《浦東傅雷研究》第184、186頁、《傅雷傳》第315頁。（'出走'一詞，其真實的意思於官方是'叛國'，於'出走'個人是'避難'。只是後來官方礙於顏面，個人則忌憚於官方的淫威，在雙方都遷就的特定環境下，所產生的政治詞語。）

11、1961年，報上登出了傅雷摘去'右派'帽子的消息，傅雷看到時說了一句："當初給我戴帽，本來就是錯的。"（據說有關部已經考慮到給他摘帽了，還派人去給他道喜，希望他有個認識錯誤的態度，雙方好有臺階下，傅雷是寧可戴著這頂帽子也不肯承認當初有錯。上海作協負責人去看他，他閉門不見。最後還是朱梅馥開了門，由於傅雷不認錯，那位負責人提出請夫人代寫幾句檢討和感謝之類的話，希望傅雷不要拒絕。由於夫人再三勸說，傅雷才做了讓步。）——《傅雷全集·第20卷》第343頁、《傅雷畫傳》第153頁、《解讀傅雷一家》第57頁、《傅雷傳》第300頁、《傅雷和他的世界》第310頁。

12、1966年8月30日，上海音樂系派人抄了鋼琴系主任李翠貞教授的家，在她家找到了幾封傅雷寫給他的信，信的內容是傅雷勸李從香港回內地，但卻被認為與傅雷有政治聯繫，因而把運動引到了傅雷家。首先是逼著傅雷揭發李的'反動言行'，傅雷不從，於是從逼供發展到抄家。他們從朱梅馥姐姐寄存在傅雷家的箱子中，翻出了蔣介石像、宋美齡照片、舊證書上的青天白日旗，傅雷不想連累他人，沒有供出物品的主人；於是轉瞬間，傅雷成為了'反黨'人物，受到非人折磨與虐待。（在這場慘酷的抄家風波中，傅雷

1965 年完成的心血之作——《貓兒打球號》，丟失了，至今下落不明。而傅雷寫給小兒子的信件，文革中，傅敏擔心它會招來無妄之災，而付之一炬；之所以，我們今天讀到的《傅雷家書》，傅雷寫給小兒子傅敏的，只剩下兩三封劫後餘生的信件了。）——《傅雷畫傳》第 171、172 頁、《解讀傅雷一家》第 4、17 頁、《浦東傅雷研究》第 187 頁、《傅雷全集・第 20 卷》第 344 頁、《傅雷畫傳》第 172 頁、《傅雷傳》第 324-327 頁、《傅雷與他的世界》第 116、118 頁。

13、1966 年 9 月 2 日，經歷過三天四夜的折磨，'士可殺、不可辱' 的傅雷夫婦，給妻舅朱人秀寫下了遺書（傅雷遺書當時只給朱人秀匆匆看過一遍，卻被法院收去，直到 1985 年 5 月 11 日，經傅雷親屬再三要求，在中共中央總書記胡耀邦的關心下，上海公安部門才把遺書原件，派專人送交朱人秀）：

人秀：儘管所謂反黨罪證（一面小鏡子和一張褪色的舊畫報）是在我們家裏搜出的，百口莫辯的，可是我們至死也不承認是我們自己的東西（實系寄存箱內理出之物）。我們縱有千萬罪行，卻從來不曾有過變天思想。我們也知道搜出的罪證雖然有口難辯，在英明的無產階級政黨和偉大的毛主席領導之下的中華人民共和國，決不至因之而判重刑。只是含冤不白，無法洗刷的日子比坐牢還要難過。何況光是教育出一個叛徒傅聰來，在人民面前已經死有餘辜了！更何況像我們這種來自舊社會的渣滓，早應該自動退出歷史舞臺了！

因為你是梅馥的胞兄，因為我們別無至親骨肉，善後事只能委託你了。如你以立場關係不便接受，則請向上級或法院請示後再行處理。

委託數事如下：

一、代付九月份房租 55.29 元（附現款）。

二、武康大樓（淮海路底）606 室沈仲章托代修奧米茄自動男手錶一只，請交還。

三、故老母餘剩遺款，由人秀處理。

四、舊掛表（鋼）一只，舊小女表一只，贈保姆周菊娣。

五、六百元存單一紙給周菊娣，作過渡時期生活費。她是勞動人民，一生孤苦，我們不願她無故受累。

六、姑母傅儀寄存我們家存單一紙六百元，請交還。

七、姑母傅儀寄存之聯義山莊墓地收據一紙，此次經過紅衛兵搜查後遍覓不得，很抱歉。

八、姑母傅儀寄存我們家之飾物，與我們自有的同時被紅衛兵取去沒收，只能以存單三紙（共 370 元）又小額儲蓄三張，作為賠償。

九、三姐朱純寄存我們家之飾物，亦被一併充公，請代道歉。她寄存衣箱二只（三樓）暫時被封，瓷器木箱一只，將來待公家啟封後由你代領。尚有傢俱數件，問周菊娣便知。

十、舊自用奧米茄自動男手錶一只，又舊男手錶一只，本擬給敏兒與×××，但恐妨礙他們的政治立場，故請人秀自由處理。

十一、現鈔 53.30 元，作為我們火葬費。

十二、樓上宋家借用之傢俱，由陳叔陶按單收回。

十三、自有傢俱，由你處理。圖書字畫聽候公家決定。

使你為我們受累，實在不安，但也別無他人可托，諒之諒之！

傅雷、梅馥

1966 年 9 月 2 日夜

——《傅雷畫傳》第 174-177 頁、《傅雷與傅聰：解讀‘傅雷家書’》第 31-33 頁、《解讀傅雷一家》第 59-63 頁。

14、江小燕，一個與傅雷夫婦沒有任何瓜葛的人。如果說有，那就是她受過傅雷翻譯的法國作品的薰陶。當她知道‘傅家屬於黑五類，又是自殺的，死了不准保留骨灰’時，天然的正義感驅使她，冒險以傅雷夫婦‘幹女兒’的身份，不僅為傅雷夫婦保存骨灰，還向周恩來寫信鳴冤，卻招來以‘現行反革命’被審查。在傅雷 1979 年 4 月未被平反以前，她都過著提心吊膽的日子，擔心警察哪一天會以‘現行反革命’再來抓她。後來，傅雷的兒子，有意感謝她，她卻說：‘何必說謝！何足道謝！’。1980 年 12 月 16 日，她在給傅雷小兒子傅敏的去信中，這樣說道：“我需要什麼？我所需要的是：自尊，一個女孩子（別管那女孩子有多老）應有的自尊。遺憾的是，並非每一個人都懂得這一點。我在這塊土地上拖過了童年、青春，看盡了償夠了不同的人對我的明嘲暗諷，偏偏我的敏感和自尊又倍於常人。然而我願寬恕他們。因為人總是這樣的：活在物質的空間中，便以物質的眼光評估別人、評估一切。他們不知道人赤身來到這世界，人的靈魂是等價的：也許大總統的靈魂比倒馬桶的更賤價,如果他的心靈醜惡。可惜,不是每一個人都能想到這一點。如今我已到了這樣的年歲:雖非日薄西山,卻也桑榆在望,只求得寧靜,此外的一切,我都無所謂了。不希望因人們巧妙的言辭、表情而流露對我的嘲弄致使我情緒上有所波動,這種損傷我心神的波動絕非有價有值的東西所能補償的。所以,我只能生活在不了解我一切的環境中。"——《傅雷與傅聰:解讀'傅雷家書'》第 177-201 頁、《解讀傅雷一家》第 179-197 頁。

參考資料:

1、《傅雷傳》,金梅著,湖南文藝出版社,1993 年版。

2、《傅雷別傳》,蘇立群著,作家出版社,2000 年版。

3、《傅雷家書》,傅敏編著,三聯書店出版,1984 年版。

4、《解讀傅一家》,葉永烈著,金城出版社,2010 年版。

5、《傅雷畫傳》,葉永烈著,復旦大學出版社,2005 年版。

6、《傅雷與他的世界》,金聖華編著,三聯書店出版,1996 年版。

7、《傅雷全集 17、20 卷》,傅雷著,遼寧教育出版社,2003 年版。

8、《傅雷與傅聰:解讀'傅雷家書'》,葉永烈著,廣西人民出版社,2004 年版。

9、《浦東傅雷研究》,浦東新區政協學習和文史委員會等編著,上海社會科學院出版,2012 年版。

共產之鬼陳寅恪

陳寅恪【1890 — 1969 】

有這樣一個故事：上世紀 20 年代中期，清華大學開辦國學研究所時，吳宓向校長曹雲祥舉薦陳寅恪先生。曹校長覺得陳寅恪無"名望"、無"博士"、無"著作"，是"三無學者"。一旁的梁啓超說，我梁某人也沒有博士學位，著作算是等身了，但總共還不如陳先生寥寥幾百字有價值；清華不請，國外的大學就一定要請了。曹校長一聽，趕快聘請[1]。35 歲時的陳寅恪，卻與王國維、梁啓超、趙元任一起出任清華國學研究院導師了。

對於故事的真假，無從考證，但從陳求學的態度及所掌握的學問來看，能得到梁啓超如此賞識，也是情理之中的事了。

陳寅恪（1890 年）出身於名門旺族，其祖陳寶箴、其父陳三立，都是清末有名的人物；尤其重要的一點，他們都是清末較開明一派，對子孫的教育有著他人沒有的眼界；未滿12 周歲的陳寅恪，卻被要求隨長兄陳衡恪一道去日本求學[2]。

這去日本的求學，開啓了陳寅恪的海外求學大門，後又到德國、瑞士、法國、美國、德國求學（其間，在上海吳淞復旦公學讀過 2 年，1907—1909；1915 年任過蔡鍔秘書，1916 年在長沙任湖南省公署交涉股股長，1918 年留美。），從 1902 始到 1925 年止，減去工作的 3 年，差不多 20 年的求學生涯，爲中國鑄就了一代史學大師。

陳寅恪的求學，爲的只是真正的學問，而與他同時代所謂求學的人，在他看來，大多都只是"蓋惟欺世盜名、縱欲攫財之本領而已"[3]。他沒獲得過任何學歷，但卻得到了梁起超、傅斯年、趙元任、俞大維、吳宓、胡適、陳序經、陶鑄等等人的尊重與器重，正如蕭公權所說："真有學問的人絕不需要碩士、博士頭銜去裝點門面"[4]。

1926 年，陳寅恪 36 歲，終於來到了清華，結束了他的求學生活，開始了一生的教學與研究工作[5]，使他的所學真正有了用武之地。

1928 年暑假，回上海探親，與原臺灣巡撫唐景崧之孫女唐篔（又名唐曉瑩）完婚。這一年陳寅恪 38 歲，唐篔 30 歲。此後，他們便開始了相濡以沫的一生。

抗日戰爭時期，從北平到長沙、從長沙到昆明、從昆明到香港、從香港到廣西、再從廣西到成都，拔山涉水，拖家帶口，歷盡千辛萬，甚至冒著生命危險，輾轉最後又回到北平；爲的僅僅是，想把一身的學問奉獻給後人。

這位史學巨人，值得師法的地方，除了學問之外，還有知識份子真正具有的風骨。

1940 年，由於蔡元培的去逝，中央研究院選舉院長。陳支身從昆明飛往重慶，只是爲胡適投一票，而此舉真正的動機是爲了捍衛學術的自由[6]。1942 年，日本佔據了香港之後，曾許以 40 萬港幣，要陳托辦東亞文化協會與審查教科書的工作，當時饑寒交迫的陳寅恪，不爲所動，予以拒絕；最後借得路費，才得以離開香港[7]；1954 年，中國科學院院長郭沫若，

請其擔任科學院中古史研究所所長，對'獨立之精神，自由之思想'[8]
深信不疑的他，向中央提出兩點要求：

　　一、允許中古史研究所不宗奉馬列主義，並不學習政治；

　　二、請毛公或劉公給一紙允許證明書，以作擋箭牌。[9]

　　在胡適所謂的"鐵幕"[10]之下，一介書生陳寅恪膽敢向毛、
劉討要一紙證明書，有點虎口拔牙的膽量了。而"春來它不
先開口，哪個蟲兒敢作聲"的毛澤東，怎會容得知識分子如
此膽大妄為呢？自然也就不可能滿足陳這點正當的要求了！

　　1962 年 8 月 10 日，中宣部副部長周揚在創作座談會上，
講了一段陳寅恪質問自己的話：

　　　　1959 年我去拜訪他，他問，周先生，新華社你管不管，我說有點
　　關係。他說 1958 年幾月幾日，新華社廣播了新聞，大學生教學比老
　　師還好，只隔了半年，為什麼又說學生向老師學習，何前後矛盾如此。
　　我被突然襲擊了一下，我說新鮮事物總要試驗幾次，革命、社會主義
　　也是個試驗。買雙鞋，要實驗那麼幾次。他不大滿意，說實驗是可以，
　　但尺寸不要差的太遠，但差一點是可能的……。[11]

　　在那個"厚今薄古"[12]、萬馬齊諳、噤若寒蟬的時代，
只有鐵骨錚錚的陳寅恪，才能不識實務不畏強權地，說知識
份子應該說的真話。

　　1948 年，在民國政府風雨飄搖的歲末，北大校長胡適因
為惜才把他從北平接往南京；然而到南京之後，他卻去了上
海；之後，傅斯年一而再、再而三地電請陳寅恪去臺，然而
他卻把歸宿，安在了嶺南大學。此次的分道揚鑣，兩岸知識
份子，有了截然不同的命運。陳寅恪為他的晚年，選擇了一
條苦難深重的不歸路。

　　1958 年"厚今薄古"襲卷中大，71 一篇批判資產階級的
論文就有 36 篇是針對陳寅恪的學術思想[13]。最讓陳寅恪傷心
的是，他喜愛的學生金應熙，為了自己的前程，也向自己的

老師開炮；自從這場運動之後，陳寅恪表達他的抗議——不再授課，結束了 32 年的傳道、授業、解惑生涯；他把晚年的精力，投入到了學術著作當中 [14]。

　　文革爆發後，雙目已盲、渾身是病的陳寅恪工資停發，存款凍結，以中山大學"特號反動權威"被批鬥、被要求寫交待材料、被高音喇叭折磨，以至於他在有次交待中用*"我現在譬如在死囚牢"* [15] 來形容自己的生活；1966 年 6 月，得力助手黃萱被趕走；12 年底，"造反派"要抬陳寅恪去禮堂批鬥，以此折磨這位耄耋老人，由於中大前歷史系主任劉節 [16] 代為受罪，才免去了一場折磨。1967 年 1 月，曾經對陳寅恪關照過的陶鑄被打倒，各路打著不同旗號的"造反派"，紛紛上門逼令陳寅恪交代與陶鑄的"黑關係" [17]；是年夏，因妻子唐篔屢被"造反派"亂拳打倒，折磨得心臟病發作，生命垂危。陳寅恪擔心妻子先他而去，憐夫人之悲苦，歎命運之不公，心懷無盡的怨憤與痛楚，用血與淚預先寫下了一副挽聯：

涕泣對牛衣，冊載都成斷腸史。

廢殘難豹隱，九泉稍待眼枯人。 [18]

　　1969 年，時已 80 高齡，奄奄一息在"死囚牢" [19] 的陳寅恪，被掃地出門。10 月，為'獨立之精神，自由之思想'奮鬥不止的一代史學大師，終銜冤負屈而去，作了"共產之鬼" [20]；九泉稍待 45 天後，其妻子，也追隨生死與共的陳寅恪而去。

相關注釋：

1、其一侄子陳封懷，說陳寅恪在英、德、法獲得了三個學士學位；而其另一個侄子陳封雄卻說，陳寅恪終其一生連一個學士學位也沒有。——《陳寅恪和他的同時代人》第 4 頁；陳寅恪沒有獲得博士頭銜，吳定宇著的《學人魂：陳寅恪傳》第 58 頁，也有言及；卞僧慧著的《陳寅恪先生年譜長編》，沒有片語，提及其獲得博士學位的資料。

2、1902 年 2 月，俞明震受兩江總督劉坤一委派，到日本視察學務，陳衡恪
以文案身份攜陳寅恪而行；11 月，陳寅恪入日本弘文中學學院學習。——《陳
寅恪先生年譜長編》第 48、49 頁，《史家陳寅恪》第 28 頁。

3、陳寅恪對好友吳宓所說：吾留學生中，十有八九，在此所學，蓋惟欺世盜名，
縱欲擾財之本領而已。——《吳宓與陳寅恪》第 8 頁。

4、我知道若干中國學者在歐美大學研讀多年，只求學問，不受學位。史學
家陳寅恪先生是其中最特出的一位。真有學問的人，絕對不需要碩士博士頭
銜去裝點門面。——《問學諫往錄》第 69 頁。對於陳的求學，傅斯年曾對
毛子水說過 '在柏林，有兩位中國留學生，是我國最有希望的讀書種子：一
是陳寅恪，一是俞大維。' ——《陳寅恪先生年譜長編》第 83 頁。

5、陳寅恪 1926 年入教清華，1958 年因 "厚今薄古" 運動，終止授課。助手
黃萱勸他復課，他言道：'是他們不要我的東西，不是我不教的'。——《陳
寅恪先生年譜長編》第 308 頁。

6、1940 年 3 月 5 日，中央研究院院長蔡元培，在香港去逝。陳寅恪自昆明
赴重慶，參加第 5 屆中央研究院的院長選舉；此行的目地，只是爲胡適投一
票。——《學人魂：陳寅恪傳》第 131 頁。

7、1942 年 6 月 19 日，陳寅恪在給傅斯年的信中，談及日本許以 40 萬港幣，
讓其托辦東亞文化會及審查教科書等事，被陳寅恪當場拒絕。——《陳寅恪
先生年譜長編》第 209 頁、《陳寅恪：書信集》第 87 頁、《也同歡樂也同愁；
憶父親陳寅恪母親唐篔》第 164 頁。

8、1954 年 11 月 21 日晚，汪篯將郭沫若及李四光的聯名信，轉交給陳寅恪。
郭、李信的大意是，請陳回京擔任科學院中古史研究所所長一職；次日，陳
口述，黃萱執筆書寫答復。其中提了兩個條件：'一、允許中古史研究所不

宗奉馬列主義，並不學習政治；二、請毛公或劉公給一紙允許證明書，以作擋箭牌。'——《陳寅恪先生年譜長編》第284頁、《陳寅恪的最後20年》第102頁、《學人魂：陳寅恪傳》第184、185頁。

陳寅恪口敘，黃萱執筆的《對科學院的答復》，由汪籛呈於科學院：

我的思想，我的主張完全見於我所寫的王國維紀念碑中。王國維死後，學生劉節等請我撰文紀念。當時正值國民黨統治時，立碑時間有年月可查。在當時，清華校長是羅家倫，是二陳派去的，眾所周知。我當時是清華研究院導師，認為王國維是近世學術界最主要的人物，故撰文來昭示天下後世研究學問的人。特別是研究史學的人。我認為研究學術，最主要的是要具有自由的意志和獨立的精神。所以我說"士之讀書治學，蓋將以脫心志於俗諦之桎梏。""俗諦"在當時即指三民主義而言。必須脫掉"俗諦之桎梏"，真理才能發揮，受"俗諦之桎梏"，沒有自由思想，沒有獨立精神，即不能發揚真理，亦不能研究學術。學說有無錯誤，這是可以商量的，我對於王國維即是如此。王國維的學說中，也有錯的，如關於蒙古史的一些問題，我認為就可以商量。我的學說也有錯誤，也可以商量，個人之間的爭吵，不必芥蒂。我、你都應該如此。我寫王國維詩，中間罵了梁任公，給梁任公看，梁任公只笑了笑，不以為芥蒂。我對胡適也罵過。但對於獨立精神，自由思想，我認為是最重要的，所以我說"唯此獨立之精神，自由之思想，歷千萬祀，與天壤而同久，共三光而永光"。我認為王國維之死，不關與羅振玉之恩怨，不關滿清之滅亡，其一死乃以見其獨立自由之意志。獨立精神和自由意志是必須爭的，且須以生死力爭。正如詞文所示，"思想而不自由，毋寧死耳。斯古今仁賢所同殉之精義，其豈庸鄙之敢望"。一切都是小事，唯此是大事。碑文中所持之宗旨，至今並未改易。

我決不反對現在政權，在宣統三年時就在瑞士讀過資本論原文。但我認為不能先存馬列主義的見解，再研究學術。我要請的人，要帶的徒弟都要有自由思想、獨立精神。不是這樣，即不是我的學生。你以前的看法是否和我相同我不知道，但現在不同了，你已不是我的學生了，所有週一良也好，王永興也好，從我之說即是我的學生，否則即不是。將來我要帶徒弟也是如此。

因此，我提出第一條："允許中古史研究所不宗奉馬列主義，並不學習政治"。其意就在不要有桎梏，不要先有馬列主義的見解再研究學術，也不要學政治。不止我一個人要如此，我要全部的人都如此。我從來不談政治，與政治決無連涉，和任何黨派沒有關係。怎樣調查也只是這樣。

因此我又提出第二條："請毛公或劉公給一允許證明書，以作擋箭牌。"其意是毛公是政治上的最高當局，劉少奇是黨的最高負責人。我認為最高當局也應和我有同樣的看法，應從我說。否則，就談不到學術研究。

至如實際情形，則一動不如一靜，我提出的條件，科學院接受也不好，不接受也不好。兩難。我在廣州很安靜，做我的研究工作，無此兩難。去北京則有此兩難。動也有困難。我自己身體不好，患高血壓，太太又病，心臟擴大，昨天還吐血。

你要把我的意見不多也不少地帶到科學院。碑文你帶去給郭沫若看。郭沫若在日本曾看到我的王國維詩。碑是否還在，我不知道。如果做得不好，可以打掉，請郭沫若做，也許更好。郭沫若是甲骨文專家，是"四堂"之一，也許更懂得王國維的學說。那麼我就做韓愈，郭沫若就做段文昌，如果有人再做詩，他就做李商隱也很好。我的碑文已流傳出去，不會湮沒。

——《學人魂：陳寅恪傳》第 185、186、187 頁。

9、王國維投湖自沉後的 1929 年 6 月，陳寅恪曾為其撰寫碑文，碑文如下：

海寧王靜安先生自沈後二年，清華研究院同仁咸懷思不能自己。其弟子受先生之陶冶煦育者有年，尤思有以永其念。僉曰：宜銘之貞珉，以昭示於無竟。因以刻石之詞命寅恪，數辭不獲已，謹舉先生之志事，以普告天下後世。其詞曰：士之讀書治學，蓋將以脫心志於俗諦之桎梏，真理因得以發揚。思想而不自由，毋寧死耳。斯古今仁聖所同殉之精義，夫豈庸鄙之敢望。先生以一死見其獨立自由之意志，非所論於一人之恩怨，一姓之興亡。嗚呼！樹茲石於講舍，繫哀思而不忘。表哲人之奇節，訴真宰之茫茫。來世不可知者也，先生之著述，或有時而不彰。先生之學說，或有時而可商。惟此獨立之精神，自由之思想，歷千萬祀，與天壤而同久，共三光而永光。

——《陳寅恪集：金明館叢稿二編》第 246 頁。

10、1949 年，雷震、杭立武、胡適等籌辦《自由中國》雜誌。4 月，胡適在去美國的船上，擬了一個宗旨，其中有四條（發表在 1949 年 11 月 20 日《自由中國》的創刊號上）：第一，我們要向全國國民宣傳自由與民主的真實價值，並要督促政府切實改革政治、經濟，努力建立自由民主的社會。第二，我們要支持並督促政府用種種力量抵抗共產黨鐵幕之下剝奪一切自由的極權政治，不讓他擴張他的勢力範圍。第三，我們要盡我們的努力，援助淪陷區域的同胞，幫助他們早日恢復自由。第四，我們的最後目標是要使整個中華民國成為自由的中國。——《胡適大傳》第 1113 頁、《胡適傳》第 484 頁。

11、1962 年 8 月 10 日，周揚在大連創作座談會上的講話。——《陳寅恪先生編年事輯》第 156 頁、《陳寅恪先生年譜長編》第 312 頁。

12、1958 年 3 月 10 日，陳伯達在國務院科學規劃委員會第五次會議上，談哲學社會科學如何躍進的問題，他提出的解決辦法就是——'厚今薄古、邊幹邊學'。——《中國學術界大事記 1919-1985》第 186 頁、《陳寅恪先生年譜長編》第 306 頁（其時間為 3 月 20 日，有誤）。5 月，郭沫若應北大歷史系之請，撰寫《關於厚今薄古問題》一文。此文從撰寫到發表，郭沫若與翦伯贊多有聯繫，全國大範圍批判陳寅恪史學思想的運動，由此而起。——《陳寅恪的最後 20 年》第 465 頁。

13、1958 年 7、8 月間，李錦全在《中山大學歷史系批判資產階級學術思想的情況》中，總結批判陳寅恪學術思想的論文最多。——《陳寅恪先生年譜長編》第 307 頁。

14、1958 年，陳寅恪受批判之後，卻不再授課，專力著作；在黃萱女士的襄助之下，花了十年時間，完成了《柳如是別傳》。可以說，如果沒有黃萱女士，世上就沒有我們今日看到的《柳如是別傳》了。陳寅恪 1944 年 12 月 12 日始，雙目失明；1962 年 7 月 11 日，右腿又跌斷。黃萱女士從 1951 年 11 月始，當陳寅恪助手；1966 年文革開始後，被迫離開。——《陳寅恪先生年譜長編》第 308、224、326、274、337 頁。

15、1969 年 5 月 5 日，陳寅恪被迫作'口頭交待'，直至不能講話才甘休。講話中，有"我現在譬如在死囚牢"之語。——《陳寅恪先生年譜長編》第 344 頁、《陳寅恪先生編年事輯》第 171 頁；對於在死囚牢中的陳寅恪，梁宗岱夫人在《宗岱和我》中，有一段是這樣描述當時的場景：那時候，挨整的人及其家屬都特別害怕高音喇叭，聽到高音喇叭，就顫顫兢兢，因爲紅衛兵經常用高音喇叭通知開會，點人出來批鬥、遊行；而出去一次也就是小死一場。歷史系一級教授陳寅恪，雙目失明，他膽子小，一聽見喇叭裏喊他的名字，就渾身發抖，尿濕褲子。就這樣，終於活活給嚇死了。——《陳寅恪的最後 20 年》第 480 頁、《宗岱和我》第 204 頁。

16、1967 年底，紅衛兵不顧陳寅恪心臟病惡化，身體極度虛弱，硬要用籮筐把他抬到大禮堂接受批鬥，歷史系主任劉節見狀不妙，挺身而出，爲師代受批鬥；如此，陳寅恪才躲過一劫。——《學人魂：陳寅恪傳》第 244 頁、《陳寅恪先生年譜長編》第 340 頁、《陳寅恪先生編年事輯》第 168 頁。

17、1967 年 1 月，陶鑄被打倒，由於陶鑄之前對陳寅恪生活及工作上有過關照，這就成了陶鑄與陳寅恪之間的黑關係。——《陳寅恪的最後 20 年》第 475、481 頁、《陳寅恪先生年譜長編》第 321、329 頁。

18、1969 年夏，唐篔心臟病發作，瀕臨死亡。由於生不由己，更由於身也不由己，陳寅恪憂夫人先他而去，萬般無奈地寫下預挽妻子的對聯。——《陳寅恪的最後 20 年》第 481 頁、《也同歡樂也同愁：憶父親陳寅恪母親唐篔》第 274頁、《陳寅恪先生年譜長編》第 343 頁、《學人魂：陳寅恪傳》第 245 頁、《陳寅恪先生編年事輯》第 171 頁。（其時間《陳寅恪的最後 20 年》、《也同歡樂也同愁：憶父親陳寅恪母親唐篔》均爲 1967 年夏、《陳寅恪先生年譜長編》、《陳寅恪先生編年事輯》均爲 1969 年夏、《學人魂：陳寅恪傳》爲 1968 年 11 月，準確時間待考。）

19、同上 15 注釋。

20、陳寅恪曾自謂 ‘生於帝國之民，死作共產之鬼’，真是一語成讖。——《一代宗師陳寅恪：兼及陳氏一門》第 12 頁。

參考資料：

1、《胡適傳》，白吉奄著，人民出版社，1993 年版。

2、《宗岱和我》，甘小蘇著，重慶出版社，1991 年版。

3、《胡適大傳》，朱洪著，安徽人民出版社，2001 年版。

4、《問學諫往錄》，蕭公權著，傳記文學出版社，1972 年版。

5、《吳宓與陳寅恪》，吳學昭著，清華大學出版社，1996 年版。

6、《陳寅恪：書信集》，陳寅恪著，三聯書店出版，2001 年版。

7、《陳寅恪的最後 20 年》，陸鍵東著，三聯書店出版，1995 年版。

8、《學人魂：陳寅恪傳》，吳定宇著，上海文藝出版，1996 年版。

9、《陳寅恪先生年譜長編》，卞僧慧著，中華書局出版，2010 年版。

10、《陳寅恪先生編年事輯》，蔣天樞著，上海古籍出版社，1981 年版。

11、《陳寅恪和他的同時代人》，劉克敵著，文化藝術出版社，2006 年版。

12、《陳寅恪集：金明館叢稿二編》，陳寅恪著，三聯書店出版，2001 年版。

13、《一代宗師陳寅恪：兼及陳氏一門》，劉以煥著，重慶出版社，2001 年版。

14、《陳寅恪先生編年事輯 （增訂本）》，蔣天樞著，上海古籍出版社，1997 年版。

15、《中國學術界大事記 1919-1985》，王亞夫、章恒忠主編，上海社會科學院出版社，1988 年版。

16、《也同歡樂也同愁：憶父親陳寅恪母親唐篔》陳流求·陳小彭·陳美延著，三聯書店出版，2010 年版。

晚年失去自由言論陣地的陳序經

陳序經【1903 — 1967】

　　1944 年，美國人請一位中國教授去美國訪問講學。按當時的國民政府規定，需去中央訓練團受訓；但這位教授只同意給訓練團上課，卻寧願不去美國，也不接受受訓；國民政府拿他沒辦法，只得依了他，這位教授就是南開大學校長張伯苓的愛將——陳序經。

　　陳序經，1903 年 9 月 1 日，生於廣東省海南島文昌縣清瀾港瑤島村。他的父親陳繼美小時因家境貧窮，沒讀幾天書，但通過後天的努力，加上自己的勤奮，把東南亞的生意做得風生水起。而這位生意人，雖所受的教育有限，但他有自己的遠見。或者因為自己沒機會讀太多書的原故，又或者因為知道書到用時方恨少，因而他特別注重孩子的教育。

　　觀其兒子陳序經的一生，倘若離開了父親對其學業的鼎力相助[1]，倘若離開了父親對其健全人格的保駕護航，我們所能見到的，肯定不會是後來在南開、西南聯大、嶺南大學建樹頗豐的陳序經了。

　　1907 年，4 歲的陳序經，被送入私塾讀書；兩年後，隨父親去新加坡讀書。1912 年，母親去逝，經由三媽照顧，去致遠學校讀書。1914 年，進入文昌縣最好的模範小學讀書。1915 年到 1919 年，又在新加坡的育英、道南、養正、南洋華僑中學讀書。1919 年，從新加坡回廣州，想入讀嶺南大學附中；但由於英語及數學太差，入不了附中。其父陳繼美，花大價錢，請來老師為其補課（補課老師，每人每月 150 元港幣）。通過半年的努力，終於為陳序經打開了第一次與嶺南接觸的大門——入讀嶺南大學附中三年級。

20 歲左右的陳序經，已經有了自己的思想與主張，嶺南附中已經不能滿足自己的追求，因而在嶺南附中讀了差不多兩年卻自動退學[2]，隨後自修，準備進軍上海的大學。

1922 年夏，考入上海滬江大學，就讀於生物系。然而，滬江大學是教會學校，要想從這裏畢業，就必須入教。對於懂得獨立思考的陳序經，已經不能容忍這樣的束縛。於是，1924 年，毅然轉入復旦大學，讀社會科學。1925 年 7 月 1 日，從復旦畢業，復旦社會科學院，授予他學士學位。

復旦畢業了，對於大多數人，在那個時代，已經算功德圓滿了。可是，父親陳繼美，並不局限於此，他希望兒子繼續出國深造。於是，1925 年 8 月 5 日，陳序經乘郵輪前往美國留學，就讀於美國伊利諾斯大學。父親對兒子的鼎力相助，兒子也並不辜負父親的厚望，於 1926 年 8 月 14 日，拿到了伊利諾斯的碩士學位；兩年後的 6 月 13 日，又拿到了由校長、系主任、校董事會主席、董事會秘書四人簽名的博士學位證書。

學有所成的陳序經，歸國之後，由陳受頤的力勸、力薦，來到曾經讀書的嶺南大學教書，這是他一生從事教育事業的伊始。

1928 年至 1929 年，任教於嶺南大學社會系。從曾經的嶺南學生，到如今的嶺南老師，身份的轉變，他只用了不到 8 年的時間。這嶺南持教的一年，認識了黃素芬，一位從 1929 年 8 月 20 日與自己結婚並相濡以沫一生的女人。1929 年 9 月，剛步入婚姻殿堂的陳序經，並沒有沉醉於兒女情長，踏上了他計畫好、也是其父鼓勵的歐洲求學之路。對於這次的求學，父親陳繼美總是即時地雪中送炭，賣掉其椰子園一半的股票，為兒子準備了足夠的資金，使得陳序經的求學沒有後顧之憂。

從 1929 年末到 1931 年初，求學於德國，先柏林、後基爾，研究主權論與社會學，更學習了德文、法文、拉丁文，使得他能夠讀馬克思的真正原著，而不是經過各路神仙翻譯的贗品。1931 年，自己得了肺病，2 月 21 日，大女兒曼仙又降生，原本有更長久的留洲計畫，中途中止了[3]。4 月 15 日離開德國，6 月 1 日抵達香港，次日到達廣州，結束了其一生的求學生涯，真正開啓了其在中國大陸的教育之路。

縱觀陳序經的一生，除了 1931 年到 1934 年間，短暫地純粹地從事教學與學術工作，其後其學術工作大都為行政工作所累。但陳對於南開、西南聯大、嶺南的貢獻不容忽視，其行政能力也不容忽視。而南開的張伯苓如此倚重陳序經，重要的一點，是陳神通廣大，能夠為私立學校解決經濟問題[4]。對於這一點，西南聯大，乃至曾經就讀過、任教過的嶺南大學，委陳以重任，都關係重大。

陳的這一特質，為何被人看好？重要的一點是陳不貪財，能夠把錢都用在刀刃上，用在真正的辦學上。據其兒子陳其津在《我的父親陳序經》中批露，其在美讀書其間，父親陳繼美，就價值百萬的橡膠園是否交還給陳序機的後人，徵求陳序經的意見，兒子在電報中，給老子回復了二字——"交回"。對於一個 25 歲左右的年青人，能夠不爲金錢所誘，實屬難能可貴的事情，也使父親陳繼美更加欣賞他。也正因爲陳有這樣的特質，才爲他後來能夠勝任常人所不能爲的工作，能夠贏得常人所不能贏的尊重，積贊了豐富的道義力量。

1932 年，其父陳繼美因胱膀結石手術感染而去逝，這位對陳序經學習乃至世界觀形成影響都至關重要的人的離去，是陳序經心中的痛。後來，陳在開南開或者任嶺南大學校長，都力辦醫學院[5]，很大的力量都是來自逝去的父親。

陳序經的成就，離不開他對全盤西化等文化問題的思考，離不開他對東南亞問題的調查研究[6]，更離不開他對教育事業的拳拳之心，更更離不開他對強權不妥協的精神。

1934 年，北京大學與南開大學同時邀請其去任教，而他選擇了南開大學，尤其重要一點是南開屬於私立大學，政府所能幹預的極其有限。抗戰其間，在西南聯大，年僅 35 歲的他任商學院院長。對院長職務，國民政府是有政治要求的，必須是黨員。而陳先生自己的觀點是：＂如果教育部不任用非黨員當法商學院院長，那麼撤我的職好了，我寧可被撤職不當院長，也不參加國民黨。但是我不會自動辭院長職。[7]＂最後由張伯苓、蔣夢麟向教育部周旋，陳成功地捍衛了自己的立場，成爲了不入黨的院長（陳序經這樣的立場，在後來去美國訪問講學 '1944 年—1945 年' 中也有具體地體現，因本文開篇就已經提及，所以不再贅述）。

1948 年，有基督教背景的嶺南大學校董事會，邀請這位不信教的陳序經擔任校長之職（他之前的 8 位校長，都是基督徒）。其時，陳正在爲南開大學服務。原本不願離南開的陳序經，經過南開校長張伯苓的溝通，才最終同意出任嶺南大學校長[8]。

1948 年 8 月，是陳序經的第三次來到嶺南大學。第一次是讀書，第二次是當教授，而這第三次是當校長。前後相差20 年，20 年的歲月，已經把陳序經鑄成了一流的教育家。身爲校長的他，志在把嶺南大學辦成南方一流的大學。他四處羅織人才，爲嶺南請來了史學大師陳寅恪，請來了已經去了臺灣的數學家薑立夫，也請到了語言學家王力、還有伍銳麟、馮秉銓、容庚、陳永齡、謝志光、陶葆楷、王德輝、張純明、吳大業、梁方仲、陳耀真、毛文書、王正憲、潘孝瑞、林爲幹等等各有專長的優秀專家與學者。如若不是後來政權更迭，陳序經帶領下的嶺南大學，教授治校，"獨立之精神、自由之思想"，極有可能成爲南方真正的一流大學，甚至超躍北方。

事實證明，49 年後的嶺南大學，有一段極其短暫的時間，在陳序經的主持下，成爲了國內少有的一方淨土，擁有相對的學術自由。然而，華夏大陸，莫非共土。1950 年廣東異主之後，意識形態泛起，學校已經是嚴厲控制之地，所有外籍教授全部撤走，私立大學成爲當局眼中資產階級思想產生的溫床，學術自由已經不再適合共產國情[9]。1952 年，嶺南大學被撤，併入中山大學。陳不再擔任行政工作，掛了一段時間中山大學籌委會副主任的虛職，其後在歷史系教書。其實，在 1953 年，華僑開始在新加坡籌辦南洋大學，後來請陳序經出任校長，他完全可以把自己的才幹與才華繼續揮灑在那裏，也有這樣的條件，陶鑄曾徵詢過他的意願，可惜的是，他放棄了這樣的機會。

可以說，新舊政權的更迭，成爲那一代知識份子人生命運的分水嶺，很多過去的觀念與認識，在新政權之下，都成爲不合適宜。

無論是 1956 年被國務院任命爲中山大學副校長，還是

1962 年被陶鑄推薦爲暨南大學校長，亦或是 1964 年周恩來簽署任命爲南開大學第六副校長（管理衛生檢查工作），已經不可能像過去就任西南聯合大學商學院院長、嶺南大學校長那樣倍受尊重了。政府已經不是過去的國民政府，學校也不再是過去的國民學校，人是物非，個人意志已經被集體意志取而代之，陳序經成了工作上，不再受自己支配的人 [10]。

1966 年 5 月，中共中央 "5.16 通知" 掀起了一場聲勢浩大的文化大革命。11 月，很多知識份子都被捲進了這場腥風血雨。在歷次政治運動中都倖免於難的陳序經，在劫難逃。批判他的大字報貼滿大街小巷，各種帽子滿天飛——"反動學術權威、裏通外國、美國文化特務、國際間諜"。12 月，全部手稿被紅衛兵抄走，這可是陳一生的心血。次年 1 月，南開的紅衛兵——"818 紅色造反團"，將陳序經一家趕出北村 7 樓 2 號的二層套房，搬進僅有 6 平方的地下室居住，並被迫寫檢查、寫交待材料。2 月 16 日，夫人黃素芬外出看病，回來發現丈夫在住處倒地不省人事，通知校長楊石先，紅衛兵也聞訊趕到，並聲稱要保護現場，不許救治，最後由校長發話 '救人要緊'，才被送往醫院進行救治，可是已經回天乏術了。

死後，被宣稱是 "畏罪自殺"，並進行專案調查。因他受到到牽連的多達 100 餘人，而其收藏的 3000 冊珍貴書籍，亦被學校的後勤部門當廢紙賣掉，換來了 127.2 元。在隨後的葬禮儀式上，桃李滿天下的陳序經，除了自己的親人外，來了蘇英昶先生與唐婉琪女士。其子陳其津，在《我的父親陳序經》中，記敘了當時的境況：*"在那黑暗的日子裏，只要看到南開大學門口和地上貼的那些令人心驚肉跳的大標語，已令很多人不敢接近我們，更不要說參加父親的葬禮了。他們（蘇英昶先生與唐婉琪女士）是冒著不小的政治風險的。"*

相關注釋：

1、1919 年，16 歲的陳序經離開新加坡，返回大陸讀書時，其父親陳繼美叮囑他三點：1、照顧好身體，好好讀書，以不負母親的期望。2、切勿想在國內做官。3、切勿想回南洋做生意。從新加坡剛回來後，想入嶺大附中，但考不上，於是父親花重金請來兩位老師為其補課（兩位老師，每月的酬金為150 元港幣。那時大百貨公司的高級職員的薪資，每月最高也就 100 元），最終通過考試，終於進入嶺南附中讀三年級。之後，無論是去美國留學，還是去歐洲留學，都受到父親的鼓勵與全力支持。對於留學歐洲，陳繼美跟陳序經說："留歐的費用，早已準備，這是留給你用的，用於打好學問基礎，你應該讀書數年，否則將來想再讀也不可得。"陳繼美為了兒子留學，賣掉了其在馬來西亞椰子園股票的一半。1929 年，任教嶺南的時候。當時廣東省政府主席兼建設局局長林雲陔曾邀請其出任廣州教育局局長，他徵詢了父親的意見，得到的答復是："我不希望你去做官，我已經為你準備了出國留學的錢，如果你不去，這筆費用我就不給了。"陳序經在父親去逝後，曾說過："從美國回來教書，他不僅鼓勵我再到歐洲多做幾年學問，像他這樣關心兒子的教育，是不易多得的。"——《我的父親陳序經》第 34、36、42、50、59 頁、《固守教壇：陳序經的人生之路》第 19、22、32、42 頁、《陳序經圖錄》第 1、9、127、128 頁、《學識淵博的優秀教育家：陳序經》第 17、18、24 頁、《全盤西化臺前幕後：陳序經傳》第 45、55 頁。

2、離開嶺大附中的原因是：課外活動太多，讀書時間不夠。於是寫信給父親想去北方讀書，父親覺得北方太遠，建議他選擇上海。就這樣，1922 年 4 月，從附中自動退學，隨後自修，準備考上海的大學。——《我的父親陳序經》第 44 頁。

3、原本的留學歐洲計畫是：先到德國兩年，然後再到法國兩年，最後到英國一年。陳序經於 1929 年 9 月初，從新加坡乘船去留學；回國的時間是1931 年 4 月 15 日，到香港是 6 月 1 日。算起來，原計畫 5 年的留學時間，其實只在歐洲學了 1 年多一點。（《固守教壇：陳序經的人生之路》第 48 頁，其離開的時間為 1932 年 4 月 15 日，而到了 312 頁 "陳序經生平大事記" 中，又為 1931 年 4 月 15，綜合《我的父親陳序經》、《陳序經圖錄》、《學識淵博的優秀教育家：陳序經》、《全盤西化臺前幕後：陳序經傳》等書中，陳經序留歐的歸國時間均為 1931 年；因此，應以 1931 年 4 月 15 日離德歸國為准。）——《我的父親陳序經》第 59、60、63 頁。

4、端木愷在陳序經誕辰 90 周年的紀念文章裏，提到一件事："我曾請教過他，他是一個年輕的廣東教授，怎麼到了天津南開大學會受到張伯苓老校長的重用？陳先生說，張校長有一次說南開經費困難，需要趕緊借一筆錢，很費張羅。陳先生向天津幾家銀行的朋友通電話，錢就借來了。張校長問，你用什麼擔保？陳先生答，沒有擔保，靠朋友交情。張校長又驚又喜，就說辦私立大學要靠兩樁本事，一要能找錢，二要能找人，現在你都做得到了。其實這兩樁本領，都是靠找人，平時如果沒有銀行家和學者朋友，到需要時就一籌莫展了。"——《固守教壇：陳序經的人生之路》第 85 頁、《我的父親陳序經》第 303 頁、《全盤西化臺前幕後：陳序經傳》第 149 頁。

5、陳序經有著個人深刻的記憶——"我哥哥因為患病沒有藥治而死，母親與三弟序梓因痢疾沒有藥吃而死，父親又因醫生手術不高明而死。醫藥不講究，使人們不該死而死去，是何等悲慘與痛心的情事。"這是他後來重視醫學的原因，他曾跟人說："南開大學於 1945 年恢復以後，我極力提倡辦醫學院。現在來嶺南當校長，我希望對於醫學院的醫生的聘請與設備的增加，加以特別的注意。"——《我的父親陳序經》第 67 頁、《全盤西化臺前幕後：陳序經傳》第 54 頁。

6、陳序經是 20 世紀主張全盤西化最為用力的學者之一，1933 年 12 月 23 日晚，應中山大學社會系主任胡體乾的邀請，在中山大學的禮堂做了《中國文化的出路》的演講，這篇演講由梁錫輝筆記，刊載於 1934 年 1 月 15 日的《廣州民國日報》。隨後，引發一場關於"文化"的論戰。——《陳序經圖錄》第 19 頁、《固守教壇：陳序經的人生之路》第 53 頁、《我的父親陳序經》第 73 頁、《全盤西化臺前幕後：陳序經傳》第 64、270 頁。很多當時文化論戰的文章，都收錄於《全盤西化言論集》、《全盤西化言論續集》、《全盤西化言論三集》，足見這場論戰的熱鬧。而陳序經著的《全盤西化論》、《東西文化觀》、《文化學概觀》、《中國文化的出路》等，是比較系統又深入地去探討文化方面的問題。

　　東南亞問題也是他關心的重點，曾多次去東南亞國家實地調查，最後寫成《暹羅與中國》、《南洋與中國》、《越南問題》等等專著。1992年12月，由商務印書館出版的《陳序經東南亞古史研究合集》，便是陳序經關於東南亞研究的心血了。

7、1938年4月，國立西南聯合大學法商學院院長方顯庭辭院長職，其後由陳序經擔任法商學院院長，至1944年奉派赴美，請辭院長職。——《國立西南聯合大學校史：1937至1946年的北大、清華、南開》1996年版第271、487頁，2006年版第209頁。對院長職務，國民政府是有政治要求的，必須是黨員。而陳先生自己的觀點是："如果教育部不任用非黨員當法商學院院長，那麼撤我的職好了，我寧可被撤職不當院長，也不參加國民黨。但是我不會自動辭院長職。"——《我的父親陳序經》第116頁、《固守教壇：陳序經的人生之路》第79、313頁、《全盤西化臺前幕後：陳序經傳》第138頁。

8、1948年夏，嶺南大學校長李應林向董事會請假一年，並提出一年後辭職（陳序經在《有關嶺大與鐘榮光的幾點回憶》中，道明瞭李應林辭職的原由）。為此，董事會專門成立繼任校長提名委員會，負責挑選聘用新一任校長。最後，他們看中了曾在嶺南讀過書——時在南開為張伯苓效力的陳序經，看中了他的學術水準與行政能力。提名委員會派了很多與陳序經有關係的朋友勸他回嶺大任校長，其中就有他最好的朋友陳受頤先生，他都沒有應承。後經過張伯苓的勸說，他才答應出任嶺南校長。對於張伯苓答應嶺南董事會讓陳序經去做校長，在張伯苓給嶺南董事會的電報中是有條件的："可以答案陳序經到嶺南，但每年陳序經回到南開三個月至四個月。他的往來旅費由南開出，他的薪水也可以考慮由南開給。"對於嶺南董事會找一位不是基督徒擔任校長，陳序經於1948年9月，嶺南開學時，第一次對全體師生講話時說："嶺南雖是一所基督教大學，但對於學術的發展，它並無宗派之分，而注重於自由討論的精神，也許是有了這種精神，嶺南才願意去找一位沒有受過洗禮的人來主持校務，這又是中國教會大學的創舉，這是兄弟所覺為榮的。"——《我的父親陳序經》第150、151頁、《全盤西化臺前幕後：陳序經傳》第161、

163 頁、《陳序經圖錄》第 37、130 頁、《學識淵博的優秀教育家——陳序經》第 109、110 頁。

　　嶺南 1927 年收歸國人自辦，鐘榮光回憶收回之理由："收回乃始終貫徹立校之初旨。本校非美國政府供給，亦非某一個教會所管轄，歷年章程報告經已鄭重聲明。開辦之始，不過美國幾位熱心基督教人，欲以世界之實用之科學，造成中國領袖之人才，加以幾分基督犧牲爲人之精神，使學成不至自私自利，出則爲國家社會盡力，入則負起嶺南母校之責任。"——《嶺南大學》第 219 頁。

9、1950 年 9 月，廣東省文教廳發出《關於高等學校政治課實施的決定》，成立政治課程教學委員會或政治課教學研究指導室。在這樣的背景下，嶺南對課程進行了修改：每個學生必須上新民主主義課程和馬克思主義政治經濟學課，增設俄語爲選修課。1950 年 11 月 29 日，廣州市副市長朱光在施政報告上提出：恢復整頓學校，開展人民文化事業，並取締腐敗的、倒退的、反動的教育課程，廢除不符合新民主主義的教育設施。——《全盤西化臺前幕後：陳序經傳》第 198、199 頁、《瞬逝的輝煌：嶺南大學六十四年》第 125 頁。

　　1951 年 1 月 16-22 日，教育部在北京召開處理接收受外國津貼的高等學校會議。做出處理辦法：1、立即接收，變私立爲公立。2、暫時維持私立，準備條件轉爲公立。——《嶺南大學》第 218 頁、《全盤西化臺前幕後：陳序經傳》第 207 頁。

　　1951 年 4 月 13 日，嶺南大學全校師生員工在懷士堂集會，通過了《嶺南大學師生員工愛國公約》，公約第一條爲：擁護毛主席、擁護共產黨、擁護人民政府、擁護人民解放軍、擁護共同綱領、回應祖國號召；第七條爲：發揚集體主義精神，參加集體活動，守時間，守紀律。——《瞬逝的輝煌：嶺南大學六十四年》第 126、127 頁。

　　1952 年，院系調整，嶺南大學併入中山大學。是年後，所有私立大學全部併入公立高等學校，民間獨立辦學的傳統從此中斷，民間教育空間不復存在。——《全盤西化臺前幕後：陳序經傳》第 209、271 頁。

10、如果說 1948 年從南開來嶺南，陳序經有自己的選擇權，可以選擇去還是不去；那麼 1964 年，從嶺南回南開，他就早已經喪失這樣的權利了。陳序經曾跟他的女兒陳雲仙講："我來南開，南開已有六位校長，我來就有七位校長。依我所見，似乎沒有必要再增加了。""不是我對南開大學沒有感情不願來這裏，而是一來我已六十多歲，二來一心想晚年將暨南大學辦成一所有名望的大學就告老了。"——《東方振興與西化之路：紀念陳序經誕辰一百周年論集》第 20 頁。對於北調，他是不願意的，他找過陶鑄，也找過定陸定一，其結果是他自己跟別人講的："我自問已是鞠躬盡瘁，我也不明白到底是什麼原因？當然上級的命令只好服從。"自從廣州解放之後，陳序經的狀態，或許正如他 1952 年自我檢討時所說的："我悔恨我離開南開而來嶺南，我曾將這個意思向杜廳長說，他勸我勉為其難做下去，可是精神上，在一個相當的時期內，我始終是感覺到痛苦。"這種痛苦，來源於夏和順在《全盤西化臺前幕後：陳序經傳》中第 211 頁所說的："陳序經只能保持沉默，時移世易，知識份子再也不能為某個觀點特別是與主流思想不符的觀點而自由發言，他們也已失去自由發言的陣地。"——《全盤西化臺前幕後：陳序經傳》第 206、255、256 頁。

參考資料：

1、《我的父親陳序經》，陳其津著，廣東人民出版社，1999 年版。

2、《陳序經文集》，餘定邦、牛軍凱編著，中山大學出版社，2004 年版。

3、《陳序經圖錄》，中山大學圖書館編著，中山大學出版社，2014 年版。

4、《嶺南大學》，李明瑞編著，嶺南大學發展委員會統一出版，1997 年版。

5、《暨南校史：1906-1986》，暨南大學校史組編著，華僑出版社，1986 年版。

6、《全盤西化臺前幕後：陳序經傳》，夏和順著，廣東人民出版社，2010 年版。

7、《學識淵博的優秀教育家：陳序經》趙立彬著，廣西人民出版社，2009 年版。

8、《固守教壇：陳序經的人生之路》，鄭朝波著，海南、南方出版社，2008 年版。

9、《暨南校史：1906-1986》，暨南大學校史組編著，暨南大學出版社，1996 年版。

10、《走出東方：陳序經文化論著輯要》，楊深編著，中國廣播電視出版社，1995 年版。

11、《南開大學校史資料選：1919-1949》，王文俊、梁吉生、楊珣、張書儉、夏家善等編著，南開大學出版社，1989 年版。

12、《東方振興與西化之路：紀念陳序經誕辰一百周年論集》，南開大學高等教育研究所編著，南開大學出版社，2004 年版。

13、《國立西南聯合大學校史：1937 至 1946 年的北大、清華、南開》，西南聯大北京校友會編著，北京大學出版社，1996 年版、2006 年版。

不能容忍自己適應奴役的儲安平

儲安平【1909 — 1966？】

　　1909 年 7 月 23 日，對於儲安平來說，並不是個好日子；這一天，他的生母把他帶到人世間才 6 天，就棄他而去了[1]。儘管那個時候的儲安平什麼都不知道，但這沒有感受母愛浸潤的人生，不能不說是一種莫大的情感缺失。失去母親，已經是他最大的不幸了，但他的父親卻迷信的以爲是兒子克死了自己的妻子，而對他冷眼相看；這樣本來就沒有母愛的孩子，還得帶著父親的責備過自己的幼年，更不能不說是一種莫大的無辜與無奈。1923 年，不怎麼愛他的父親儲林滋，也不負責任地永遠離開了他的人生；而加倍疼他的祖母，也於這一年離開了他。出生第 6 天就沒有母親，14 歲就沒了父親、祖母，這樣的人生，真是夠背的。所幸的是，他得到了伯父（儲南強）的疼愛，儲安平的人生，也算絕處逢生了。

　　父親死後，儲平安由伯父的朋友帶至南京，進入私立止誼中學讀書；1924 年夏，由正誼中學轉入東南大學附屬中學就讀。1925 年 9 月，從東南附中畢業的儲安平，來到了上海，通過考試，進入了民族主義色彩濃重的上海光華大學附屬中學，讀高中[2]。從高中到大學，在光華的歲月，成爲儲安平思想成長及編輯經驗積累的搖籃。

　　就其思想成長而言，雖然光華的誕生本身就有著強烈的民族主義色彩，但當時的光華'不設黨義課、不搞總理紀念周（有，其實不上）'，可以說是拒絕政治干涉的學術相對獨立的學校，光華能同時容下羅隆基、王造時、張東蓀、潘光旦、諸青來、徐志摩、田漢、胡適等，折射出的是光華的包容、開放、自由。在這樣的環境之下學習，為儲安平獨立的思想成長，提供了豐富的養分。

　　而就儲安平的編輯生涯來說，1928 年，參與《光華週刊》的編輯工作，是他邁出的第一步。1931 年下半年，任《今日》雜誌的主編，而其辦刊理念的胚胎，也正是此時（光華期間）慢慢孕育而成。1933 年，進入《中央日報》接手副刊＜中央公園＞編輯工作，從其後來撰寫的《我編輯副刊的自述》中，可以看出儲安平身上，有著一般人沒有的特質：

> "做編輯人最易犯的毛病，就是私心。朋友的稿子不管好劣，一律採用，不相識的讀者投稿，理會都不理會。這種自私偏心，是中國人最要不得的一種劣性，我反對這種編輯態度。在大體上說來，我自承我是一個比較公正的編輯。我審閱稿件，完全以稿件的內容為標準，好的即用，不好的即不用。普通編輯都怕退稿，尤其怕退熟人的稿件，但"退稿"在我是家常便飯，我退人家的稿件，既無所不安，也無所慚愧，因為稿子不好，退給人家，是天下最合理的事情。不僅普通朋友的稿子退，最好朋友的稿子，不合用時也退。不僅寫信退，甚且當面退，談天歸談天，公私分明，這是我向來的風度。二十二年夏，我初編輯副刊時，我的情人從北平寄來了三篇稿子，但我一篇都沒有用。我將她的稿子退給她，我說明我的理由，我覺得我這樣辦理，是最痛快安慰的事情。
>
> 　　閱稿既一秉大公，所以我就最不歡迎人家介紹稿子，尤其憎惡寫稿者四處托人將他的稿子介紹給我。稿子盡事直接寄來，無庸托人介

紹。托人介紹徒然使介紹人和編者增加為難。所以我在我編的副刊上，刊登投稿簡則時，常有這樣一條：稿件請直接寄本報，不必托人介紹。

有時我的上司，也有稿子介紹給我，我不用也照樣退給他。他並沒有任何不愉之感，這點是他的長處。上面的人能尊重下屬的職權，下面的人能不曲承上峰的歡心而溺職，這樣事業才能辦理得好。"[3]

培養成這樣的特質時，儲安平才 24 歲。也正因為有了這樣的特質，才能受到吳稚暉、張東蓀、羅隆基、章伯鈞、胡喬木等人的賞識。

在光華就讀的後期，正好是日本大舉侵略中國的時期，愛國主義熱情高漲，自然深受民族主義影響的儲安平，不可能置身事外。1931 年 9 月 18 日後，光華學生組織"光華抗日救國會"，儲擔任第一常務；9 月 23 日，儲代表光華參加"上海各大學學生抗日救國聯合會"，並被選為幹事會委員；9 月 26 日，作為代表去南京請願，第一次見到了蔣介石；9 月 29 日，第二次請願再見蔣介石，會場數千人，無人敢言，只有儲站出來，發表了對蔣介石訓話不滿的言論。12 月，為救國抗日，參加援馬團，途經蘇州，次年 1 月 3 日抵達北平。不久，淞滬抗戰爆發，援馬團以解散告終，儲隨之重返校園。

1932 年 7 月 16 日，光華舉行第七屆畢業慶典。自此，儲安平從光華畢業，算是結束了他在國內的求學生涯。

1933 年 3 月，伯父找熟人，幫他謀一份人人羨慕的公務員工作，因他的興趣並不在此，而謝絕了伯父的好意。7 月，經光華同學介紹，進入《中央日報》的副刊＜中央公園＞當編輯。1934 年 5 月 10 日，在儲安平的主導下，《中央日報·文學週刊》創刊。同年，與昔日光華的同學端木露西結婚。1936 年 6 月 26 日，借德國柏林舉行 11 屆奧運會之機，以《中央日報》記者的身份前往採訪，並達成他去英國求學的夢想。1938 年 1 月，由於惦記著為國效力，夫婦倆乘船回國。1938

年 6 月，重返《中央日報》並創辦《平明》副刊。1939 年秋，離開《中央日報》，進入中央政治學校工作；次年暑假續職時，因要入黨方可任職而離開。1940 年 11 月中旬，應廖世承之邀，來到國立師範學院當副教授。1943 年冬，儲安平與端木露西，在光華大學共同的朋友姚品玙見證下，協議離婚，各撫養兩個孩子。同年，去桂林的《力報》擔任主筆。1944 年 2 月 27 日，因廖世承來電催促，才返校繼續任職[4]。

　　1945 年 10 月 5 日，由張稺琴出資，儲安平等人出力，創刊《客觀》雜誌；11 月 11 日推出創刊號，這份以 "民主、自由、進步、理性" 爲理念推出的刊物，算是儲安平真正的投石問路之作。第 1 期印刷 4500 冊，到次日晚就全部賣光。由於刊物言論公正、批評犀利、建議理性，一時間便出現了洛陽紙貴。然而，出到了第 12 期，這位雜誌的靈魂人物，因爲主辦者的觀念，與自己存在難已逾越的差異，而選擇了急流勇退[5]。

　　1946 年 1 月 6 日，八位發起人在重慶召開會議，決定創辦刊物《觀察》雜誌。如果說加盟《客觀》是投石問路，那麼創刊《觀察》，卻是儲安平實現自我價值的嘔心瀝血之作。他回家變賣了祖母爲他留下的一百畝良田，辦起了自己的雜誌[6]。這時的他 37 歲，就像一個舵手，決定雜誌的立場、風格、思想傾向，同時也決定著雜誌與眾合夥人的命運。

　　這份由儲安平掌舵的雜誌，在理念上，繼承了《客觀》時期的 "民主、自由、進步、理性" 爲辦刊方針[7]；在作者群中，聚集了一群自由主義知識份子，有費孝通、樓邦彥、吳恩裕、張東蓀、吳世昌、潘光旦、傅斯年等，大家以《觀察》爲陣地，秉筆直書、自由言論，關心國家的前途、關心民族的命運。

　　從 1946 年 9 月 1 日創刊，到 1948 年 12 月封刊。首期印刷 5 千冊，之後每期替增，到 1948 年，數量漲了 20 倍有餘；固定讀者，從 68 人增加到 1 萬 6 千多人。《觀察》把儲安平的人生，推向了歷史的高峰，爲他在中國近代的報刊史中，贏得了他人無可企及的聲望與成就。

1947 年 10 月 27 日，被上海當局約談警告，原因是第 3 卷第 9 期《評蒲立特的偏私的、不健康的訪華報告》大罵政府，招來‘當局的利刃——指向《觀察》’。1948 年 12 月，因爲刊登《徐淮戰局的變幻》，蔣介石謂其洩漏了‘軍事機密’，而下達了查封《觀察》的命令；21 日，內政部查封《觀察》的公文到達上海市政府，24 日正式到社查封，隨後 26 日警察開始到社抓人[8]。

至此，從 1946 到 1948 年，風風火火辦了兩年的《觀察》雜誌，正式結束在"這個‘自由’還是一個‘多’‘少’的問題"的國民黨時代[9]。1948 年 12 月 12 日，由於好友端木愷爲其通風報信，儲安平飛往北平逃亡。1949 年 1 月 31 日，新政府接管了北平，儲安平迎來了"這個‘自由’就變成一個‘有’‘無’的問題了"的共產黨時代[10]。

北平異主之後，新政府安排了"東北之行"[11]，儲安平名列其中。書齋型的知識份子儲安不先生，對中共的精心安排，信以爲真。回來之後，一向尋求第三條道路的他，一改常態，聯名致函毛主席，表達自己對新政府的信心。經過一番努力，儲安平列席新政協十二名代表之外僅有的兩名候補代表之一，並且有幸參加毛澤東同志的開國大典，也算人生當中的一種特殊榮光了。

然而，一時醉心於新政權政治事物的儲安平，真正放不下的，還是他的老本行。他希望在新政權之下，以"諍友"[12]的身份繼續他的《觀察》事業，因爲在儲安平看來，這才是他存在的意義，這才是他生命的價值。

在儲安平的努力之下，在當局的許可之下，儘管 1949 年 11 月 1 日《觀察》復刊，但復刊後的雜誌，再也沒有了昔日的靈氣與銳利，更沒有了昔日的理念與宗旨；儘管此時的儲安平，仍然相信"說話之權操之於我"[13]，其心裏或許很不甘願把他的雜誌辦成鸚鵡學舌的樣子，但人在江湖，儲安平在《客觀》與前《觀察》時代就認清了的"自由'有''無'"的客觀事實，已經不可能再讓他有所作為。復刊之後的《觀察》，猶如陽光反照一樣，苟延殘喘幾個月之後，儲把這份嘔心瀝血之作的《觀察》，無奈地交給了政府，其後更名為《新觀察》。而儲安平一手打造的"觀察社"，在1951年4月15日的股東會議上，被宣告正式結束；至此，儲安平的《觀察》復刊夢想，算步入歷史了。這樣的結束，不能說是儲安平的不盡心與不盡力，而是他的才幹與才能，在一個新開啟的時代，已經變得那麼地不合時宜[14]。

離開了《觀察》雜誌的他，1952年9月，他被選為了九三學社候補中央委員、宣傳委員會副主委。1956年2月，任中央委員、宣傳部副部長。其間做過新華書店的經理、也做過人大代表等，儘管頭銜眾多、光環顯耀，但都不是他喜愛的角色，也不能施展他的抱負。

1956年，"雙百方針"緊鑼密鼓地在神大地推開，毛澤東領導的共產黨，許諾與民主黨派"長期共存，互相監督"，做為監督者，可以"獨立自主"地辦報創刊[15]。基於對過去君王一言九鼎地慣性認知，許多知識分子與民主黨派，都認為報效國家的契機到了，用各自的戰鬥方式，積極投入到幫助黨整風與建設國家的行列中。儲安平也不例外，滿懷信心地又幹回了老本行，主編起《九三社訊》，他主張"要記錄有思想、有見地的東西，一般性意見，官樣文章，就不要整了"[16]，解放前《觀察》的幹勁似乎又回來了。無奈在九三，回應者寡，他的主張，並不能得到很好的施行。還好，柳暗花明。11月，作為民盟的領導人章伯鈞，賞識儲安平的才華，遂誠邀其擔

108

任民盟機關報《光明日報》的總編輯。1957 年 4 月 1 日，章伯鈞陪同他來到報社走馬上任，正式開始總編輯的工作。這於儲安平來講，不能不說是又一次大顯身手的機會。對於《光明日報》的前景，儲安平的定位是："《光明日報》要成為民主黨派和高級知識份子的講壇，就要創造條件主動組織，並推動他們對共產黨發言，從政治上監督"[17]、"共產黨組織的活動，不是我們《光明》的報導責任，可以不登"[18]。當有人問，有些報導是否要權衡利害？他的回答斬釘截鐵："報紙就是報紙，報紙過去叫新聞紙，它就是要報導消息的。只要是事實，我就要發表。[19]"其後的兩個月，他試著以他的方式拓展言論的邊界，努力著把《光明日報》打造成一份與新華社不一樣的具有獨立屬性的新聞媒體，也著有成效。然而，他卻似乎得意忘形——忘了"自由'有''無'"的昨日之言[20]，忘了中國的成語詞典中還有口銜天憲之說，完成沒有意識到這是精心設計的"陽謀"，經毛澤東的手下李維漢們慫恿與誘導，1957 年 6 月 1 日，儲安平在中央統戰部，作了關於"黨天下"的《向毛主席和周總理提些意見》的"鳴放"[21]；至此，完全不明就裏地陷入了毛澤東為首設計的彀中。

　　本來偏安一隅的儲安平，在"三反、五反"等政治運動中，能平安無事，算是他的莫大幸運。可是這次不知天高地厚的"黨天下"的發言，"劫"卻再也躲不過了，為他贏來了"特大右派"的帽子。這帽子一戴上，卻再也沒有摘下[22]。

　　1957 年 6 月 8 日，毛澤東在《人民日報》上發表了"這是為什麼"的社論，拉開了對"鳴放"實施反攻的序幕。儲讀了毛的文章後，對章伯鈞說："看情況已經不容許我在《光明日報》工作了。[23]"算起來，他在《光明日報》工作的日子，才 68 天。當有人問他，對"黨天下"的發言準備怎麼檢討時，這位正直的職業報人回答道："我可以寫檢討，檢討對'知無不言'是有界線的這一點認識不清，如果知道，就不說了。[24]"

1957 年 6 月 10 日，民進中央座談會，十六位領導一致表示，堅決同章伯鈞、羅隆基、儲安平等反社會主義分子劃清界限；14 日，九三中央召開座談會，許德珩將儲安平的發言，定性為"企圖取消黨的領導"；時為民盟北京市委的吳晗，過去儲安平曾幫他出過書，而今為了劃清界限，跳起腳來，充當了批判儲安平的急先鋒；7 月 7 日，儲安平在九三學社中央檢討，交代他和章伯鈞、羅隆基的關係；從此以後，儲安平開始了無休無止的檢討，並在各種各樣的座談會上受批鬥——即使最終"從根本上改造自己的思想，改變自己的立場"——《向人民投降》[25]，也動搖不了'大右派'的根基。

　　1958 年 1 月 24 日，九三學社撤銷了儲安平幾乎所有職務；這一年，儲安平四十八歲，成為被看管的對象，做不署名的書稿校譯，每月生活費降至一佰元[26]。

　　1959 年秋，他的第二任妻子易吟先，在組織的召喚下，與自己的丈夫離婚劃清界線[27]。自此，儲安平過上了深居淺出的晚年孤苦的生活。過去的朋友，也不敢再和他有什麼往來。1960 年，本著"廢物利用"的原則，九三學社把他發配到北京西南郊模式口的全國政協勞動基地放羊鍛煉，一年後，才結束下放的生活。1966 年 6 月 3 日，幼子儲望華偷偷回家探望父親，被系支書批評為"喪失階級立場"。

　　在"橫掃一切牛鬼蛇神"的當下，五十七歲的儲安平被紅衛兵罰去掃大街，還要不時地進行批鬥。"不能容忍自己適應奴役[28]"的儲安平跳河自殺，被人救上來之後，在九三學社小住了幾天，又被趕了出去。其間，九三學社通知了儲安平的子女，卻無一人敢來看他[29]。

　　1966 年 9 月上旬的某天，晚年受盡折磨與羞辱的儲安平，神秘地失蹤了。他最後的歸宿，無人知曉[30]。在那個瘋狂的"自由'有''無'"的年代，失蹤的，並不僅僅是儲安平這個人，

110

還有人性與良知、還有理想與希翼。

相關注釋：

1、1909 年 7 月 17 日（陰曆六月初一），儲安平出生在江蘇宜興縣，其父親叫儲林滋，大伯叫儲南強。——《儲安平傳》第 3 頁、《儲安平：一條河流般的憂鬱》第 2、62-65 頁、《儲安平與‘觀察’》第 2 頁、《儲安平與‘黨天下’》第 21 頁、《冤案與名人：中國知識界名人冤案實錄（三）》第 280 頁、《儲安平生平與思想研究：國共不容的知識份子》第 25、29 頁、《往事並不如煙》第 142 頁。

2、‘東南大學附屬中學’：依韓戍在《儲安平傳》中的觀點，該校的教育品質全國首屈一指，掌校者廖世承是留美的博士。能上這麼好的學校，說明其伯父對儲安平的厚愛，及對教育的重視。‘光華大學附屬中學’：光華是五卅慘案後，由一些脫離聖約翰大學（教會學校），有著強烈地民族主義傾向的學生及教師創建，意在收回教育權利。（在進入東南大學附屬中學讀書之前，儲安不就讀於宜興的武廟小學，武廟小學由其伯父儲南強所建。）儲安平 1928 年進入光華大學，對於儲所讀何專業，有不同的說法：戴晴在《儲安平與‘黨天下’》一書中謂其讀新聞系，而陳子善認為儲安平讀的是政治系，韓戍在《儲安平傳》中謂其讀文科政治系，趙家璧又說儲安平與自己是同班同學——讀英國文學系，章詒和在《往事並不如煙》中認為儲安平讀的是英文系。——《儲安平傳》第 9、15、23 頁、《儲安平：一條河流般的憂鬱》第 5 頁、《儲安平與‘觀察’》第 4、5 頁、《儲安平生平與思想研究：國共不容的知識份子》第 31、32 頁、《往事並不如煙》第 142 頁。

3、《找編輯副刊的自述》是儲安平在《服務月刊》1939 年第 2 期發表的文章，寫於 1937 年 3 月 24 日重慶，文章中自述了自己對於編輯工作的態度與看法。——《儲安平傳》第 84 頁、《強國的開端》第 143、144 頁。

4、1933 年 7 月，經光華同學楊子英介紹，進入國民黨的黨派刊物《中央日報》

副刊‘中央公園’工作。——《儲安平傳》第 81 頁。1934 年 5 月 10 日，《文學週刊》由儲安平主持創刊；1934 年 7 月 26 日，出版至 12 期的時候，以‘編者精力有限’為由第一次停刊；1934 年 10 月 18 日重刊，但報社只給他半個版面，堅持到 12 月 6 日又停刊；1935 年 8 月 18 日，再度復刊，直到儲安平 1936 年借道去英國留學時結束。——《儲安平傳》第 98-101 頁。1940 年 11 月，來到國立師範任教，時為副教授；1944 年 7 月 10 日，正式成為正教授（1941 年 1-3 月的工資為：320、360、380 元）——《儲安平傳》第 189 頁、《儲安平生平與思想研究：國共不容的知識份子》第 33、34 頁。

5、40 年代晚期，中國有三家名為《客觀》的雜誌：分別是上海《客觀》半月刊，代表人買開基；廣州《客觀》半月刊，發行人兼主編是淩維素；重慶《客觀》週刊，張稚琴任發行人，儲安平為主編。——《儲安平：一條河流般的憂鬱》第 12 頁。對於儲安平離開《客觀》，儲安平在後來的言論中如是說：‘有許多朋友至今或者未能明瞭為什麼我們驟然放下《客觀》，另立《觀察》。我們無意在此追述那些業已過去的瑣碎事情，只能就原則上補敘一筆。我們平常有一種基本的理想，即立言與行事應當一致。假如一個言論機構，在紙面上，它的評論頭頭是道，極其動聽，而這個言論機構的本身，它的辦事原則和辦事精神，與它所發表的議論不能符合，我們認為這是一種極大的失敗。假如我們主張政府負責而我們自己做事不負責任，要求政治清明而我們自己腐化，這對於一個懷有高度理想的人，實在是一種難於言說的苦痛。當時的《客觀》只有我們主編，並非我們主辦。我們看到其事之難有前途，所以戛然放手。’與儲安平一起辦《觀察》的林元，也在他的《碎布集》裏印證了這一說法。——《儲安平集》第 72 頁、《儲安平傳》第 237、238 頁、《碎布集》第 395 頁、《儲安平生平與思想研究：國共不容的知識份子》第 41 頁。

6、《觀察》的八位發起人為：儲安平、錢清廉、伍啓元、吳恩裕、陳維稷、笪移今、吳世昌、雷柏齡。在籌辦《觀察》的同時，南京方面兩次邀請儲安平去做‘高級公務員見委’，均被婉拒；但，1946 年 8 月，接受了復旦大學的聘任，擔任政治學系的專任教授。這本由儲安平當主編的《觀察》，被韓成稱為‘一個人的雜誌’，很重要的一點就是：各發起人都有自己的職務，只是入股資助，雜誌的事務都由儲安平一個人說了算。——《儲安平傳》第

240-244 頁。

7、1946 年 9 月 1 日，《觀察》發刊詞——《我們的志趣和態度》：

一

本刊籌備多月，歷經艱苦，終於今日問世。創刊伊始，茲謹一述我們出版這一個刊物的志趣、風度和立場。

抗戰雖然勝利，大局愈見混亂。政治激盪，經濟凋敝，整個社會，已步近崩潰的邊緣；全國人民，無不陷入苦悶憂懼之境。在這種局面下，工商百業，俱感窒息，而文化出版事業所遇的困難，尤其一言難盡。言路狹窄，放言論事，處處顧忌；交通阻塞，發行推銷，備受限制；物價騰漲，印刷成本，難於負擔；而由於多年並多種原因所造成的彌漫於全國的那種麻痺、消沉、不求長進的風氣，常常使一個有尊嚴有內容的刊物，有時竟不能獲得廣多的讀者。在這樣一個出版不景氣的情況下，我們甘受艱苦，安於寂寞，不畏避可能的挫折、恐懼、甚至失敗，仍欲出而創辦這個刊物，此不僅因為我們具有理想，具有熱忱，亦因我們深感在今日這樣一個國事殆危，士氣敗壞的時代，實在急切需要有公正、沉毅、嚴肅的言論，以挽救國運，振奮人心。

我們感到現在大多數人祇知追逐權勢，追逐利慾；人人以一己為先，國家的禍福竟成為末要而少人過問。是非不明，正氣不張。許多人常在一種衝動下，流露他們愛國的情緒；很少能在生活、工作、良知及人格上，表現他們對於國家的忠誠，盡他們對於國家的責任。但要抗禦外敵，自強圖存，顯非單憑感情所能濟事；而建設國家，改革社會，尤需有眾多的能夠咬得緊牙關、站得住腳跟、挺得起胸膛的人民。環顧海內，種種現狀，固足使人疾首痛心，而瞻望來日，尤使人不勝疑懼憂慮。在這樣一個混鈍悲痛的歷史中，有志之士，實應挺身而出，不顧一己的得失毀譽，盡其天良，以造福於他所屬的國家。這誠然是一個充滿著禍亂災難的痛苦時代，但這也是一個大足以鍛鍊我們的意志和情操的時代。

我們這個刊物第一個企圖，要對國事發表意見。意見在性質上無論是消極的批評或積極的建議，其動機則無不出於至誠。這個刊物確是一個發表政論的刊物，然而決不是一個政治鬥爭的刊物。我們除大體上代表著一般自由思想分子，並替善良的廣大人民說話以外，我們背後另無任何組織。我們對

113

於政府、執政黨、反對黨，都將作毫無偏袒的評論；我們對於他們有所評論，僅僅因為他們在國家的公共生活中佔有重要的地位。毋須諱言，我們這批朋友對於政治都是感覺興趣的。但是我們所感覺興趣的"政治"，祇是眾人之事——國家的進步和民生的改善，而非一己的權勢。同時，我們對於政治感覺興趣的方式，祇是公開的陳述和公開的批評，而非權謀或煽動。政治上的看法，見仁見智，容各不同，但我們的態度是誠懇的，公平的。我們希望各方面都能在民主的原則和寬容的精神下，力求彼此的瞭解。

　　但是這個刊物也不僅僅是一個論評時事的刊物。我們還有另一個在程度上占著同樣重要的目標，就是我們希望對於一般青年的進步和品性的修養，能夠有所貢獻。多年以來，青年實在煩悶。在多年的煩悶中，意志軟弱的，漸漸趨入麻痹、稍沉、及自我享樂的道路；剛強的則流於偏激。今日大多數青年，不是偏狹衝動，厲氣凌人，就是混混飩飩，莫知其前程何在！我們瞻念國家，中心憂懼，莫此為甚！——我們都是愛好自由思想的人，所以就政治上的信仰而言，我們對於青年，一無成見，他們信右信左，盡可信其所信；而且他們能夠信其所信，無寧且為我們所鼓勵並器重者。我們所欲一言者，即思想的出發較之思想的歸宿，遠為重要，所以信從一種政治上的思想，必須基於理性而非出於感情；而於重視自己的思想自由時，亦須同時尊重他人的思想自由。此外，在做人的根本條件上，我們期望每個青年都有健康的人生態度——人生的目的非僅圖一己的飽暖而實另有所寄；都有現代化的頭腦——思想的方法現代化，做事的方法現代化。我們國家一線前途，全繫於今日一般青年肩上。衝動、偏狹、強橫，都足以造亂而不足治亂；自私、麻木、消沉，帶給國家的是死氣而非生氣。我們極望這一個刊物所發表的文字，它所包含的看法、態度、氣息，能給一般青年讀者以有益的影響。

二

　　其次，請一述我們放言論事的基本立場，亦即本刊同人共守的信約：

　　一、民主。民主是今世主流，人心所歸，無可抗阻。我們不能同意任何代表少數人利益的集團獨斷國是，漠視民意。我們不能同意政府的一切設施措置都祇是為了一部分少數人的權力和利益。國家政策必須容許人民討論，政府進退必須由人民決定，而一切施政必須對人民負責。民主的政府必須以人民的最大福利為目的：保障人民的自由，增進人民的幸福。同時，民主不僅限於政治生活，並應擴及經濟生活；不但政治民主，並須經濟民主。

114

二、自由。我們要求自由，要求各種基本人權。自由不是放縱，自由仍須守法。但法律須先保障人民的自由，並使人人在法律之前一律平等；法律若能保障人民的自由與權利，則人民必守法護法之不暇。政府應該尊重人民的人格，而自由即為維護人格完整所必要。政府應該使人民的身體的、智慧的、及道德的能力，作充分優性的發展，以增加國家社會的福利，而自由即為達到此種優性發展所不可缺少的條件。沒有自由的人民是沒有人格的人民。沒有自由的社會必是一個奴役的社會。我們要求人人獲有各種基本的人權以維護每個人的人格，並促進國家社會的優性發展。

三、進步。我們要求國家進步，我們絕對反對國家停滯不前。不跟著世界大勢前進的國家必將遭受自然的淘汰。我們要求民主政治，要求工業化，但要民主政治成功，工業化成功，先須大家有科學精神，現代頭腦。我們要求在政治、經濟、社會、教育、軍事各方面的全盤現代化。我們希望人人都有現代化的頭腦。唯有現代化了，才能求得更大更迅速的進步；才能與並世各國並駕齊驅，共同生存。我們反對一切的停滯不前，固步自封，甚至大開倒車。停頓、落後、退步、都是自殺。我們要求中國在各方面都能日新又新，齊著世界主流，邁步前進。

四、理性。人類最可寶貴的素質是理性。教育的最大目的亦即在發揮人類的理性。沒有理性，社會不能安定，文化不能進步。現在中國到處都是憑藉衝動及強力來解決糾紛，甚至正在受著教育的青年也是動輒用武。我們完全反對這種行為。近幾十年來中國的教育在這方面完全失敗。我們要求政府及社會各方面能全力注意這點。祇有發揮理性，社會始有是非，始有和平，始有公道。我們要求一個有是非有公道的社會，我們要求各種糾紛衝突都能運用理性來解決。唯有這樣，才能使一切得到合理的發展，才能加速一切建設的成功。

我們謹以右陳四義，作為我們追求努力的鵠的，並本此以發言論事。我們的態度是公平的、獨立的、建設的、客觀的。祇要無背於前面的四個基本原則，在這一個刊物上面，我們將容納各種不同的意見。我們尊重獨立發言的精神，每篇文章各由其作者負責；而在本刊發表的文字，其觀點論見，並不表示即為編者所同意者。發刊之始，謹述其志趣與立場如上。尚祈全國賢達，不吝指教，惠予匡助，本刊幸甚，國家幸甚。

此發刊詞中‘共守的信約’，乃昔日《客觀》──《我們的立場》中的

115

'民主、自由、進步、理性'的重申。——《觀察》第1卷第1期、《儲安平文集（下）》第50-53頁、《儲安平與'黨天下'》第247-251頁。

8、1947年10月17日，《觀察》因儲安平撰寫的《評蒲立特的偏私的、不健康的訪華報告》，招致政府的'利刃'——恐嚇查封（因爲此文，1947年10月27日，上海黨部秘書長來社找儲安平未遇。11月7日，上海社會局用公函召儲安平到局談話；9日，上海黨部秘書長又約談儲安平一次。）1948年2月，政府中又有人主張查封《觀察》，3月20日，上海政府新聞處來函招儲安平談話，對其出示了內政部的警告，罪名是'言論偏激、歪曲事實、爲匪張膽'。由於之前有《文匯報》、《新民報》、《聯合報》被封，儲安平恐《觀察》在劫難逃，於1948年7月17日發表了《政府的利刃——指向'觀察'》，表達了自己的立場與抗議。真正招來《觀察》慘遭查封的是1948年11月27日刊載於《觀察》第5卷第14期張今鐸寫的《徐淮戰局的變幻》，蔣介石認爲此文洩露了軍事機密，而下令徹底查封。1948年12月21日，內政部查封《觀察》的公文到達上海市政府。公文內容："查觀察週刊，言論態度一貫反對政府，同情共匪，經本部予以警告處分在案。乃查該刊近且變本加厲，繼續抨擊政府，譏評國軍，爲匪宣傳，擾亂人心，實已違反動員戡亂國策，應依照國家總動員法第廿二條及出版法第卅二條之規定，予以永久停刊處分。相應電請查照辦理，飭繳原領登記證送部註銷。"1949年1月26日，筆移今等9人被捕，經王造時保釋才出獄；其後，林元、雷柏齡二人被押到南京，國民黨撤退南京時才獲釋。在此之前的1947年5月24日，國民黨當局淞滬警備司令部以所謂的"登載妨害軍事之消息，及意圖顛覆政府破壞公共秩序之言論與新聞"爲由，下令查封了"《文匯》、《新民》、《聯合》"三報。——《儲安平傳》第273、282-284、292-294頁、《儲安平與'黨天下'》第33頁、《儲安平與'觀察'》第20頁、《碎布集》第401頁、《儲安平：一條河流般的憂鬱》第36、42頁、《儲安平與'觀察'》第38、42頁、《觀察》第5卷第14期、《儲安平生平與思想研究：國共不容的知識份子》第236頁。

9、10、"我們現在爭取自由，在國民黨統治下，這個'自由'還是一個'多''少'的問題，假如共產黨執政了，這個'自由'就變成了一個'有''無'的問題了。"——出自儲安平的《中國的政局》：

一

　　大局已到了窮則變的階段；雖未變出，確已窮極。

　　在最近幾個月中，南京的高級核心人物，在心理上已起了很大變化；這種變化是自國民黨執政以來所未有的。這個變化就是：他們已經深切感覺大勢之日非了。迫使他們心理上發生這種變化的原因是多種的：馬歇爾的離華，共產黨的不妥協，一般輿論對於政府的抨擊，民心的渙散，經濟的崩潰，軍事上的沒有把握。南京顯已淪入暗淡與苦痛之中。

　　在國民黨的心目中，今日他們最大的敵人是共產黨。然而他們很少反省：今日共產黨勢力之所以如此膨大，到底是誰培植出來的。我們可以一一分析。先說青年。青年本來純潔，對於政治初無成見。只要政治清明，社會安定，一切上軌道，國家有前途，他們自然擁戴政府。但是政府種種表現，無不使人失望；這已是了不得的大危機。而還要花樣百出，"帽子"亂飛，無異火上加油，以致造成今日青年清一色的厭惡南京政權的局面。再說中年人。現政權的支持層原是城市市民、公教人員、知識份子、工商界人。現在這一批人，一股腦兒都對南京政權沒有好感。國民黨的霸道作風使自由思想分子深痛惡絕；抗戰以來對公教人員的刻薄待遇，使公教人員對現政權赤忱全失；政府官員的貪污作弊，種種刁難，使工商界人物怨氣沖天；因財政金融失策以及內戰不停而造成的物價暴漲，使城市市民怨聲載道。今日全中國人民，對於現政權，可謂人人離心，個個厭惡。現政權中的人，恐怕也未嘗不頓腳歎息：為什麼這些人都"左傾"了！假如不滿政府就是"左傾"，那麼老實說，在二十年來國民黨這統治作風下，假如還不"左傾"，那這個人即使不是奴才，也是個大大的糊塗蟲。就思想左傾而言，思想左傾和信奉共產主義本為兩事；思想左傾不一定就是附和共產黨。但在共產黨與國民黨政爭之中，一切不滿現政權的情緒，其無異間接增派共產黨的聲勢，確為事實。共產黨是有組織的，一般人是沒有組織的，沒有組織的人之漸漸被有組織的人吸去，已為事理之常，而當局還采行"逼上梁山"政策，遂使一部分人在感情上愈來愈和共產黨接近。不論這些不滿國民黨的份子和共產黨有無聯繫，或在感情上是否附和共產黨，總之在國共的鬥爭中，凡此皆對國民黨為大不利。然而是誰驅使大家不滿國民黨，反對國民黨，痛恨國民黨的？不是別人，就是國民黨自己。今日國民黨腦子裏所想的是如何消滅共產黨，然而他兩只手所做的卻無一不是在培植共產黨，替共產黨製造有利於共產黨的政治形勢。可

117

是在這樣一個極為明朗的大勢之下，現政權當讓不讓，可和不和，應改不改，要做不做，還是迷信武力，圖以武力解決一切。不幸得很，現在已經開始感覺武力解決不了一切！武力肅清不了病入膏肓的貪污風氣，武力振作不了推拖鬼混的行政效率，武力挽救不了已如堤決的經濟危機，武力收拾不回麻痺死去的人心，甚至武力也決定不了前線的戰局。美國軍火快用完了，日本軍火也維持不了好久，自己製造則遠水不救近火。雖然大帥出巡，而未必有補於士氣，因為將軍們都吃得飽飽的，而士兵們已無意為少數人送命了。

二

據我們觀察，現政權業已失去挽回這個頹局的力量，最近且已失去挽回這個頹局的自信心。就政治說，從抗戰末期起，政治上的主動攻勢，迄在反對派一面，特別是中共一面，國民黨始終處於招架的地位；直到國大開會前一兩個月，國民黨突然爭取主動，但國大一開，局勢大僵，最近渲染政府改組，鬧了幾個月也無甚成就。再說軍事，軍事之不可恃已如前述，而 2 月 17 日蔣主席在中樞紀念周上論及臨沂之戰時說："不管是共產黨自行撤退或國軍進攻，總之現已佔領（2 月 28 日大公報），在過去蔣主席的演說中亦從無如此的語氣。經濟更是束手無策，上海的金價跳到九百六十萬，南京還在指派人員，組會研究。出口補貼，令甫十日，即行取消。簡直不怕痛，自己打自己的巴掌。最近又想拋售救濟物資，現政權的窮形極相，實已暴露。在一個民主國家，一個由民選出來的政黨，為了顧全本黨的前途，搞不下時，早就漂漂亮亮的下臺了，但在一個以武力爭得政權的國家，一個執政黨，即使在最無辦法的時候，還是要掙扎維持其政權。掙扎是人情之常，就看如何掙扎。在正路上掙扎，成敗另為一事，要亦不失為一種努力；若走錯了路，則所有的掙扎，都成為了一種浪費和罪行。據我們的觀察，現政權的掙扎，顯然並未針對病源。舉例言之，現政府目下努力的是改組政府。但我們不知照現政權最近兩三月來努力改組政府的做法，這種改組，在政治上有何意義？還是想以此使國內人民一新耳目呢？還是為了對友邦一種表示呢？在我們看來，目前這種改組，無甚意義。第一，要改組政府無非要刷新政治，振奮人心。那就得大公無私，唯賢是用。被延攬的人總要德才孚望，能勝重任。可是現在政府所拉攏的是些什麼人？這些人，有的是臭而不可聞也，有的根本在算盤子上沒有地位。拉這些人入府，不足為國民黨之助，反足為國民黨之累；不足以見國民黨開放政權之誠，反足以見國民黨開放政權之偽。這是就改組論改組。第二，要是改組政府獲得成功，是有條件，即必須同時改革政治作風。而在我們看來，改革政治，遠較改組政府為重要。一般人民所期待的不是隨便換幾個部長，添幾個委員，而是改革政治的根本作風。老實說，單替國民黨設想，國民黨果有決心打開當前的局面，振奮人心，則改組政府，盡不必向黨外拉那些不相干湊湊數的人，國民黨裏面未嘗沒有優秀開明的自由進步份子。給他們權力，給他們機會，接受他們的觀點，接受他們的作風，全國耳目，也會一新。今日國人，深受"訓政"之賜，政治的經驗與政治的認識，確已不如中山先生制訂建國大綱時所認識的那樣的簡單幼稚了，他們所要求的不再是政府表面上的改變而是政治本質上的改變；何者為假改革，何者為真改革，他們洞若觀火，一目了然。但是事實上國民黨有無此種遠見，有無此種胸懷，有無此種決心，我們簡直懷疑。就說最近上海發生的勸工大樓血案，還不是一套老辦法？工商界人平時對於民主運動，本來不甚關心，處於旁觀地位，可是給這一打，又憑空替政府增加了許多反對派，真是目光如豆，愚不可及。一方面通令保障人權，一方面在北平大舉逮捕。我們別的不說，就說蔣主席所提的四項諾言，若能兌現，人心亦可漸漸拉回過來。誠則靈，祇要國民黨有誠意，有決心，民心未嘗不可收拾。傳說當局對於目前形勢，非常明白，憂慮焦愁，倍於常人。但是覺悟而無行動，這種覺悟仍是屬於私人的，而無任何政治上的價值。二十年的時間不算短，病得太深，走得太遠，要拉回來，須費大氣力，我們懷疑現政權的人物有沒有這大氣力。

三

　　共產黨是要獲取政權的。一個政黨當然要努力獲取政權；爭政權是一個政黨的常情，政黨不想爭取政權才是天下大荒唐。共產黨的堅主組織聯合政府，祇是他們的一個步驟，並非永遠滿足於這個聯合的方式。能用政治談判的方式，插入政權階層，企圖後舉，自然最好；否則祇好硬硬頭皮用武力來奪取。我們在原則上是反對一個政黨蓄養軍隊，以武力來奪取政權的；為中國的元氣設想，我們也不希望共產黨採取武力革命的方式。但這是就理論而言。就事論事，共產黨的不肯放下槍桿，也未嘗不能使人同情，因為在國民黨這種政治作風下，沒有槍，簡直沒有發言權，甚至沒有生存的保障。所以國民黨主張先軍隊國家化，然後政治民主化。共產黨則主張先政治民主化，然後軍隊國家化，個人的出發點都是由於雙方的猜疑，而雙方猜疑的根據則為過去種種事實。在政協階段，共產黨表示願意還軍與國，但須得到保障，

119

這就是所以中共和民盟要連合在國府會議中取得否決權的背景（當時民盟力勸共產黨放下軍隊）。後來這個計畫並未實現，就是實現了，共產黨到底放不放心交出軍隊，還是一個大疑問。

計畫中的聯合政府，至今未能實現。實在說，即使聯合政府成立了，參加各方面如何合作，如何發揮有效能的政治力量，還是一個問題。不過我們相當贊成成立這樣以一個聯合政府。我們希望在這個聯合政府裏，發生一種政策上的制衡作用。在這個擬議的聯合政府中，共產黨（即，聯合民盟）雖祇是一個少數派，容能 check，未必能 balance。但因為共產黨是一個組織極強的黨，是一個有整套不同於其他政黨的政治計畫與政治作風的黨，所以在政治做法上，在這個聯合政府中，或能發生一種領導作用。現在人民實在太窮太苦，政府應當推行大規模的社會改革，藉以改善今日一般窮苦人民的生活情形。今日的國民黨成了維護既得利益階級的機構，要希望他能顧到一般底層人民的生活，不啻緣木求魚。我們希望共產黨參加聯合政府後，能在這方面有所作為。一切社會主義的政策，其目的都在為廣大的窮苦人民造福，國民黨為了要爭人心，雖非所願，亦難固拒。共產黨最可怕的一點就是統制思想。但共產黨既以爭"民主"為號召，加入聯合政府後，必不致傾向統制，國共雙方且均欲盡量提倡"民主"，以博民情。今日中國一般人所追求的就是社會主義和民主政治（包括意志自由），這兩樣東西在國共兩黨為主的聯合政府中或能勉可得之。我們期望這個聯合政府者在此。

在過去的一年多的和談中，共產黨一直把持攻勢地位。他們一再要求和平。國共雙方對於"和平"究竟有無誠意？有人認為國民黨是有誠意的，有人認為共產黨是有誠意的。我們認為國共雙方根本就無所謂誠意不誠意。我認為祇有"顧到自己，也顧到對方，更顧到國家"，這才算是"誠意"，專門替自己打算，都是為私，絕不足以語"誠"。即以"和平"而論，以前共產黨的"無條件停戰"和最近國民黨的"就地停戰"有什麼不同？最妙的是雙方的主張停戰，據說都是為了人民。既然共產黨的"無條件停戰"和國民黨的"就地停戰"沒有什麼不同，則為什麼共產黨要求"無條件停戰"時，國民黨不接受，國民黨要求"就地停戰"時，共產黨不接受？原來停戰與張三有利時，張三即要求停戰；停戰與李四有利時，李四即要求停戰。一切都是為了自己，老百姓祇是他們的幌子。現在我們看得很明白，共產黨對於"和平"是越來越不發生興趣了！要和平，從前是"無條件"的，現在是有條件的了；或者從前的條件低，現在的條件就高了；從前共產黨反對美國調解，主張美蘇英根據莫斯科三國宣言共同調解，可是現在，共產黨宣言反對任何外國的調解了（二月二十二日合眾社延安電：周恩來談話）。在過去和談一年中，在共產黨自身看來，他們也是失望又失望，苦痛又苦痛的。但周恩來氏返延後提出的和談兩前提，他們又何嘗不知道其事之甚少可能。既無可能而仍提出，也是有意使馬歇爾和南京方面難過而已。共產黨是現實的，所提和談的前提，在我們看來，也祇是一種幌子。即以國大及國大通過的憲法而論，周恩來氏既然同意由滬去京，至少表示共產黨有一種"有條件的"參加國大的可能。假如共產黨參加國大，通過的憲法其內容容有變更，但共產黨之不參加國大，並非為了憲章，而是為了憲章以外的其他條件沒有講好。要是講好了，還不是一樣可以參加國大？而且去冬國大之所以開得成，也是因為政協承認了那批舊代表的原故。要知這批舊代表，本無承認之理，但絕無承認之理者，政協那些代表們也居然承認了──祇要自己的黨得到利益，犧牲人民亦竟不顧！去冬國大之能開得成，至少與政協的承認這批舊代表有關；而關於這點，共產黨也是有同負其責的。老實說，憲法不憲法，共產黨並無太大的興趣，共產黨真正的興趣，還是在軍隊和地盤兩者之上。就軍隊論，他們顯然不願再接受過去整軍協議中所規定的國共軍隊的比例了。就地盤論，他們有他們的價錢。他們在過去至少希望得到四個地方，這四個地方要具有三個條件：第一，要能自給自足。第二，要交通工具便利。第三，要四地能連為一氣。不具備這三個條件的地點，他們不要。那四個地方，他們不說，但是照上開三個條件，似乎是指由山東、河北、山西、陝西四省。然而要南京給他們這四個省，在南京看來，這不啻要南京的命了。

四

共產黨是一個組織嚴密的黨。多年以來，我們一直住在國民黨統治區域內，對於共產黨的內情，我們自承所知不多，我們暫時祇能根據常識來說。近幾年來，外間對於中共在延安邊區一帶的作風，頗有好評。共產黨在這樣一種艱難的環境內，能站得住，亦自有他們所以站得住的道理。一個政黨當他在艱苦奮鬥的時候，總有一股生氣和生命的力量的。不過上年他們在蘇北一帶的作風，卻大失所望。蘇北的作風，究竟是中共的政策改變了呢？還是蘇北一帶的作風非出自延安的命令而是下級幹部幹出來的呢？我們不能瞭解。但是中共必須認識，中國共產黨是中國的共產黨。他的黨員是中國人，

121

他所企圖起而統治的一個國家是中國。中國有中國的民性，中國有中國的傳統。完全不顧他們所屬於的這一個國家的民性傳統，必將減少他們成功的希望而拉長他們離開成功的距離。社會主義是一個極其廣泛籠統的名詞，就經濟生活方面言之，共產主義只是社會主義的一種，其間祗是一個程度上的問題而已。就實行社會主義而言，今日中國一般人民，特別是知識份子，並不反對，毋寧說是很期望的。今日一般知識份子，在共產黨心目下，他們都是"小資產階級"，但是實際上，今日中國的知識階級，除了極少數一些人外，大都已淪為"無產階級"了。這是國民黨的恩賜！知識階級的領導重心仍然在一般教育界文化界中，然而今日中國的教育界文化界中人物，哪一個不是已經到了雖然尚未餓死而早已不能吃飽的局面！而且知識階級，大都有理想，有理性的。除了少數自私分子外，哪一個不承認貧富的懸殊是一種不合理的現象？所以共產黨在經濟生活方面的原則，並不可怕。一般人怕的是他在政治生活方面的做法。坦白言之，今日共產黨大唱其"民主"，要知道共產黨在基本精神上，實在是一個反民主的政黨。就統治精神上說，共產黨和法西斯黨本無任何區別，兩者都企圖透過嚴屬的組織以強制人民的意志。在今日中國的政爭中，共產黨高喊"民主"，無非要鼓勵大家起來反對國民黨的"黨主"，但就共產黨的真精神言，共產黨所主張的也是"黨主"而決非"民主"。要知提倡民主政治有一個根本的前提，而且這個前提一點折扣都打不得，就是必須承認人民的意志自由（即通常所稱的思想自由）；唯有人人得到了意志上的自由，才能自由表達其意志，才能真正貫徹民主的精神。假如祗有相信共產主義的人才有言論自由，那還談什麼思想自由言論自由？同時，要實行民主政治，必得有一種公道的精神。所謂公道的精神，一是好的說他好，不好的說他不好，二是我固然可以相信我所相信的，但我也尊重你可以相信你所相信的。就前一點論，譬如說我們這批自由份子，不諱言，都是受英美傳統的自由思想影響的，但我們一樣批評英美，抨擊英美。同時，蘇聯或延安有好的地方，我們一樣稱頌他們的好處。但是我們從來沒有聽見共產黨批評史達林或蘇聯？從來沒有看到左派的報紙批評毛澤東或延安？難道史達林和毛澤東都聖中之聖，竟無可以批評的地方？就後一點說，我們雖非共產黨黨員，但一樣尊重共產黨的黨員，祗要他確是信奉他所相信的主義，忠於他的黨，忠於他的理想，忠於他的工作，忠於他的事業，我們都在心底裏對他尊敬。但是共產黨的對人，祗有"敵""我"，跟他們跑的，他們可以承納，

122

不跟他們跑的，他們一律敵視。一切都以實際利害為出發，不存在任何人情與友誼。要捧一個人，集體地捧他起來，要攻擊一個人，集體地把他打下去。公平的反面就是極端，共產黨的極端作風，實在大大的限制了他獲得同情的範圍，亦即減少他獲得成功的速度；梁漱溟先生的擺脫現實政治和張君勱先生的脫離民盟，也多少與共產黨這種極端作風有關。老實說，我們現在爭取自由，在國民黨統治下，這個"自由"還是一個"多""少"的問題，假如共產黨執政了，這個"自由"就變成了一個"有""無"的問題了。前年英國工黨競選勝利以後，我替東方雜誌寫過一篇文章，結論說：假如英國工黨執政成功，則使世人明白，實行社會主義不一定要走莫斯科的路線。英國工黨一方面推行社會主義的政策，但同時仍承認人民的意志自由。假如共產黨能在政治生活方面，修正其政策，放寬其尺度，則將更能增加他們獲得成功的希望。我們對於共產黨，私人方面無恩無怨，我這一番意見，我並不認為僅僅是一種消極性的批評，毋寧說是一種積極性的建議。

五

現在再來觀察國共以外的一般自由思想份子。"自由思想份子"這個名詞，本來是很籠統的。若從"思想"的角度來說，則中國絕大部分的知識份子都可以說是自由思想份子。若以政黨為別，則不僅國民黨中很有一些開明進步的自由思想份子，就是在共產黨中，恐怕也有這種份子。馬歇爾的聲明中曾抨擊過共產黨裏的極端份子。按照邏輯來說，根據馬歇爾的聲明，則共產黨中也是有溫和的自由份子的。據我們所知，恐是有的，問題是數量的多少，以及在那種嚴密的黨紀下能否自由表示其意志而已。本文是一篇論述政治形勢的文字，所以我們在此討論"自由思想份子"，大體上是指國共兩黨以外的自由份子而言。在中國，散佈於國共以外的自由思想份子，為數極多，不過他們較為散漫，甚少嚴密的組織。其中組織較大的就是民盟。我們現在先就民盟作一個大概的論述。我們可以拿兩句話來批評民盟，即"先天不足，後天失調"。民盟是一個很勉強集合而成的政團，民盟裏的人物，各有各的教育背景，各有各的政治看法，各有各的歷史環境，他們祇是在一個相同的情緒下集合起來的，就是"反對國民黨"，這是他們唯一連繫的心理中心。民盟到底是一種政黨的做法，還是一種運動的做法呢？就過去情形觀之，似屬於後者而非屬於前者。民盟的歷史已有數年，而其出頭則為千年的政協時期。不過在過去，一般人似乎有一種印象，即政府來借重他們時，有了"民盟"，不來借重他們時，就沒有"民盟"了，所以有"和談"，民盟就大大熱鬧，沒有"和談"，民盟就冷冷清清的無事可做；這情形至少在過去是如此。照近來的趨勢看，他們似乎已企圖改向政黨的做法一途發展。中國社會上的封建味道本來還很重，民盟的領導人物還大都是前一代的老輩。我們將民盟的領導人物分析一下，就可以知道這個政團是非常弱的。我們不能不承認：像張表方（張瀾）、沈衡山（鈞儒）等幾位老先生，實在都是過去的人物了。民盟領導人物中實際政治經驗最豐富的當推黃任之（炎培）先生，但是我們也不能不說，黃先生也是過去的人物了。張君勱先生（現已脫離民盟）在政治生活方面，他是一個憲政學者，一個最好的政論家，然而他祇是一個論政的人物，而不是一個從政的人物，他至多祇宜於任國會議員，而不宜於掌行政責任。張東蓀先生也不適宜從事實際的政治生活，他是一個哲學家，一個思想家，他在政治方面最能貢獻的還是在思想及言論方面。若以現代的標準言之，嚴格說來，在今日民盟的領導人物中，適宜於實際政治生活者，恐怕祇有羅努生（隆基）先生一人。羅氏中文英文都好，口才文筆都來，有煽動力，有活動力，而且對於政治生活真正有興趣。可惜羅氏的最大弱點是德不濟才。從各方面分析，民盟實是一個貌合神離的團體，而所以能勉強集合起來，完全是由於實際的政治環境逼成的。但單靠對國民黨的一種不滿情緒來維繫一個政團，這顯然是一種極其脆弱的結合。照我個人的觀察，民盟諸君子，可以共患難，不一定能共富貴。這句話或許說的太率直，我們將來再看吧。

至於現在一般人都說民盟太左，成為了共產黨的尾巴，關於這種批評，我認為無甚價值。凡是進步的政治集團，當然是比較左的；世界大勢如此。成為了共產黨的尾巴一點，純然是惡意的侮蔑。要知實際政治不能完全擺脫權術，從戰略上說，民盟和共產黨互為呼應，實為必然，兩者的目的都要削弱國民黨，在這個前提下，兩者當然要並行連繫的。假如一定要說如此就是民盟被共產黨利用，則我們也未嘗不可說，民盟也利用了共產黨。故此事不足奇，亦不足為民盟之病。祇要國民黨一日保持其政權上的優勢，民盟與中共可能繼續維持其連繫的步調。但是一旦國民黨在政權上已不佔優勢時，在那個時候，中共與民盟恐將分途而未必再能互相呼應了。

六

在今日中國的自由份子一方面，除了民盟、民社黨這些組織外，就是散佈在各大學及文化界的自由思想份子了。這批自由思想份子，數量很大，質亦不弱，但是很散漫，從無足以重視的組織。這批人所擁有的力量，祇是一種道德權威的力量，而非政治權力的力量；祇是一種限於思想影響和言論影響的力量，而非一種政治行動的力量。馬歇爾在中國時，曾竭力鼓勵這一批真正自由思想份子組織起來；無論馬歇爾如何瞭解中國的政治情形，馬歇爾到頭還是一個美國人，一個美國頭腦，所以他還是隔一層的。自由思想份子不易形成一個堅強的組織有各種原因：一、過去自由思想份子的彼此相通是道義的而非利害的。自由思想份子的長處是背脊骨硬，交情可以拉得長，其短處則為胸度狹窄，個人主義。中國有句話："文人相輕，自古已然"；自由思想份子的重心人物大都是文人，即使今日這一批自由思想份子都受過現代文化的洗禮，但那個"相輕"的老根性，尚未完全洗脫。譬如這次民社黨和民盟的脫輻，政治上的看法固為主要的原因，人事上的摩擦恐怕也是一個重要的原因。從事政治，必須有政治家的修養。第一要看得遠，認得清；大的要爭，小的就不該爭。第二要有氣量，唯氣量大，才能放棄自己的成見，抑平自己的感情，犧牲自己的利益，如此才能顧全大局，爭取目的，團結合作，開創前途。政治活動不能沒有領導人物，但是因為"相輕"及"自傲"在中作祟，所以在自由思想份子中很難產生領導人物；政治活動是必須有組織和紀律的，但是因為自由思想份子的相通大都是道義的，不是權力，所以很不容易發揮組織的力量。這些是自由份子根本上的弱點。二、今日中國極其需要自由份子的抬頭，但事實上自由份子的抬頭非常困難，這與國民黨二十年來的統制有關。國民黨二十年的統制對於自由思想份子抬頭的限制，是三方面的。1. 政治方面的限制。這點大家都明白，不必再解釋。人身自由是一切自由的基本保障，人身自由沒有保障，其他自由自然都談不到。2. 經濟方面的限制。政治活動必須有充裕的時間和財力，八年抗戰，把教育界、文化界人士弄得個個生活不安，精神和智慧完全消耗在柴米油鹽這些瑣事上，以致大大削弱他們在政治方面所能發揮的積極力量。3. 在思想散佈方面的限制。二十年來黨化教育的結果，使青年都未能得到合理的教育。黨化教育的目的原是要大家信奉三民主義，做國民黨的孝子順孫，不料國民黨自己不爭氣，越搞越不像樣，弄到青年大都厭惡國民黨。厭惡國民黨不要緊，黨化教育給青年的並不是一種理性教育，青年在理性方面未能得到應有的教化，於是感情的部分因不滿實現而日益泛濫。自由思想是重理性的；必須在理性上有修養，始能接受自由主義的薰陶。情感泛濫的結果是趨於極點，不是極點的右就是極點的左。但現實環境逼得青年左，於是青年越來越不易保持其冷靜的頭腦而對各事作沉著的思想。在國民黨，可謂自食其果，而在自由主義的傳播上，也同受一害。同時，黨化教育的做法是收羅奴才，放任浪才，殺害人才。我稱那些祇知享樂百事不管的青年為浪才。浪才越多，對於自由主義的傳播也是一種限制。自由主義是講是非的，那些浪才什麼都不管，那還管什麼是非呢？

　　自由思想份子雖然受著上述種種限制，而客觀的說，這批力量目前正在日益滋長之中。但我們還不能將這種力量的滋長歸之於他們的努力，而實係由於時代的使然。若從道德及思想的角度看，則今天能動搖國民黨政權的不是共產黨而是這一批自由思想份子，因為大家怕共產黨，怕他們那一套殺人放火的暴行；無論這種畏懼是不是出於一種誤會，總之大家在畏懼共產黨。反過來說，今天能抗拒共產黨的，也不是國民黨，而是這批自由思想份子。國民黨的腐化已是眾目昭彰，有口皆碑，無論三民主義這塊招牌如何，總之人民對於國民黨已難維持希望的信心。在這種兩趨極端之下，祇要自由份子出來領導，可以獲得一個中庸的穩定，獲得廣大人民的衷心附和。我們說過，今日中國這批自由份子是很散漫的，他們的力量都是源於道德的。凡是道德的力量，常常是無形的，看不見，抓不著，但其所發生的力量，即深入而能垂久。這股力量在社會上有根，在人心裏有根。不過若從目前中國的政治局面看，這種僅僅限於道德方面的力量顯然失之消極。今日絕大多數的人，既不滿意國，也未必歡迎共。絕大多數的人都希望國共之外能產生一種新的力量，以穩定中國的政局。這個要求是時代逼出來的。我們認為中國在最近的幾年之內，一般情景還是很黯淡的；說的遠一點，則我們這一代，大概也已註定了是一個"犧牲自己，為後代造福"的時代。然而我們可以犧牲自己，而不可以不為後代造福。今日中國這批自由思想份子，大都在苦悶地憂慮著國家的前途，但他們實不該止於消極的焦愁憂慮。自由思想份子可以起來，應該起來；這不是他們高興不高興，願意不願意的問題，而是他們的一個歷史上的責任問題。

　　——《觀察》第2卷第2期、《'觀察'儲安平言論選》第35-46頁、《中國現代思想史資料簡編》第26-40頁。

11、1949 年 4 月 22 日，一支由中共高層安排、組織，自願申請參加的"民主人士東北參觀團"，乘車前往東北考察，儲安平是這個團五十九位考察人員之一。這些人在東北受到前所未有的重視與禮遇，當地一把手親自到車站來接見，並且美酒佳餚，送錢送物，使他們沉醉在毛主席的糖衣炮彈中。 5 月 9 日，參觀了中共當時在哈爾濱精心佈置的法院、監獄，其後還考察了旅順、大連那種不再被粗暴對待的土地政策，等等精心營造出來的美好假像，刷新了考察人員們對共產黨的認知。6 月中旬，走馬觀花，吃喝玩樂了一個多月的儲安平等先生們，聯名稱讚毛澤東主席在治理江山上的英明。——《儲安平傳》第 296-300 頁。

12、儲安平在北平避難其間，經常和樓邦彥、王鐵崖來襲祥瑞家聊天。儲安平談得最多的是他傾注了全部心血的《觀察》。他認為在上海已經開創了一番事業，擁有數萬名讀者，一定要讓《觀察》作為中共的"諍友"繼續存在下去。——《儲安平傳》第 295 頁。

13、當《觀察》面臨政府查禁的時候，儲安平曾聲明："生死之權操之於人，說話之權操之於我。" ——《儲安平傳》第 274 頁、《中國現當代人學史：思想演變的時代特徵及其歷史軌跡》第 187 頁、《儲安平生平與思想研究：國共不容的知識份子》第 88 頁。

14、1949 年 7 月 12 日，周恩來約胡喬木在中南海頤年堂宴請儲安平、胡愈之等新聞界人士，儲利用這次機會向周提出了《觀察》復刊的請求，周指示負責文宣工作的胡喬木處理此事，不久政府正式發文同意復刊，但要求把總部般到北京來。——《儲安平傳》第 300 頁。上海解放後，儲向黨請求《觀察》複刊，胡喬木就此事情向周總理匯報，請示復刊問題，周總理說：有那麼多讀者，當然可以復刊。這樣《觀察》便於 1949 年 11 月 1 日復刊了。——《碎布集》第 404 頁、《尋找儲安平》第 238 頁。復刊後的《觀察》由週刊改為了半月刊，出到 1950 年 5 月 16 日第 14 期後，交由政府，改名為《新觀察》。復刊後的《觀察》刊徽周圍的英文字 Independent（獨立）、Non-party（無黨派）、The observer（觀察）沒有了，只剩下圖案。重複申明的本刊傳統：'只要無背於本刊發刊辭所陳民主、自由、進步、理性四個基本原則，本刊將容納各種不同的意見。我們尊重各人獨立發言，自負文責。在本刊發表的文字，其觀點、論點，並不表示即爲編者所同意者。同時，本刊在任何情形之下，不刊載不署其姓名的任何論文'不見了，刊物'儲安平主編'這幾個字也不翼而飛了。復刊後的《觀察》復刊詞是'我們的自我批評、工作任務、編輯方針'，較之1946年的'我們的志趣和態度'時期的《觀察》，復刊後的《觀察》，無論是從形態、亦或是內容，都不是《觀察》的死而復生，而是行屍走肉，唯一剩下的是有名無實的'觀察'二字而已。——《儲安平與'觀察'》第43、44、48頁、《冤案與名人：中國知識界名人冤案實錄（三）》第324頁、《儲安平生平與思想研究：國共不容的知識份子》第4頁。

15、1956年4月，毛澤東在中共中央擴大會議上提出，要在藝術上百花齊放，在學術上百家爭鳴。6月，中央統戰部向民盟傳達了中共準備把《大公》、《文匯》、《光明》恢復民營性質的消息。——《往事並不如煙》第84、85頁，1957年2月27日，毛澤東在第十一次最高國務院會議上，做了《關於正確處理人民內部矛盾的問題》的講話，強調要堅決執行與落實"百花齊放、百家爭鳴"，"長期共存、互相監督"的方針。——《往事並不如煙》第90頁。

16、對於九三中央召開的座談會，儲安平叮囑《九三社訊》的文字工作者，在會談紀錄時，特別需要注意的地方。——《往事並不如煙》第92頁。

17、在跟《光明日報》社長章伯鈞討論時說的話。——《往事並不如煙》第96頁。

18、在《光明日報》改版方案中，關於民主黨派報導計畫的四個做法中，儲安平如是強調。——《往事並不如煙》第97頁。

19、關於《光明日報》的報導準則，在儲安平的心目中是："報紙就是報紙，報紙過去叫新聞紙，它就是要報導消息的。只要是事實，我就要發表。"——《往事並不如煙》第98頁。

20、昔日《客觀》上，儲安平的言論：

128

“今日中國人民都在要求民主，爭取自由，然而假定在共產黨統治下，究竟人民有無‘民主’，有無‘自由’，此實大為可研究之事。我個人的答復是負面的。我不相信在共產黨的統治下，人民能獲得思想及言論等等基本自由，能實現真正的民主。凡是在一個講究‘統制’，講究‘一致’的政黨的統治下，人民是不會有真正的自由，因之也不會有真正的民主的。人類思想各殊，實為一種自然的人性，假如任何政黨想使在他統治下的人民，在思想上變成同一種典型，這實違反人性而為絕對不可能之事。而人民之有無思想自由言論之自由，又為一個國家或一個社會之有無‘民主’的前提。因為假如一個人沒有思想自由、言論自由，則他何能自由表示其意見。假如人民不能自由表達其意見，則這個國家或這個社會，又何能實行民主？”“……共產黨是否能容許今日生活在共產黨統治區域中的人民有批評共產主義或反對共產黨的自由？假如容許，則我們何以從來沒有看到在共產黨區域中出版的報紙有何反對共產黨或批評共產黨的言論，或在共產黨區域中有何可以一般自由發表意見的出版物？……就我個人言，共產黨今日雖然大呼民主，大呼自由，而共產黨本身固不是一個能夠承認人民有思想言論自由的政黨，同時共產黨所謂的民主，是‘共產黨民主’，而不是我們所要求的‘人人可以和平地，出乎本願，不受任何外力干涉，而自由表示其意見.’的民主”。

　　——《共產黨與民主自由》

　　昔日《觀察》上，儲安平的言論：

　　“我們從來沒有聽見共產黨批評史達林或蘇聯？從來沒有看到左派的報紙批評毛澤東或延安？難道史達林和毛澤東都聖中之聖，竟無可以批評的地方？……共產黨的對人，祇有“敵”“我”，跟他們跑的，他們可以承納，不跟他們跑的，他們一律敵視。一切都以實際利害為出發，不存在任何人情與友誼。要捧一個人，集體地捧他起來，要攻擊一個人，集體地把他打下去。公平的反面就是極端，共產黨的極端作風，實在大大的限制了他獲得同情的範圍，亦即減少他獲得成功的速度：梁漱溟先生的擺脫現實政治和張君勱先生的脫離民盟，也多少與共產黨這種極端作風有關。老實說，我們現在爭取自由，在國民黨統治下，這個“自由”還是一個“多”“少”的問題，假如共產黨執政了，這個“自由”就變成了一個“有”“無”的問題了”。

　　——《中國的政局》

　　國民黨統治下的《客觀》、《觀察》可以發表《國民黨的病症》、《失敗的統治》、《中國的政局》、《政府的利刃——指向'觀察'》、《一場爛汙》，而共产党统治之下的《觀察》，則只能發表《我們的自我批評、工作任務、編輯方針》、《統一戰線、人民政權、共同綱領》、《知識份子與政治學習》、《我向你高稱萬歲》，是值得我們深思與深究的。而昔日創刊《客觀》與《觀察》的時代，說幹就說幹，不需要請求、允許，而《觀察》復刊，沒有得到允許，儲安平只能空有抱負。《中國的政局》對於"自由'有''無'"的體會，49年後的儲安平，應該是最為深刻的。1957年4月1日，儲安平由章伯鈞陪同，正式走馬上任《光明日報》總編輯，在報社的開場白中，他講道：'我到這裏來工作，李維漢部長支持我，黨是我的後臺'。翻開儲安平個人的言論，49年前後對照，應人吹噓不已。——《客觀》第4期、《觀察》第1卷第1期、第2卷第2期、第4卷12期、第6卷第1期、第6卷第2期、第6卷第4期、《儲安平與'黨天下'》第88頁、《述學譚往：追憶在'光明日報'十年》第25頁、《中國現代思想史資料簡編（第5卷）》第25、26頁、《儲安平文集（下）》第9、54、275頁。

21、1957年6月1日，儲安平在中共中央統戰部召開的黨外人士整風座談會上的發言（此次發言，是統戰要求儲安平發言時的發言）——《向毛主席、周總理提些意見》。這篇發言，為他在中國歷史長河中，贏得了'大右派'的赫赫聲名：

解放以後，知識份子都熱烈地擁護黨、接受黨的領導。但是這幾年來黨群關係不好，成為目前我國政治生活中急需調整的一個問題。這個問題的關鍵究竟何在？據我看來，關鍵在'黨天下'的這個思想問題上。我認為黨領導國家並不等於這個國家即為黨所有；大家擁護黨，但並沒有忘記了自己也還是國家的主人。政黨取得政權的重要目的是實現它的理想，推行它的政策。為了保證政策的貫徹，鞏固已得的政權，黨需要使自己經常保持強大，需要掌握國家機關中的某些樞紐，這一切都是很自然的。但是在全國範圍內，不論大小單位，甚至一個科一個組，都要安排一個黨員做頭兒，事無巨細，都要看黨員的顏色行事，都要黨員點了頭才算數，這樣的做法，是不是太過分了一點？在國家大政上，黨外人士都心心願願跟黨走，但跟黨走是因為黨的理想偉大、政策正確，並不表示黨外人士就沒有自己的見解，就沒有自尊心和對國家的責任感。這幾年來，很多黨員的才能和他們所擔任的職務很不相稱，既沒有做好工作，使國家受到損害，又不能使人心服，加劇了黨群關係的緊張。但其過不在那些黨員，而在黨為什麼要把不相稱的黨員安置在各種崗位上。黨這樣做，是不是"莫非王土"那樣的想法，從而形成了現在這樣一個一家天下的清一色的局面。我認為，這個'黨天下'的思想問題是一切宗派主義現象的最終根源。是黨和非黨之間矛盾的基本所在。

今天宗派主義的突出，黨群關係的不好，是一個全面性的現象。共產黨是一個有高度組織紀律的黨，對於這樣一個全國性的缺點，和黨中央的領導有沒有關係？最近大家對小和尚提了不少意見。但對老和尚沒有人提意見。我現在想舉一件例子，向毛主席和周總理提些意見：解放以前，我們聽到毛主席倡議和黨外人士組織聯合政府，1949年開國以後，那時中央人民政府6個副主席中有3個黨外人士，4四個副總理中有2個黨外人士，也還像個聯合政府的樣子。可是後來政府改組，中華人民共和國的副主席只有一位，原來中央人民政府的幾個非黨副主席，他們的椅子都被搬到人大常委會去了。這且不說，現在國務院的副總理有12位之多，其中沒有一個非黨人士，是不是非黨人士沒有一個可以坐此交椅？或者沒有一個可以被培養來擔任這樣的職務？從團結黨外人士，團結全黨的願望出發，考慮到國內和國際上的觀感，這樣的安排是不是還可以研究？

只要有黨和非黨的存在，就有黨和非黨的矛盾。這種矛盾不可能完全消滅，但是處理得當，可以緩和到最大限度。黨外人士熱烈歡迎這次黨的整風。我們都願意在黨的領導下，盡其一得之愚，期對國事有所貢獻。但在實際政治生活中，黨的力量是這樣強大，民主黨派所能發揮的作用，畢竟有限度，因而這種矛盾怎樣緩和，黨群關係怎樣協調，以及黨今後怎樣更尊重黨外人士的主人翁地位，在政治措施上怎樣更寬容，更以德治人，使全國無論是才智之士抑或子子小民都能各得其所，這些問題，主要還是要由黨來考慮解決。

——《儲安平文集（下）》第330頁、《儲安平：一條河流般的憂鬱》第253頁、《儲安平與'黨天下'》第126頁、《右派分子儲安平的言行》第1、2頁、《儲安平傳》第368頁、《儲安平生平與思想研究：國共不容的知識份子》第272-275頁。

這篇著名的"黨天下"的發言一出，時為北大校長的馬寅初，激動不已的忙用英語說：Very Good！Very Good！然而，詭異的是，半月之後，即6月15日，同是馬寅初先生，他卻在《人民日報》上發表《我對儲安平、葛佩琦等的言論發表些意見》，表達了他對儲安平等人的批評。——《儲安平生平與思想研究：國共不容的知識份子》第 295 頁。

22、1957 年 6 月 8 日，‘人民日報’發表社論《這是為什麼》，其中講到：“在‘幫助共產黨整風’的名義之下，少數的右派分子正在向共產黨和工人階級的領導權挑戰，甚至公然叫囂要共產黨‘下臺’”。當天，毛澤東起草了《關於組織力量反擊右派分子進攻的指示》，到此，毛澤東醞釀已久的反右運動，在全國浩浩蕩蕩的開始了。這場聲勢浩大的運動，波及了 55 萬人，不知有多少人被弄的家破人亡。在後來的摘帽運動中，全國絕大部分的右派都給平反了，只剩孤零零的儲安平、羅隆基、章伯鈞、彭文應、陳仁炳等五人維持右派原案，不予改正。——《儲安平傳》第 371、372、395 頁、《儲安平與‘黨天下》第 4、5 頁、《儲安平生平與思想研究：國共不容的知識份子》第 325、326 頁。

23、24、儲安平看了‘人民日報’的社論《這是為什麼》後，覺得‘光明日報’已經容不下自己了，遂向社長章伯鈞遞了辭呈。返回報社時，報社的人問他，針對“黨天下”的發言將做何檢討時，如是說。——《往事並不如煙》第 113、115 頁。

25、1957 年 7 月 13 日，儲安平在第一屆全國人民代表大會第四次會議上，做了《向人民投降》的發言：

我 6 月 1 日在統戰部座談會上的發言以及我在光明日報的工作都犯了反黨反社會主義的嚴重錯誤。經過全國人民對我的批判，我現在認識到自己的錯誤，真心誠意地向全國人民低頭認罪。

我的關於“黨天下”的發言是絕對錯誤的。首先，我說今天是黨一家天下的清一色局面，和事實完全不符。解放以後，人民在黨的領導下翻身作了主人。今天的天下是人民的天下，到處蓬勃著巨大的人民力量。黨以真誠的大公無私的精神領導人民、教育人民、團結人民。就以我們現在實行的人民代表大會制度來說，這一個成為全國和各級地方權力機關的人民代表大會，就是一個民主基礎最廣泛的政權組織。全國和各地的政治協商會議，更是最能體現黨團結黨外人士的統一戰線政策的。無論在政府機關、學校、工廠或人民團體，都有大批的黨外人士負擔著主要的領導職位。黨努力團結一切可以團結的力量，遇事和黨外人士協商，徵求大家意見。就以我自己的經驗來說，1954年夏天我去新疆的飛機票都定了，但是因為要協商人大代表的名單，政府希望我臨時把飛機票退去，等協商有了結果再離開北京，這就說明黨對團結黨外人士是如何的重視和認真。然而我在統戰部座談會上的發言中，硬說"不論大小單位都要安排一個黨員做頭兒，事無巨細都要黨員點了頭才算數"。我這樣說，正如工人同志批判我的，是睜著眼睛說瞎話，是混淆是非，模糊一部分人民的認識，挑撥黨和人民的關係。其次，我們的憲法肯定了黨在國家政治生活中的領導地位。黨的政策方針首先要由黨員來執行。黨指派黨員在各個地方，各個部門工作，是黨貫徹黨的政策和履行黨對國家對人民的歷史任務的必要措施。事實告訴我們，凡是沒有黨領導的地方（通過黨員），黨的政策便不能正確執行，工作便容易發生錯誤。因之，在我們的國家裏，黨員在各個地方，各個部門參加工作，是一個極其正常的、合理的、而且是必要的現象。不僅憲法裏肯定了黨在國家政治生活中領導地位，就是在全國人民的思想感情裏，也都把黨看成是我們國家中的最大財富，是全國社會主義建設和社會主義改造的領導力量和核心力量。黨的存在和黨的強大是保衛人民民主革命勝利果實、建設強大的社會主義新中國、引導人民進入幸福美好生活的有力保證。中國人民都一致承認黨給全國人民辦了數也數不清的好事。全國人民正為在黨的領導下而完成的一切偉大的成就而歡呼、自豪，從心底裏感激黨。正因為這樣，人們紛紛要求黨選派黨員去領導他們學習、領導他們工作。黨的責任和人民的利益是一致的。但是我卻把這些情況說成是"黨天下"，想用這樣一頂帽子來反對黨的領導。不僅如此，我還進一步錯誤地把黨說成是一個宗派組織，企圖分裂黨和人民的關係。黨承認有些黨員在思想作風上以及某些工作上有些缺點，為了克服這些缺點，更好地提高和加強黨的力量，黨決定用嚴肅的態度進行整風。可是我卻把某些個別黨員的缺點說成是黨的缺點。這充分暴露了我的真正目的是要直接對黨進行攻擊，從而削弱黨的威信，削弱黨的領導。但是我這種反動的言論經不起駁斥，一經人民揭發，就完全露出了我這資產階級右派分子反黨反社會主義的醜惡面目。

我不僅在"黨天下"的謬論中誹謗了黨，而且我在光明日報的工作中，也做了許多不利於黨和人民的事情。在我擔任總編輯的兩個多月內，光明日

133

報刊登了許多惡意的、片面的、破壞性的報導，攻擊黨的領導，損害黨的威信。我還派了好些記者到上海、南京、武漢、廣州、西安、蘭州、瀋陽、長春、青島等九個城市去開座談會，專門找那些對黨不滿的、勇於攻擊黨的人發言，企圖通過這樣集中的形式來損害黨的威信。我又發表了北大學生大字報的錯誤報導，表面上是搶新聞，實質上是點火。我不贊成多發表歌頌黨的社論。我聽到章羅聯盟造謠的黨要在大學撤退的消息，特別感到興趣，並且還刊登了復旦大學取消黨委制的不符事實的新聞。我還發了一百多封徵稿的信件，鼓勵大家結合"互相監督"發言。我用一種資產階級民主的觀點來理解"百花齊放、百家爭鳴"的方針，對於錯誤的報導和言論和正確的報導和言論不加區別。我又以同樣錯誤的觀點來理解"長期共存、互相監督"，妄想利用報紙來監督黨，而監督的目的實質上就是要削弱黨的領導。在我這種資產階級的反動思想下，一度使光明日報迷失了政治方向，離開了社會主義道路。而處處放火的結果首先是燒昏了我自己的頭腦，使我6月1日在統戰部座談會上發出了那篇"黨天下"的謬論。

我這些錯誤的言論和行為所造成的危害性是極大的。它在一些比較落後的群眾中間造成了思想混亂，使有些人在一個極短的時間裏不明事實的真相；它使某些對黨有些不滿情緒的人格外增加了他們對黨的不滿；它損害了黨在群眾中的威信，並鼓動人們向黨進攻。我所犯的錯誤，實質上又為章羅聯盟為核心的資產階級右派分子的反黨活動而服務。根據最近報紙的揭發，現在大家很明顯地認清，章羅聯盟是一個陰險的政治勾結，他們的目的是想通過擴大自己的力量，和黨分庭抗禮。逐步篡奪領導。我的"黨天下"謬論實質上成為替他們的反黨陰謀搖旗吶喊，而在那篇謬論中提出十二個副總理中沒有一個黨外人士這一點，實際上也等於在替章伯鈞、羅隆基開口要求副總理的職位。我在5月19日去看羅隆基一次。從我自己的思想上來檢查，我去看羅隆基，實質上是想在政治上和他勾搭。可是我還沒有勾搭上他，倒給他這個"勾死鬼"狠狠地利用了一場。羅隆基已經利用我直接地向黨進攻了一次。羅隆基還想利用我在這個大會上為肅反問題發言，利用我在光明日報上展開反對我國現行政治制度的討論和攻擊五年計劃的建設。幸而黨領導人民對右派分子鬥爭發動得早，黨救了我，使我避免犯更多更大的錯誤。章伯鈞一再指示光明日報多登他的新聞，他顯然想利用光明日報來加強對他個人活動的宣傳，以增加他的政治資本。章伯鈞又一再指示要光明日報多登資本主義國家的電訊，多注意中立國家政黨和資本主義國家左派政黨的介紹和報導，從這一點看來，章伯鈞不僅對國內政治有野心，而且他對國際政治也有野心，企圖通過一些國際活動來找尋帝國主義老闆。他要求光明日報加強這方面的報導是要為他作進一步的國際活動創造條件。而我的一套資產階級辦報方針再加上我自己對黨的領導有抵觸情緒，這樣，我在光明日報的一套做法就完全符合章羅聯盟的要求，符合他們的政治野心。

在國外，我的錯誤言論還為美蔣敵人所利用，使他們錯覺地以為中國有很多知識份子反對黨、反對政府。他們以為在大陸上出現了什麼為他們日夜夢想的變亂，於是興風作浪、進行挑撥，還說要向我"遙致敬意"，實際上無非想造謠生非，挑撥離間。我的錯誤的言論雖然為他們所利用，然而他們的希望只是一個夢想。在今天的中國，即使犯了錯誤的人，在黨的寬大的治病救人的政策下，仍然堅決要求改正自己的錯誤，從新做人，爭取緊密地團結在黨的周圍，為祖國的社會主義事業效力。以為中國還有什麼"民主個人主義者"可供美帝利用，那只是杜勒斯之流的幻想而已。

我這次犯的錯誤，並不是突如其來的事情，而是有它一定的歷史根源的。我受過多年的英美資產階級教育，盲目崇拜腐朽的資產階級民主。在解放以前，我一方面反對國民黨，一方面反對共產黨。我在思想上宣傳資產階級的"自由主義"，在政治上標榜走中間路線。我鼓吹"自由思想份子"團結起來，實際上就是不要人們跟共產黨走。由於我只看到資產階級一個階級很小一部分所謂"民主自由"，看不到廣大勞動人民的真正的、更大的民主自由，因而便錯誤地認為"在國民黨統治下，這個'自由'還是一個'多''少'問題，假如共產黨執政了，這個'自由'便變成'有''無'問題了"。（1947年3月8日"觀察"第6頁）我在"觀察"復刊的時候（1949年11月）初步地作了自我批評，否定了過去的立場，表示願意在黨的領導下改造自己。但實際上，那時只是在政治上表明了一下態度，我自己的立場和思想並沒有真正改變過來，因而解放後這幾年來，表面上是接受黨的領導，擁護黨，而在實質上，仍然存在著反黨反社會主義的思想，因而一有機會，我就露出了反黨反社會主義的尾巴，當我初犯錯誤的時候，我沒有正確地認識我的錯誤。一個多月以來，經過全國人民和人民日報的批判，經過九三學社同志、光明日報同志以及人大江蘇小組各位代表的幫助，才使我逐步認識到自己所犯的反黨反社會主義錯誤的嚴重。我認識到這次以章羅聯盟為核心的反黨反社會主義活動是資產階級右派分子對黨對人民的一次猖狂進攻。當前的鬥爭是一場嚴肅的階級鬥爭。而在這場階級鬥爭中，我自己扮演了一個可恥的令人痛心的反動的角色。當全國對我進行嚴厲的批判、我開始看到我自己的錯誤的時候，我內心感到無比沉痛，感到無地自容。每天郵差同志送報紙信件到我門口，我自己都沒有臉到門口去拿。上上星期我因病去看醫生的時候，我都不敢說我姓儲，深恐醫生懷疑我就是那個右派分子儲安平。全國人民對我的嚴厲批判，使我嚴肅地認識到，假如我不痛下決心，從根本上改造自己的思想，改變自己的立場，我就沒有前途。我特別認識到，假如不是老老實實跟黨走，個人就要走錯路，工作就要犯錯誤。這次我在光明日報所犯的錯誤，就使我受到一次最大的教育。我必須勇敢地向自己開刀，剝去我自己"資產階級右派分子"的皮，堅決地站到六億人民的一邊來。我決心在思想上政治上和章羅聯盟劃清界限。並在批判我自己的錯誤的同時，積極參加全國反右派的鬥爭。我對我的錯誤還只是一個初步的認識，我應當繼續深入檢查自己的思想根源。繼續深入批判自己的錯誤言論。我今天在這個莊嚴的會場上，並通過大會向全國人民真誠地承認我的錯誤，向人民請罪，向人民投降。我把向人民投降作為我自己決心徹底改造自己的一個標誌。我以後一定老老實實接受黨的領導，全心全意走社會主義的道路。

　　——《右派分子儲安平的言行》第 55-59 頁、《儲安平傳》第 379-382 頁、《儲安平生平與思想研究：國共不容的知識份子》第 309-314 頁。

　　在此前的 1957 年 6 月 9 日，儲安平的老朋友袁翰青等人去看他，在被問到"打算如何就'黨天下'問題寫檢討"的時候，儲回道："可以寫，檢討自己對'知無不言'是有界限的這一點，認識不清。如果知道，就不說了"。僅僅數天，卻有如此大的變化，儲安平所受的壓力，肯定是他此前所沒有遇到過的。曾經可以平安無事地說《政府的利刃——指向'觀察'》的他，此刻卻不得不《向人民投降》，其痛苦，可想而知。——《儲安平與'黨天下'》第 103 頁。《往事並不如煙》第 113、115 頁謂其返回報社時，報社的人問他，針對"黨天下"的發言將做何檢討時，如是說。

26 對於有影響的高級右派，中共的政策是分六類處理：1 開除公職 勞動教養。2、撤銷職務，監督勞動。3、撤銷職務，留用察看。4、撤銷職務，分配待遇較低的工作。5、撤銷一部分或者大部分職務、降職、降薪、降級。6、免於處分。儲安平屬於第 4 類，撤銷一切公職，交九三學社看管，每月發 100 元生活費。──《儲安平傳》第 384 頁。

27、儲安平與第二任妻子易吟先於 1959 年離婚，離婚原因：一、儲安平成為右派後，易吟先認為跟著右派過不好日子，遂與宋希濂明來暗往，勾勾搭搭，辦離婚時還向儲安平索要三千元的贍養費。──《往事並不如煙》第 132-134 頁；二、儲安平成為右派後 共產黨勸易吟先與其離婚 劃清界線。──《儲安平傳》第 386 頁。

28、章伯鈞跟女兒章詒和談及儲安平的失蹤，並確信儲安平是死了的，給出的理由："儲安平不能容忍自己適應奴役。"──《往事並不如煙》第 139 頁。

29、《光明日報》因儲安平回應 '雙百' 鳴放，而最終受牽連的有：學校教育部主任潘文彬、黨派部第二主任王少桐、要聞部副主任張蔭槐、鳴放記者鄭笑楓、徐穎、許子美、殷毅、錢統綱、蕭恩元、謝捷、丘林、李笑、範愉理、韓逸雲等均被劃為右派。其中 5 人開除公職，交由專政機關處理。次年，國際部主任於友因與副總編輯穆欣不合，被劃為右派。其中，王少桐被流放到貴州，文革中被殘酷迫害，1968 自沉烏江。潘文彬被定為極右分子，勞動教養後被送到黑龍江興凱湖農場勞改，文革中默默死去。記者殷毅、錢統綱、徐穎、範愉曾、許子美撤銷記者職務，送北大荒農場從事超強勞動，終年不見天日。鄭笑楓亦送北大荒監督勞動，母親受株連上吊自殺，一女精神分裂，一女患病無錢送醫而亡。──《儲安平傳》第 384 頁。

　　家人因儲安平這個大右派受到牽連：長子儲望英是抗美援朝軍官，在部隊教文化課，因父是出版總署領導而獲得組織重點培養，前途一片光明。父親成為大右派後，部隊命令他馬上轉業復員，他選擇回到上海的母親端木露西身邊，成為一名普通小學教師。1957 年 6 月 26 日，他給《文匯報》寫了一封致儲安平的公開信，斥責其父反黨反社會主義，污蔑人民領袖。表示堅決和全國人民站在一起，要求 '儲安平先生' 好好交待思想根源，以免自絕於人民。次子儲望德，亦被迫與父親劃清界線。長女儲望瑞在北京農業大學讀書，經過下放考察及校方多次政治教育，開始認為 '黨天下' 是最反動的敵人才說的話。幼子儲望華，父親成為大右派後，領導認為將來大家演奏右派兒子的作曲並不合適，命他從中央音樂學院作曲系轉到鋼琴系。其侄子儲傳能、侄媳陸肖梅於 1958 年也被打成右派；儲傳能被打成右派的理由是：1、污蔑和攻黨領導及各項政策，2、反對民主集中制，3、污蔑蘇聯，破壞國際團結，4、支持並宣傳右派言論，反對黨對右派份子的駁斥；陸肖梅被打成右派的理由是：1、贊成右派言論，反對黨的領導，2、反對把右派鬥爭看成是關係國家民族生死存亡問題。1959 年，儲安平第二任夫人易吟先，經組織上勸說，與儲安平劃清界線——離婚。1963 年，儲望華大學畢業後留校任教，一直住學校，組織上不斷告誡他與儲安平劃清界線；1966 年，儲望華偷偷回家探望父親，被系支書批評爲“喪失階級立場”。——《儲安平傳》第 385、386、391 頁、《故國人民有所思：1949 年後知識份子思想改造側影》第 204 頁、《儲安平和他的時代：紀念儲安平誕辰一百周年學術研討會論文集》第 22 頁、《儲安平生平與思想研究：國共不容的知識份子》第 28、302、303 頁。

30、儲安平失蹤後，康生大怒：‘儲安平，大右派，活不見人，死不見屍，怎麼回事？’1968 年，統戰部組成‘儲安平專案組’，尋找儲安平的下落，最終也未能找到。1982 年，中央統戰部向儲安平的兒子，下達了儲安平的‘死亡結論’。——《儲安平傳》第 394 頁、《儲安平生平與思想研究：國共不容的知識份子》第 323、324、327 頁。

參考資料：
1、 《碎布集》，林元著，文化藝術出版社，1991 年版。
2、 《儲安平傳》，韓戍著，牛津大學出版社，2015 年版。
3、 《儲安平文集》，張新穎編，東方出版中心，1998 年版。
4、 《儲安平與‘觀察’》，謝泳著，中國社會出版社，2005 年版。
5、 《尋找儲安平》，鄧加榮著，北京十月文藝出版社，1995 年版。
6、 《追尋儲安平》，謝泳、程巢父編著，廣州出版社，1998 年版。
7、 《儲安平與‘黨天下’》，戴晴著，中國華僑出版社，1989 年版。
8、 《儲安平：一條河流般的憂鬱》，謝泳編，中國青年出版社，1999 年版。
9、 《強國的開端》，儲安平著，韓戍、黎曉玲編著，群言出版社，2014 年版。

10、《述學譚往：追憶在'光明日報'十年》，穆欣著，東方出版社，2006 年版。

11、《往事並不如煙》，章詒和著，時報文化出版企業股份有限公司出版，
　　2004 年版。

12、《中國現代思想史資料簡編》，蔡尚思、李華興編著，浙江人民出版社，
　　1983 年版。

13、《自由的歷險：中國自由主義新聞思想史》，張育仁著，雲南人民出版社，
　　2002 年版。

14、《故國人民有所思：1949 年後知識份子思想改造側影》，陳徒手著，三
　　聯書店出版，2013 年版。

15、《冤案與名人：中國知識界名人冤案實錄（三）》，胡平、曉山編著，
　　群眾出版社，2001 年版。

16、《中國現當代人學史：思想演變的時代特徵及其歷史軌跡》，祁志祥著，
　　獨立作家出版社，2016 年版。

17、《儲安平生平與思想研究：國共不容的知識份子》，陳永忠著，秀威資
　　訊科技有限公司出版，2009 年版。

18、《右派分子儲安平的言行》，中華全國新聞工作者協會研究部、中國人
　　民大學新聞系合編，光明日報社印，1957 年版。

19、《'觀察'：儲安平言論選》，中華全國新聞工作協會研究部、中國人
　　民大學新聞系合編，工人日報社印，1957 年版。

20、《儲安平和他的時代：紀念儲安平誕辰一百周年學術研討會論文集》，
　　謝泳編，秀威資訊科技有限公司出版，2009 年版。

滿腦音符的馬思聰 "文革" 中亡命天涯

馬思聰【1912 － 1987】

馬思聰出生於中華民國誕生的這一年（1912 年 5 月 7 日），他出生的地方是有著 '南海物豐' 之稱的廣東海豐。其父親馬育航，當過海豐縣高等小學第一任校長（1905 年），後來與陳炯明一起出生入死幹過革命（1911 年 4 月 27 日黃花崗革命），在孔祥熙眼中——馬育航是陳炯明的左右手，又做過陳炯明時代的廣東省財政廳長。出生於這樣的家庭，爲馬思聰的遠航，奠定了基礎。

1921 年，9 歲的馬思聰，隨父親馬育航來到廣州，就讀於培正小學。兩年後的 1923 年，因 1919 年就留學法國的長兄馬思奇給他帶回的小提琴，燃起了他對音樂的夢想，吵著鬧著要跟大哥一塊去法國，就這樣，得到了父親的允許，11 歲的馬思聰，跟著長兄來到了神奇的法國，開啓了他的音樂之路。

從 1923 年到 1931 年的 8 年，在法國總共跟隨了 6 老師，特別是經奧別多菲爾與畢能蓬的指點[1]，成就了馬思聰小提琴與作曲的天賦。

在法國學得一身本事的馬思聰，來到廣州，與陳洪等朋友辦起了'私立廣州音樂學院'，初出茅廬十九歲的他，有模有樣的，第一次當起了院長。也就是在這個時期，這位受過法國文化洗禮的馬思聰先生，浪漫主義侵襲了他的生活，與比自己年長的王慕理，談起了時髦的師生戀；並於次年，結下了後來證明能夠患難與共的姻緣。

進入了婚姻的殿堂，也就意味著多了一份責任，柴米油鹽不再是遙不可及的事情。爲了能夠獲得一份穩定的收入，馬思聰四處奔波，最終在羅家倫任校長的中央大學當起了音樂老師。在中央大學的最後一年 (1937 年)，他創作了他的成名曲——《思鄉曲》[2]。這首曲子，爲他在中國音樂界奠定不同凡響的地位，後來成爲了對臺胞及僑胞廣播的開頭曲。然而，也是在這一年，因爲廣東的中山大學向他發去邀請，並且許以教授的待遇，他辭去了中央大學幹了四年的工作，來到生他養他不遠的廣州。

這南下廣州的跳槽，躋身於教授的行列，但戰火的燃燒，使得很多事情，增加了不確定的因素，當然也有帶來了更多未知的機遇。從 1937 年南下，到 1949 年北上，中日之戰，國共之戰，馬思聰飽受戰爭之苦澀，卻也享受戰爭之機遇。熟悉一下這段歷史，可以隱約發現馬思聰發達的蹤跡：在1940 年重慶孔祥熙的晚會上，從馬思聰的琴聲扣動了周恩來的心弦那刻起，他就已經與同是留學法國的周恩來同志，達成了某種共識；無論是 1948 年初拒絕在《剿共宣言》上簽字，亦或是拒絕司徒雷登邀去美國任教的好意，此時的馬思聰，對於自己的人生，新的事業，已經有了更高遠的選擇[3]。

1948 年，就抵達香港等待北上的馬思聰，終於在 1949 年4 月，躊躇滿志地踏上了北平鑄夢的沃土。初到北平的馬思聰，積極地投入到了鑄夢的懷抱當中。出席第一次文代會、出席全國政協第一次會議、參加開國大典、被周恩來任命爲中央音樂學院第一任院長，奉命出訪蘇聯、波蘭、捷克、朝鮮，當選全國人大代表等等[4]，太多振奮人心的時刻，使得這位藝術家短暫地過上了'恬靜、和平、適宜'的理想生活。

即使在狂風暴雨的 1957 年，內定的右派名單中，赫然有馬思聰的名字，但由於周恩來的特別關照，順利過關；即使在所謂'三年自然災害'時期，他的待遇不減反增，直到文革。如果沒有文革，馬思聰的當年拒絕司徒雷登的好意，是一萬個正確的。因爲於他個人來說，在改朝換代的當口，站在周恩來一邊，爲他贏來了無尚的榮譽與光環，是值得欣喜與慶倖的。然而，正如他後來給李淩、金帆寫信時所說的，自己是'一介書生、滿腦音符的人'[5]；自然，對於共和國的歷次政治運動，也就是不明就裏了；必然，也就擺脫不了文革所帶來的噩運。

1966 年，毛澤東點燃的文化大革命，使馬思聰在共和國的好運，走到了盡頭。6 月，造反派們開始貼馬思聰'反動學術權威'、'吸血鬼'的大字報，對臺廣播的《思鄉曲》換成了《東方紅》[6]。由此，馬思聰的人生，進入一段讓他'陷入絕望[7]'的時光。

對於這段'陷入絕望'的時光，二女兒馬瑞雪所見到的'絕望'畫面是這樣的：

> "爸爸和其他的受難者們坐在學校安排的小園子裏，身上掛著一個大紙牌，牌子上寫著六個大黑字'吸血鬼馬思聰'，他的臉色很黃，毫無表情地坐在那裏，任人參觀，在身後站著四個兇神惡煞的女學生，弟弟帶去的東西都要經過她們檢查一遍，連一小片紙也不放過，講話的時候一定要講國語，不許講廣東話。"[8]
>
> ……
>
> "爸爸那響亮的名望，往日裏，使我們在整個中國大陸，無論走到哪個角落，都受到讚美和歡迎。如今，他的名字卻使我們膽顫心驚，

給我們帶來不知何時才能結束的災難和麻煩。"[9]

對於這段‘陷入絕望’的時光，親歷者馬思聰所述的‘絕望’境況是這樣的：

"最使我可怕的是對我們所進行的人身折磨，在任何時候，只要紅衛兵高興了，就可以命令我們低頭，然後叫我們用四肢在地上爬行。好幾次，他們把我的房間弄得亂七八糟，把書扔了一地，把床翻了一身，把床單撕了，有一個紅衛兵抓住我的被子，使勁往屋頂上扔，並大叫‘這是革命行動！’

有時，紅衛兵命令我們面牆而立，一直到他們下命令讓我們轉過來為止。有時候，他們竟把我們忘了，我們只好一動不動地久久地站在那裏。有時候，他們還會讓我們在烈日下低頭，站在那里烤灼。

有一天夜裏，我躺下以後，就聽見有人在砰砰砰砰地敲門，接著闖進兩個紅衛兵——一男一女。‘起來！’他們命令道。我連忙從床上跳起來，那個小夥子就開始用皮帶抽打我，那個姑娘則狠狠打我耳光，朝我臉上吐痰。比起趙渢來，我還算好一點，趙渢被打倒在地上，滿身是血。

這一切發生在八月的第二周或第三周，正是紅衛兵在北京猖獗到極點的時候。在這段時間裏，北京城裏發生了許多可怕的事件。在一個中學裏，學生把所有的老師都打得半死。"[10]

對於這段‘陷入絕望’的時光，在文革中，被‘打倒在地、滿身是血’的趙渢，是這樣憶述馬思聰在‘牛棚’中所遭受的‘絕望’情形的：

"有一天在中午，大家都陸陸續續去吃飯了，我和馬思聰正要走，來了個紅衛兵，我認得他，叫林某，是吹長笛的，他拿著一把匕首，對著馬思聰說：‘我要找你算帳！你要老實交待問題。要不，我就拿刀捅了你！’。

夏天，‘革命群眾’下鄉割麥子去了，叫我們在校園裏拔草，我跟馬思聰在一起，一個‘造反派’工人走過來，指著馬思聰說‘你還配拔草？你姓馬，你只配吃草！’他當場逼著馬思聰吃草，馬思聰苦苦哀求也沒用，被逼著吃了草！

　　管弦系系主任章彥教授的兒子跟紅衛兵打架，被認為是階級報復。紅衛兵召開三千人大會鬥章彥，馬思聰和我陪鬥，章彥被打得昏死過去，馬思聰被用皮帶打得鮮血滿臉。”[11]

對於這段‘陷入絕望’的時光，文革中‘被打得昏死過去’的章彥教授，這樣敘述自己及馬思聰被紅衛兵批鬥的‘絕望’場景：

　　“在‘文化大革命’中，我的兒子章學才十四歲，在南線閣中學念初中一年級，紅衛兵打碎了他的金魚缸，章學就跟他們打起來。於是，紅衛兵說他是‘階級報復’，開批鬥大會，把我、我的妻子和兒子都拉去跪在臺上，馬思聰也被拉上臺，紅衛兵用皮帶抽打馬思聰，打得滿臉是血。”[12]

對於這段‘陷入絕望’的時光，親歷者劉詩昆如此回憶當時的‘絕望’場面：

　　“在北京文藝界，法西斯般白色恐怖在中央音樂學院尤為嚴重，馬先生、趙渢和我，是挨打最為多的幾個。有一次，我親眼看見，一個紅衛兵拿著帶釘子的板打馬先生，打在頭頂上。馬先生那時被剃成禿頭，鮮血頓時從頭頂湧出，血流如注，流得滿臉是血，紅紅的。”[13]

毫無人性的殘暴場面，成了馬思聰1966年下半年，經常面對的殘酷現實，這是他曾經北上時不曾料到的；11月，幾度希望自殺擺脫折磨與痛苦的馬思聰，逃離了應他‘絕望’窒息的北京——來到廣東，卻過上東躲西藏擔驚受怕的日子。普天之下，莫非共土，文化大革命恐怖的氛圍——無處不在。

這種東躲西藏擔驚受怕的日子，馬思聰的妻子先他就償到了：

　　“媽媽（馬思聰的妻子）像驚弓之鳥一樣，什麼都怕。我穿的那套紅衛兵看見都沒有話說的衣服，媽媽要我想辦法換掉。走到大街上，

144

沉重的行禮壓得我的身體有點傾斜，媽媽擔心地叫我儘量裝做東西很
輕的樣子，否則，紅衛兵懷疑我們是逃走的人。走到公共汽車站，情
不自禁地笑著拍了一下胸膛，媽媽嚇壞了，她說我這種表情完全像一
個逃跑的人，萬一被人看見會捉走。"[14]

　　經歷過非人的折磨，經歷過惶惶不可終日的東躲西藏，
馬思聰和他的家人，終於在 1967 年 1 月 15 日，從廣州成功
偷渡到香港，開始亡命於天涯。回想 18 年前拒絕司徒雷登盛
情邀請的意氣風發，馬思聰這一次是狼狽不堪、命懸一線。1
月 21 日抵達美國，當美國大使馬丁告知馬思聰的家人：'現
在，你們安全了。'死裏逃生的馬思聰先生，終於可以過上——
真正的'恬靜、和平、適宜'的生活了。

　　初到美國的馬思聰，很長一段時間都做著同一夢——"捉
回去"。經歷過血淋淋生死教訓的馬思聰，晚年中國大陸盛
情邀請他回去，客死異鄉都沒有邁出回去的一步。很重要的
一點，不是他不想回，而是他不敢回[15]。正如他的妻子，在
給女兒馬碧雪信中寫道的："'文化大革命'之罪，頭上傷痕仍在，
床單、外衣上的血是洗乾淨了，何堪回首話當年。"

相關注釋：

1、奧別多菲爾，是馬思聰在法國的第 5 位音樂老師，教小提琴。在馬思聰
寫的《童年追想曲》中認為：是奧別多菲爾，讓自己在技術方面及表情方
面，有了很大的提升。並且承認自己的所得，直接或間接都由他所賜。而第
6 位音樂老師是畢能蓬，也是馬思聰在法國的最後一位老師，教他作曲。在
1942 年《新音樂》的第 5 卷第 1 期中，這樣說：'沒有他，我或許會走上虛
浮的道路，徘徊在不成熟、不完整的歧途上，或者要浪費很大的氣力與精神，
去尋一條確切的路線。畢能蓬先生不只是我的和聲學、作曲法的教師，他同
時是我整個藝術修養的指導者。'——《愛國的'叛國者'：馬思聰傳》新

疆版第 58、61、64、82 頁。

2、《思鄉曲》是馬思聰 1937 年在中央大學時期創作的，它奠定了馬思聰作為一代作曲家在中國音樂界的地位。《思鄉曲》出自馬思聰的《內蒙組曲》，其曲由三首組成，分別是《史詩》、《思鄉曲》、《塞外舞曲》。——《愛國的＇叛國者＇：馬思聰傳》新疆版第 105、112 頁。

3、1939 年 10 日，馬思聰在重慶認識了李淩，而李淩是負責統戰工作的，受命於周恩來。1940 年後，李淩與馬思聰走得很近，關係最為密切，按李淩的話說是＇革命戰友＇（當香港地下黨創辦的＇中華音樂學院＇院長、拒絕司徒步雷登的去美國任教的邀請，拒絕《剿共宣言》上的簽字，以及從香港北上，馬思聰是有他個人的政治野心的）。——《跋涉人生：李淩音樂人生回憶錄》第 42、43 頁。

4、1949 年 7 月，馬思聰出席第一次文代會。9 月，出席全國政協第一屆會議。10 月 1 日，參加開國大典。12 月 18 日，中央人民政府政務院，正式將音樂學院，命名為中央音樂學院。任命馬思聰為院長，呂驥、賀綠汀為副院長。1949 年 11 月上旬，出訪蘇聯，出席十月革命紀念慶典，擔任中蘇友好協會總理事。1951 年，作為新中國音樂代表團團長，領隊去捷克，參加＇布拉格之春＇國際音樂節。1953 年 4 月，參加赴朝慰問文藝工作團，任第一總分團副團長。1956 年 3 月，出訪波蘭，擔任第九屆國際蕭邦鋼琴比賽評委。1957 年 11 月，赴蘇聯出席＇十月革命＇四十周年慶典。1958 年 3 月，第 3 次出訪蘇聯，任柴可夫斯基鋼琴小提琴比賽評委會副主席（《馬思聰最後二十年》中第 70 頁，時間為 1963 年春，而《馬思聰年譜》、《愛國的＇叛國者＇：馬思聰傳》均為 1958 年 3 月，維基百科等資訊顯示＇柴可夫斯基國際音樂比賽＇始於 1958 年，而 1963 年根本沒有這個比賽，只有 1962 年有辦，因此，1963 年春應該屬於記憶錯誤。對於這次的去蘇聯，馬瑞雪道出一個耐人尋味的細節：莫斯科舉行柴可夫斯基音樂比賽會，指定要父親去當評審會的副主席。當時國內有關部門把信扣壓下來，和蘇聯方面爭執了一個月，等父親收到邀請信時，離比賽會只剩上一個禮拜。結果，父親在莫斯科受到隆重地歡迎。——《馬思聰最後二十年》第 70 頁）1964 年 12 月，被選為第二屆全國人民代表大會代表（河北）。——《愛國的‘叛國者’：馬思聰傳》新疆版第 169-173、440-442 頁，《馬思聰年譜》第 90、93、95、117、119、134 頁，《馬思聰最後二十年》第 64、70 頁。

5、1957 年秋，馬思聰進入內定的右派分子的名單，周恩來知道了，從‘內定’名單圈去了馬思聰的名字。——《馬思聰年譜》第 114 頁。馬思聰在中央音樂學院的級別是‘高教一級’，每個月的工資是 360 元，3 年所謂的‘自然災害’其間，每月學校又給他補助了 200 元的工資，自然災害過去了，補助依然沒有取消，一直發到文革初期。——《愛國的‘叛國者’：馬思聰傳》新疆版第 167 頁。1985 年 3 月 10 日，馬思聰與妻子在寫給李淩、金帆的信中說：我們是直到讀了文件，才知道我原來是‘叛國投敵’（詳見 15 注釋）。真想不到一介書生，滿腦子音符的人，竟然會得到這樣一個‘了不起’的稱呼。——《馬思聰蒙難記》第 294 頁、《愛國的‘叛國者’：馬思聰傳》新疆版第 353 頁、《馬思聰年譜》第 189 頁、《馬思聰》第 110 頁。

6、1966 年 11 月 28 日，中央人民廣播電臺，取消了對臺胞和東南亞僑胞廣播而用的開始曲——《思鄉曲》，取而代之的是《東方紅》。——《馬思聰》第 83 頁、《馬思聰年譜》第 137 頁。

7、1967 年 4 月 12 日，馬思聰在美國公開露面，自敘在文革中的遭遇；這篇整理出的敘述，在《愛國的‘叛國者’：馬思聰傳》中，名為《我為什麼離開中國——關於‘文化大革命’的可怕真相》：

　　我是音樂家。我珍惜恬靜、和平的生活，需要適宜工作的環境。我作為一個中國人，非常熱愛和尊敬自己的國家和人民。我個人所遭受的一切不平和中國當前發生的悲劇比較起來，完全是微不足道的。眼下還在那繼續著的所謂‘文化大革命’運動中所出現的殘酷、強暴、無知和瘋狂的程度是 17 年所沒有的，也是史無前例的。‘文化大革命’在毀滅中國的知識份子，毀滅中國的文明。我和許多黨內外多年以來雖然不是一直掌權，但畢竟是起過很大作用的遭遇是一樣的。去年夏秋所發生的事件，使我完全陷入絕望，並迫使我和我的家屬像乞丐一樣各處流蕩，成了漂流四方的‘饑餓的幽靈’。如果說我的行為在某種意義上有什麼越軌的話，那就是我從中國出走了……

記得是去年 5 月的一個星期天，我第一次聽到‘文化大革命’這個詞。那一天，我的一個學生例外地沒有帶小提琴來到我家裏，他說往後再也不能繼續跟我學習下去了。原因是已經開始了‘文化大革命’，別人批評了他有資產階級思想和資產階級生活方式，所以，他再也沒有勇氣拉小提琴了。

過了一些日子，新運動的進展就愈來愈清楚了。炮火對準著一些電影，針對著一部分歷史學家和作家。這些人被指責為‘借古諷今’。每天晚上的電視節目，除了無休無止地重播這個或那個類似‘犯罪’的故事外，幾乎沒有其他內容（這些‘犯罪’後來都相繼自殺了）。

說實話，我當時倒也並不感到害怕。有一位朋友也對我說：‘你沒有寫過什麼文章，沒講過錯話，你是沒有什麼可擔心的。’我想，我的唯一的‘過錯’，只是拿了中央音樂學院院長的薪水，雖然我實際上並不在那兒上班。從 1950 年起，我被任命為這所學校有名無實的領導人，事實上學校的一切實權是在副院長手裏。平時，我教幾個學生拉小提琴，其中也包括我的兒子如龍。有時我在北京或者其他地方舉行一些音樂會。從 1963 年以後，西方音樂幾乎完全被禁止了，我從此就和妻子女兒們差不多一直待在家裏，偶而作一些曲子。

在去年 5 月，我對於即將展開的新運動還沒有絲毫的概念，甚至於我們中的每一個人也意識不到，等待著我們的將是什麼。但是，由於過去經常出現緊張的日子，比如在 1951、1957 年，對於這一切我已經逐漸適應了，也是不得不適應呵！

到了 6 月初，有人來告訴我，學校已經有人對我貼大字報。一位朋友勸我，為了不使事態擴大，最好先主動自我批評。我的妻子和女兒馬瑞雪也贊同他的忠告。我自忖，除了自己缺乏進取心之外，沒什麼可以認錯的。最後，由我的女兒以我的名義寫了一個申明，大意是這樣：我熱情地支持文化大革命，雖然我沒承認任何具體的‘罪狀’，但我仍表示願意接受改造。我買了三張黃紙，把聲明抄成大字報，標題是《我的決心》。抄好後，我把它帶到學校裏去了。

那時，紅衛兵還未問世。但是那些自稱‘革命師生’的人已經給學校的工作帶來了混亂，而學校的一切，事實上還是由一位副校長操持。當我帶了大字報來到學校的時候，他竟不許我貼出來。我懷疑，他是打算利用我來轉移對他的批評。但是，不管怎樣打算，都與他的主觀意願相反。因為到了第二天，他就被停職反省了，他仍擺脫不了大字報對他的進攻。接替他的，是一個對音樂一竅不通的姓王的海軍軍官。幾天後，姓王的又失寵，他也犯了錯誤，因為他企圖派警察來制止兩派'革命學生'組織的糾紛和衝突。

當我打算回家的時候，一個附中的學生跑來，要我跟他到他們學校去。到了那兒，我被一群狂暴的少年圍住了，他們正在對我寫的一個音樂作品嚷嚷些什麼。這是我寫的關於一位英雄的縣委書記焦裕祿的一首悲歌。他為全縣人民的利益而死去了。他成為了每個黨員的學習榜樣。以往，我有時為了避免一些不愉快，也寫一些這種類似的作品。不過，對於焦裕祿，我確實是為了讚美他而寫這首悲歌。周圍的少年很惱怒：'你為什麼寫出這麼哀傷的曲子？你不配為焦裕祿譜曲！'

後來他們把我押送回家，並送我一捆大字報，命令我張貼在家裏並一一閱讀，而我卻把這些大字報統統塞進了貯藏室裏去了。幾天後，學校打電話叫我。我一進學校，立即陷入狂吼亂叫的大學生的包圍之中。他們瘋狂地喊著：'打倒資產階級臭權威！'每喊一句口號之後，接著就有人高呼一聲'毛主席萬歲！'有一個小夥了竟然意外地高喊'馬思聰萬歲！'這顯然是他喊失口了，招致所有的人都朝他撲過去。不知誰朝我投來了一個書包，可是沒打著我。我只好一動不動地站在那裏。我覺得一切都在夢幻之中，一切都顯得那麼荒謬而可笑。

發生上述事件不久，我們17個人被叫到學校，並通知說：'送你們去改造和學習。'我們這些人當中除了教授之外，也有學院的行政幹部，其中包括副院長兼黨委書記趙沨（自1956起，趙沨接替呂驥擔任這一職務），許多人是黨員。當我見到趙沨時，他好像幾天幾夜沒有睡覺的樣子。我們被送到社會主義學院去。這個學院，原來是共產黨幹部學習馬克思主義哲學的地方。現在，這個學院就某種意義上講，變成知識份子和文藝界知名人士的集中營。在那裏，我們遇到各樣各式的人物，如畫家、演員、音樂家、電影導演、作家以及藝術院校、電影院校的教授，總共約五百人。與我們同住一間的是一位很有名的小提琴家。

從6月中旬到8月初，我在這個地方度過了50多天。日子過得既枯燥又乏味。但幸運的是對我們還不算太過份。我們按軍事化編成小隊，在軍官的看管下，以小隊為單位一起讀文件進行討論。在空餘時間裏，讓我們寫大字報。有寫自己的，寫別人的，也有寫走資本主義道路的黨內當權派——叫

149

做‘走資派。’

　　一天，我們聽說了一條非同小可的新聞：中宣部的常務副部長周揚垮臺了，被稱為頭號‘牛鬼蛇神’。在過去幾年中，周揚一直是我們的頂頭上司，在許多方面他都起重要作用。比如，使一些西方音樂作品得以在中國演出，便是周揚作出的努力。在中國，除了1962年很短的一段時間除外，德彪西和拉威爾的作品被禁止，二十世紀大部分西方作曲家的作品也被禁止。只有貝多芬、勃拉姆斯、舒伯特和其他古典作曲家的作品能夠演出。到1963年以後，西方音樂則全部被禁止了。

　　文化部為此專門派人來給我們講關於周揚的一些駭人聽聞的‘罪行’。他們說，周揚把自己裝扮成毛澤東思想的優秀宣傳家，其實，周揚是中國文藝界的頭號‘走資派’。此外，又有人告訴我們，說有一群反動分子暗藏武器包圍了毛主席居住的中南海。當時，儘管我們星期日還可以回家，但是對院外的消息和事情是非常閉塞的。

　　有一天傍晚，開來了幾輛其他院校和部隊的卡車，有一輛寫著‘黑幫專用’字樣的卡車，裝走了電影學院和社會主義學院集訓的全部人員。第二天上午十點，我們也被押上卡車，送回中央音樂學院。這是8月3日的事。當卡車剛開進學院大門，就可以看見黑壓壓的一大群人。我們被推下卡車。我還沒來得及站穩腳根，就有人把一桶漿糊倒在我的頭上，另一些人就往我身上貼大字報，接著又把寫著‘牛鬼蛇神’的紙做的高帽子戴到了我的頭上，並在我的頸脖上掛上了一塊硬紙板，上面寫著‘資產階級音樂權威——馬思聰’。不多久，又添了一塊小牌子，上面寫著‘吸血鬼’三個字。然後，他們又給我們每人一只搪瓷面盆作為‘喪鐘’，讓我們拿著一根小棒，一面走一面敲打。我看見趙渢的高帽上寫著‘黑幫頭子’幾個字，還給他穿上了肥大的羊皮襖（為的是罵他是‘披著羊皮的的狼’），當時是北京最炎熱的8月裏，氣溫不下於38攝氏度，差點讓人昏死過去。

　　這是一個非常野蠻的場面。那些圍攻我們的人就如同瘋子一樣。他們趕著我們在全院遊街，高呼著口號。一路上，他們連推帶搡，還往我們身上吐口水。我認出人群中有幾我的的學生，他們的臉色變得很難看。最後他們強迫我們在教室的講臺上站成兩排，要我們低頭，還拼命罵我們。那些被認為罪大惡極的黑幫，排第一排。而那些罪行較輕的牛鬼蛇神，站在後排。後排裏有一九五八年參加莫斯科鋼琴比賽的凡.克萊本的對手——鋼琴家劉詩昆。

150

後來他們把他的手腕脫臼了，使他再也不能演奏。

　　過後，我們被帶到學校後頭的一排低矮的小房子，那裏以前是琴房。我被投進一個小間，裏面只放著一張床，有一面牆幾乎全是玻璃鏡子。因此，在任何時候，只要看守起來，就可以看見我的一舉一動。他們宣稱，我們是畜生，把我們像牲口似的任人觀看。另一面牆上，用紅色顏料寫著'打倒吸血鬼''誰不老實碰爛他的狗頭！'琴房的門上寫著'黑窩'。

　　每天我們六點起床，學習毛主席著作或報紙社論。早飯後，從八點起，一直勞動到中午。我們所從事的完全是毫無意義的勞動——整理一堆亂七八糟的碎石頭，或者是把破爛從這幢樓搬到另一幢樓。每天下午和晚上，要寫自我檢查。檢查裏幾乎重複著這些句子：'我們是趙汎資產階級黑幹將'、'對我們的鬥爭和改造是完全必要的'。每天，我們要把這些書面的檢查寫好，交給我們的看守。

　　另外，每天早上和晚上，還要我們一起集體唱歌。這首歌叫《嚎唱》，歌詞是這樣的：

　　　我是牛鬼蛇神，

　　　我有罪，我有罪。

　　　人民對我專政，

　　　我要老老實實。

　　　如果我不老實，

　　　就把我砸爛砸碎！

　　最使我可怕的是對我們所進行的人身折磨，在任何時候，只要紅衛兵高興了，就可以命令我們低頭，然後叫我們用四肢在地上爬行。好幾次，他們把我的房間弄的亂七八糟，把書扔了一地，把床翻了一身，把床單撕了，有一個紅衛兵抓住我的被子，使勁往屋頂上扔，並大叫'這是革命行動'。

　　有時，紅衛兵命令我們面牆而立，一直到他們下命令讓我們轉過來為止。有時候，他們竟把我們忘了，我們只好一動不動地久久地站在那裏。有時候，他們還會讓我們在烈日下低頭，站在那裏烤灼。

　　有一天夜裏，我躺下以後，就聽見有人在砰砰砰砰地敲門，接著闖進兩個紅衛兵——一男一女。

　　'起來！'他們命令道。

　　我連忙從床上跳起來，那個小夥子就開始用皮帶抽打我，那個姑娘則狠狠打我耳光，朝我臉上吐痰。比起趙沨來，我還算好一點，趙沨被打倒在地上，滿身是血。

這一切發生在八月的第二周或第三周，正是紅衛兵在北京猖獗到極點的時候。在這段時間裏，北京城裏發生了許多可怕的事件。在一個中學裏，學生把所有的老師都打得半死。

這種聞所未聞的恐怖行動，迫使我的家屬逃離北京。出走前，我的家屬把我一些未發表的文章和十四部大型作品的手稿，偷偷地移放到我的朋友家中，並且在一個小店變賣了剩下的家什……

——《愛國的 '叛國者'：馬思聰傳》新疆版第 15、16、198-205、284頁。這篇《我爲什麼離開中國——關於 '文化大革命' 的可怕真相》，在1967 年 6 月的美國《生活》雜誌上，其題目是《殘酷和瘋狂使我成爲流浪者》；在 1967 年 7 月的蘇聯《文學報》上，其題目是《我爲什麼離開中國》。1967 年 9 月，被李雅各編輯爲小冊子，由《春秋出版社》印刷，取名《逃亡曲》；中央音樂學院出版社，在 2007 年出版的《馬思聰全集 · 第七卷》中，選用了李雅各的版本（因爲是翻譯過來的文字，每個版本在語言表達上各有不同，有的生硬，有的順暢；此處先選用《愛國的 '叛國者'：馬思聰傳》新疆版，雖自敘沒有《馬思聰全集 · 第七卷》中那麼全，但文字表達上要更好）。

8、9、馬思聰的二女兒馬瑞雪，在《馬思聰蒙記》中的記述。——《馬思聰蒙記》第 2、50 頁。這本書是馬瑞雪 1967 年 5 月到 8 月間，在美國《生活》記者的鼓勵下寫的。——《馬思聰蒙記》第 6 頁。《馬思聰蒙記》原名叫《黎明之前》，中國大陸出版改名《馬思聰蒙難記》。針對這本書，葉永烈在書的最後——《說明》中講到：'因爲書是在 1967 年於海外寫成的，書中有些字句、有些內容不甚適合今日大陸的情況，征得馬瑞雪女士的同意，我對全書作了若干刪節。' 至於刪除了些什麼？除葉永烈先生與作者等少數人，其他人就無從知道了。——《馬思聰蒙記》第 297 頁。

10、馬思聰的自述——《我爲什麼逃出中國——關於 '文化大革命' 的可怕真相》中的情節（詳見 7 注釋）。——《愛國的 '叛國者' ——馬思聰傳》新疆版第 204、205 頁。

11、12、13、文革中,與馬思聰一起受難的趙渢、章彥、劉詩昆的回憶。——
《愛國的 '叛國者':馬思聰傳》新疆版第 208、209 頁。

14、馬思聰的二女兒馬瑞雪,回憶 1966 年底與母親逃離北京時的情景。——
《馬思聰蒙難記》第 28 頁。另外馬瑞雪記錄下了兩則更荒唐的故事,馬瑞
雪根據四姨爹及小毛的講話記錄下來的,附錄於此:1、我們廠裏那個 19 歲
的小郭也捉起來啦!他一直是頂積極的團員,結果有一次喊口號喊錯了,'打
倒美帝國主義' 她喊成了 '打倒共產主義'。本來是一時錯誤,但是,既然錯,
就一定有原因,這次把她算成壞分子。廠裏的高帽都準備好,明天開始準備
遊街。——《馬思聰蒙難記》第 33 頁。2、'我們公司鬥一個副主任',好
得不能再好的四姨爹說, '這個 40 歲的副主任一點罪也沒有,就是平常喜
歡燙頭髮。我們公司太小,找不到壞人,只好把她捉起來,鬥爭會已經開過了。
今天晚上就要她遊街,明天早晨還遊。公司裏的革命群眾輪流值班。' ——
《馬思聰蒙難記》第 34 頁。

15、1967 年 5 月,大陸成立了 '馬思聰專案組',定名 '002 號案件',馬
思聰的亡命天涯,被定性爲 '叛國投敵'。——《馬思聰最後二十年》第 100 頁。
1968 年 1 月 18 日, '002 號專案組' 上報《馬思聰叛國投敵案結案報告》,
同時附上《關於馬思聰叛國投敵情況的報告》,經康生、謝富治圈閱,定馬
思聰爲 '叛國投敵分子',從此,馬思聰的親屬多人被監禁,馬思聰的音樂
作品被查禁。——《愛國的 '叛國者':馬思聰傳》新疆版第 444 頁、《馬
思聰年譜》第 142 頁。 '我不能告訴大家,是誰幫助我出走的,假如我那樣
做的話,許多人的生命將受到威脅(《愛國的 '叛國者':馬思聰傳》新疆
版第 211、212 頁)' ——這是馬思聰面對記者講的良心話。然而,殘酷的
現實告訴了馬思聰:(文革中,或多或少幫助過馬思聰及家人的親戚、朋友,
倍受牽連)1967 年 6 月 27 日,在馬思聰落難之際援助馬思聰的廚師賈俊山
被捕,關押於北京半步橋監獄——被定爲 '要犯',被捕 4 年多,中風才獲
得 '監外就醫',出來後一直癱臥在床,於 1978 年含冤去逝;北京倪景山大夫,
被逮捕法辦——關了 8 年;孫大夫、黃鼎臣先生受到審問;上海的陳太太受
到傳訊,馬國亮受到審查,廣州的龍惠、黃舒波被逮捕入獄,丹灶的 '老野
村' '蝦公' 都被拘捕;馬思聰的妻弟王友剛也因攙助馬思聰出逃而被捕,

153

長兄王恒也被捕，判處 5 年徒刑——罪名是 '出謀獻策、知情不報、畏罪潛逃'。1970 年 10 月，造反派藉口 '備戰' 要 '疏散人口' 為由，逼著王恒的妻子、兩個兒子、一個女兒遷往江西接壤的平遠縣農村。剛到平遠縣沒幾天，11 月 3 日，母親黃靜謙（馬思聰的岳母）卻去逝了。王恒 5 年刑滿之後，又被改勞改 6 年。長兄馬思齊一家也受到株連，夫妻雙雙被戴上 '現行反革命分子' 的帽子——監管 3 年、監督勞動；長女馬迪華，因 '現行反革命罪' 被拘留審查，在驚恐之中心臟猝發，慘死於上海公安局拘留所；次子馬宇亮，因 '現行反革命罪' 被判處 12 年徒刑；小兒子馬宇明，不過初中生，因 '現行反革命罪' 被判處 9 年徒刑。馬思蓀被拘捕審查。1968 年 7 月 11 日，二哥馬思武無端也受到牽連，在上海外國語學院跳樓而死。1971 年，周恩來對第一次代表美國政府來華進行國事訪問的基辛格說：'我平生有兩件事深感遺憾，其中之一就是馬思聰 50 多歲離鄉別井到國外去，我很難過。' 然而難過歸難過，對於馬思聰政治上的平反是 13 年後才開始的。1984 年 12 月 10 日，中央音樂學院黨委作出《對馬思聰 '叛國投敵' 案的平反結論意見》；1984 年 12 月 31 日，公安部作出《關於對中央音樂學院黨委為馬思聰 '叛國投敵' 案平反的意見》；1985 年 1 月 15 日，文化部發出《為中央音樂學院前院長馬思聰先生徹底平反的通告》。政治上雖然平反了，然而過去的，在馬思聰及家人的心裏，沒有真正地過去。直到 1987 年 5 月 20 日，馬思聰逝世於美國費城，生前沒有再上踏共和國的疆土一步，臺灣除外。——《愛國的 '叛國者' 馬思聰傳》新疆版第 11、289-291、360、445-448 頁。

參考資料：

1、 《馬思聰年譜》，張靜蔚編著，中國文聯出版社，2004 年版。
2、 《馬思聰》，陳夏、魯大錚著，廣東人民出版社，2006 年版。
3、 《馬思聰蒙難記》，馬瑞雪著，上海文藝出版社，1990 年版。
4、 《馬思聰最後二十年》，麥子、馬瑞雪選編，廣東人民出版社，2002 年版。
5、 《愛國的 '叛國者'：馬思聰傳》，葉永烈著，新疆人民出版社，2000 年版。
6、 《愛國的 '叛國者'：馬思聰傳》，葉永烈著，人民文學出版社，1990 年版。
7、 《中國現代名人蒙冤錄：文苑的悲歌》，石翔編著，吉林人民出版社，1994 年版。

8、 《跋涉人生：李淩音樂人生回憶錄》，李淩著，中央音樂學院出版社，
　　2013 年版。

9、 《马思聪全集・第七卷》，马思聪全集编委会编，中央音樂學院出版社，
　　2007 年版。

林昭——不自由、毋寧死

林昭【1932 — 1968】

> 只要生活中還有人被奴役著，則除了被奴役者不得自由，那奴役
> 他人者，同樣地不得自由。　　——林昭《致〈人民日報〉編輯部》

1968 年 5 月 1 日，一位公安來到上海茂名南路 159 弄 11
號大院，向"現行反革命"家屬收取 5 分錢的子彈費。因爲
許憲民的女兒（彭令範的姐姐）——林昭已於 4 月 29 日被槍
斃了[1]，而這子彈費得由家屬來出；那是因爲她們作爲"罪犯"
的家屬，理應就沒有把自己的親人教育成黨國需要的樣子，
而必須承擔的後果。把人殺了，判決書都不需要給家屬，還
要向家屬收取子彈費，彰顯的是黨國殺人暴力的隨意性，及
不容置疑的槍桿裏出政權——審判者高高在上的當世哲學姿
態，更向世人展示了一幅順我者昌、逆我者亡的毛澤東時代
的精神畫卷。

林昭，1932 年生於蘇州[2]。父母都是國民時代的知識份子，
舅舅許金元追隨共產黨鬧革命，父親彭國彥多次做過國民政
府的官員，母親也熱衷於參加各種政治活動，生於這樣的家
庭[3]，耳濡目染間，林昭身上聚集了一些與眾不同的思想與

熱情。林昭原本叫彭令昭，那是她的父親希望她長大能有東漢班昭的文采；而林昭作為新時代的女性，她要活出自己的風采，逐自作主張地，把彭令昭改為了自己中意的樣子——林昭。

1947 年，入讀蘇州景海師範學校。那是一所具有文學優勢，又有基督背景的上層女校，同時共產黨也積極活動於校中。15 歲的她，基督與共產，在她的大腦撒播了種子；只是共產的種子，一撒播卻開始發了芽；而基督的種子，卻在十字架的考驗下，經過漫長歲月的孕育，才開始萌芽生根。

1948 年，從小對舅舅追求的事業，有著美好憧憬的林昭，秘密地加入了，那讓她稚嫩的心神往已久的共產黨。不料，年少無知的她，卻因個性好強，不服從黨領導的撤離景海中學的命令，而失去了那讓她心心念念的共產黨員身份。後來的很長一段時間，她都對無法重新入黨的事情耿耿上心。1949 年，從景海畢業的她，哪怕是反對她入讀蘇南新專的母親，讓其立下“活不來往，死不弔孝”的字據，她也毅然決絕不顧母親情感上的傷害，而毫不猶豫地選擇了進入中共培養黨的宣傳員的蘇南新專，以便滿足她那懵懂地對共產黨的狂熱追求，以便不辜負此時，在她心目中“比天高的毛主席的恩惠”[4]；而入學填表時，家庭成份一欄，自己赫然寫上——“反動官倒”，那是怎樣一種對生她養她的家人的情感？顯然此時的她，已經深深地沉浸在對偉大黨、偉大領導的無限崇拜當中，她的家庭身份，成為了舊社會留下來的遺產，也成為了她情感上意欲與之決裂的對象，自然當母親讓她簽下“活不來往，死不弔孝”時，就順理成章地變成了她的一次政治上的脫胎換骨了。

在完成蘇南新專的學習任務之後，1950 年 5 月開始，林昭積極地投入到中共在蘇南農村的土地革命當中，以一種高度的政治覺悟，來對待在土改當中的工作。在她 1951 年 5 月給陸震華去的信中，坦言道：“看到地主在人民面前的狼狽窘態，我心裏只有冷酷的痛快”[5]。此時的她，完全沉浸在革命者天然正義的心境裏，所看到的一切都是正當而又正確的。重新融入黨的懷抱，成爲了她的下一個政治抱負；6 月，積極申請入團，便是她努力實現政治抱負，最爲直接的體現。但此時黨的團隊，已經不比從前了，已經過了只求數量、不求質量的時月了。而此時，正值“三反、五反”進行得如火如荼的時候，林昭那“反動官僚”的家屬，也成爲了她的心頭之病。她與全國改造運動中，自我檢查的同志一道，做起了舉報老子與揭發老母的材料。對於這件事，後來她對母親說：“他們要我井裏死也好，河裏死也好，逼得我沒辦法，寫了些自己也知道的東西，我不得不滿足他們……，我沒存心誣陷你。”[6]——如此的親情流露，在 1952 年 5 月，給好友倪竟雄的信中：“五反開始時，我便在心裏默念著我們偉大的領袖——親愛的父親的名字”[7]的時候，是完全被泯滅了的。土改的結束，建設新中國的任務並沒有結束，林昭受命，到了《常州民報》工作，身份是副編輯與記者，這份工作可以說才是最能發揮她才幹的地方，因爲所學的本領就是這行。然而不久，黨國卻把《常州民報》撤掉了，她被安排到了常州文聯，繼續著爲黨國發光發熱。此時的她，經過工作的更換，更經過歲月的打磨，雖然依然對建設祖國的熱情不增減少，對毛主席的崇拜也沒有變化，但她卻並不甘心就此工作下去，努力著學習，爲進入北大讀書而忙碌著；對於從小接受父親文藝才華薰染的她，林昭以當時江蘇數一數二的成績，於 1954 年考入了北京大學中文系。

　　進入北大的林昭，因了她的天資聰慧，得到了遊國恩老師的賞識；也因了她的才華橫溢，成爲了《北大詩刊》的編輯、《紅樓》的編委；並且時常在《光明日報》、《中國青年報》

上發表詩歌，她原本計畫要為瞎子阿炳寫傳、要把魯迅的《傷逝》改編成電影、要寫一部《中國土改史》……；從1954年夏到1957年夏，算是林昭在北大，最春風得意也最躊躇滿志的日子；而後的人生歲月，若不是隨著毛澤東的整風運動的開始，林昭的作為個人的計畫，是可以完全實現的；但卻因為"整風運動"的開始，不僅林昭走進了她人生的熔爐，那整整一代人，也走進了他們無夢慘澹的人生歲月；而林昭，因了這場聲勢浩大的全民運動，她從一個對毛澤東頂禮膜拜的人，轉變成一個視毛澤東為暴君羅剎的人；而她自己，也走進了人生最為暗淡無光的時刻。苦難的人生，她卻用生命譜寫了林昭之所以為林昭，在中國歷史上，不容抹殺的大寫的"人"字。

　　1957年夏，毛澤東主導的"整風運動"，在北大這個孕育著青年人夢想的地方，施展開來。少不更事的北大學子們，以從來沒有過的激情與虔誠來面對"整風運動"，大都天真的以為"是時候"[8]向黨與國家提意見了。林昭這個把毛澤東視為"父親"的人，更對毛澤東發起的"整風運動"深信不疑，因而積極、熱情地投入到了，這場有良知的知識份子，都渴望中國的將來，會變得更為美好的運動當中來。向學校向社會向黨交心，把真實的意見和建議都滿懷熱情地提了出來。可讓林昭萬萬沒有想到的是，這場讓人心血澎湃的"整風運動"，只不過是毛澤東發起的對知識份子的"整人運動"。1958年1月，自己因為在"整風運動"中心直口快說了些真話，也因為與《廣場》"右派"份子有著千絲萬縷的聯繫，卻成為了，當時讓人人心生怵悸的"右派"份子。

　　當林昭得知自己上了右派的名單，她在寫給妹妹彭令範的信中，這樣說到：當我加冕成為"右派"後，你是無論如何也不能體會我的心情的，我認為我熱愛黨的程度是壓倒一切的，沒有任何事物可以

159

與之相比擬，我不能忍受它對我的誤解，而且誤解得那樣深，維繫我的一切全垮了，比牛虻不信蒙泰尼還慘……。[9]

此時的林昭，正在進行著激烈的思想鬥爭。從她後來在牢獄之中的《個人思想歷程的回顧與檢查》可以看出端倪：

在五七年整個下半年中，我心底仍然懷抱著一線希望，希望黨也許會適可而止地罷手收場……，然而鬥爭的進行，無論校內校外，都只日趨慘烈，無情的現實再一次粉碎了我良善的夢想！大量慘酷的荒謬的事實使我目擊心傷，五內欲裂，我終於懷著最沉痛的情緒，親手撕破了，拋棄了自己的希望。[10]

林昭親眼目睹、親身體驗了"整風運動"的慘酷與荒謬，當所有人都站出來，為自己在"整風運動"中說過的話公開檢討，以便能順利過關的時候；林昭這個弱不禁風的女子，卻做出了與眾不同的選擇，她選擇了堅持自己的信念、選擇了不違心說話——她成為了整個北大唯一"寧死"[11]也不認錯、檢討的右派分子。

在毛澤東時代，認錯從來與認錯無關，檢討也無關檢討，關鍵是態度的問題。對林昭這種死不認錯的右派份子，原本是要流放到邊遠的農村進行改造的，因了恩師羅任燁其體弱多病，冒險說情，才讓林昭留校接受革命群眾的"監督改造"。1958 年，北大新聞系併入人大新聞系，林昭隨遷入人大，為人大正在編撰的《中共報刊史》搜集資料。在人大其間，林昭認識了同樣是為《中共報刊史》搜集資料而受"監督勞動"的右派分子——甘粹，與之相識並相戀。而這段戀愛史，以甘粹向系黨書記申請結婚，得到"你一個右派結什麼婚？"而告終。之後的甘粹被發配到新疆，繼續接受勞動改造 20 年。而林昭，因感情被生生地扼殺，本來身體就差的她，變得更加弱不禁風了，經母親多方的設法，才被允許接回蘇州養病。

經歷了整風與反右，林昭內心世界發生了巨大的變化，她從一個對毛澤東所領導的共產黨忠心不二的信徒，慢慢決

160

裂成不再信任甚至開始反抗她所信仰的主義了。林昭在《個人思想歷程的回顧與檢查》中用剔骨還父、割肉還母式的言語寫道：總而言之，黨若真能英明理政公勤治國，林昭本來是黨的追隨者、擁護者，豈有政治成見存在，非要閉著眼睛抹煞良心反黨不可？但黨即不能作到那樣而恰恰相反，又要說，弄出了如許多偉大的混帳與血淋淋的荒唐來致使人物凋零、江山糜爛、血淚遍地而白骨成堆。那麼，林昭雖是乳臭未乾的黃毛稚子，也覺中懷慘痛五內崩裂而萬萬容忍不得！[12]

對於毛澤東的"整風、反右"等一系列的政治鬥爭哲學，林昭在坐牢後給《人民日報》編輯部的信中，有著更為深入地理解：在先生們之貴魔鬼政黨的內部，由於要切實保持人們那種惴惴其慄而唯諾是從的"精神狀態"，更必須經常尋找相斫相殺的鬥爭對象，故不怕爬得再高而死的機會比之通常情況下是一發為多！——從明殺、暗殺、故殺、謀殺，不見血地殺直到"畏罪自殺"。[13]

1960 年，全國大規模餓死人的年頭，蘭州下放農村進行勞動改造的右派知識份子，意識到國家的危難存亡，他們辦了一份針貶時政的地下刊物——《星火》，以期督促政治的清明。這本來是共產黨當年在國民黨治下，反抗壓迫與苦難的一種戰鬥方式；而在毛澤東的治下，卻為理想主義者帶來了牢獄之災。參與《星火》救國的勇士們，悉數被捕入獄；林昭也不例外，因為她在《星火》發表了一首長詩——《普洛米修士受難的一日》，遂成為了"反革命集團"的一份子。

1960 年 10 月 24 日，林昭的被捕入獄，她的父親彭國彥因受不了刺激，於 1960 年 11 月 23 日吞藥自殺；林昭先被拘於上海第一看守所，後移拘靜安分局，1 年多時間，不判不放，音訊全無，直到 1962 年 3 月，由於林昭被折磨的奄奄一息了，靜安分局才通知其家屬接回——保外就醫[14]。

出獄後的林昭，身體稍好，便對自己所遭受的迫害與折磨，她給時任北大的校長陸平寫信，幻想著這位共產黨時期

161

的北大校長陸平先生，像國民黨時期的北大校長蔡元培一樣，能夠爲“我們是無罪的”[15] 學生挺身而出。另一方面，在林昭看來，迫切需要改變當下黑暗的政治環境乃是當務之急，因而她尋求志同道合者成立“中國自由青年戰鬥聯盟”[16]，妄圖以組織的形式，來改變以毛澤東爲核心的恐怖統治。然而，急於改變現狀，只是林昭唯心的一己之見，客觀存在的現實，並不容許她改變其所處的環境；而她的繼續對於現實的反抗，使其陷入又一場牢獄之災，一場使其日後斃命的滅頂之災。

　　1962 年 11 月 8 日，林昭再次被捕入獄，直到 1965 年 5 月 31 日，才被以“反革命罪”判刑 20 年[17]。而 1968 年 4 月 29 日，她卻被以“現行反革命罪”槍斃，林昭沒有再活著走出她早年信仰的共產黨的監獄一步。

　　在獄中，面對非人性非人道的虐待，林昭以鋼鐵般的意志活著，以寫血書、喊口號、絕食等方式反抗著，並且從來沒有停止過對極權暴政的反抗，也從來沒有被極權暴政征服過。以致使在林昭死刑判書中出現：“在審訊中，林犯拒不認罪，態度極爲惡劣。反革命犯林昭，原來就是一個罪惡重大的反革命分子，在服刑改造期間，頑固堅持反革命立場，在獄內繼續進行反革命活動，實屬是一個死不悔改、怙惡不悛的反革命分子。”[18] 這讓毛澤東的國家機器，再也拿她無計可施，不得不從肉體上讓她消失。

　　槍斃的當天，武裝人員趕到林昭的病房，嘴裏咆哮道：“死不悔改的反革命，你的末日到了！”然後，從醫院的病床上，衣服也不讓她換，直接拉去開槍斃前的公審大會。公審大會期間，爲了防止林昭喊出話來，林昭的喉嚨裏被塞上了東西，進行人爲的消聲處理。公審大會一結束，年僅 36 歲的林昭，卻被直接拉去槍斃了。

　　在後來流出的檔案資料中，世人可以清楚的知道，林昭在監獄地裏過著的是暗無天日的生活，受到的是一次又一次非人的折磨。

在獄中，林昭用她的生命，記錄下了共產黨是如何虐待他們所謂的"犯人"的：

> 而貴第一看守所，對於這個負病已久，體質十分衰弱的青年……又作下了一些什麼呢？不計其數的人身侵犯！駭人聽聞的非刑虐待！光是鐐銬一事，人們就不知玩出了多少花樣來。一副反銬，兩副反銬，時而平行，時而交叉。最最慘無人道，酷無人理的是，無論在我絕食中，在我胃炎發病，疼得死去活來時，乃至在婦女生理特殊的情況下——月經期間，不僅從來未為我解除過鐐銬，甚至從來沒有減輕，比如兩副鐐銬，暫時除掉一副……[19]
>
> ………
>
> 我經歷了地獄中最最恐怖，最最血腥的地獄，我經歷了比死亡本身更千百倍的慘痛的死亡。[20]

在獄中，儘管林昭清楚地知道，她所寫的文字，能不能走出黑暗的監獄，是個只有上帝才知道的事。但她的書寫，卻正如其在《絕食書》中所言的："一息尚存，此生寧坐穿牢底，決不稍負初願，稍改初志"[21] 一樣的堅定。當她被剝奪了筆，卻用自己的生命——鮮血——書寫著對她所處的世界的見解與思考。對於 1957 年的反右及毛澤東的統治，血書如下：

> 每當想起那慘烈的 1957 年，我就會痛徹心腹不由自主地痙攣起來。真的，甚至聽到看到或提到那個年份，都會使我條件反射似地感到劇痛。這是一個染滿中國知識界和青年群眾血淚的慘澹悲涼的年份。假如說在此之前，處於暴政下的中國知識界，還或多或少有一些正氣的流露；那麼，在此之後，確實是幾乎被摧殘殆盡了。[22]
>
> ………
>
> 青少年時代思想的左傾，那畢竟是個認識的問題，既然從那臭名遠揚的所謂反右運動來，我已日益地看穿了那偽善畫皮底下猙獰的羅

剎鬼臉，則我斷然不能容許自己墮落為甘為暴政奴才的地步。[23]
············

　　這怎麼不是血呢？陰險地利用我們的天真、幼稚、正直，利用著我們善良、單純的心與熱烈激昂的氣質，欲以煽加驅使，而當我們比較成長了一些，開始警覺到現實的荒謬殘酷，開始要求我們應有的民主權力時，就遭到空前未有的慘毒無己的迫害、折磨和鎮壓。怎麼不是血呢？我們的青春、愛情、友誼、學業、事業、抱負、理想、幸福、自由，我們之生活的一切，這人的一切，幾乎被摧殘殆盡地葬送在這污穢、罪惡極權制度的恐怖統治之下，這怎麼不是血呢？[24]

在獄中，林昭書寫了二十萬字的血書，其中有《告人類》、《致＜人民日報＞編輯部》、《詩歌》、《靈耦絮語》、《囚室哀志》、《血書家信》、《判決後的聲明》等等。1966年5月6日，對於她的文字，對來監獄看她的張元勳，做了遺言般的交待："詩歌集題名《自由頌》，散文集題名《過去的生活》、書信集題名《情書一束》"[25]。如今，在林昭好友的努力下，《林昭文集》出現了，但若想真正慰藉亡者的英靈，我們還有很長的一段路要走。

雙龍鏖戰玄間黃，冤恨兆元付大江。

蹈海魯連今仍昔，橫槊阿瞞慨當慷。

只應社稷公黎庶，那許山河私帝王。

汗漸神州赤子血，枉言正道是滄桑。[26]

讀林昭在獄中和毛澤東的詩，辛酸不已。林昭曾有遺言——"歷史將宣告我無罪"[27]，在她被殺死12年後，1980年與1981年，上海高院兩次分別對林昭做出了"無罪"的判決[28]。我們不能用"遲到的正義"這句話，來安慰死去的靈魂；活著的人，也不應該把"遲到的正義"理解為真正的"正義"，若人間真的有"正義"的話，那麼它——就不應該遲到！這所謂的"正義"，對死去了的林昭本人而言，已經毫無意義；

因爲她不可能再有機會——去爲瞎子阿炳寫傳、把魯迅的《傷逝》改編成電影、寫出一部《中國土改史》……；她生命的逝去，是因爲那一代人，眼裏只有"帝王"，從來沒有"黎庶"。

相關注釋：

1、1968 年 5 月 1 日下午 2 時左右，公安上門收取 5 分錢子彈費，林昭妹妹彭令範給的錢，許憲民得知女兒被槍斃，當場暈厥過去，未見判決書。——《追尋林昭》第 45 頁、《林昭，不再被遺忘》第 1、45、110 頁、《從王實味到劉曉波：中國當代文字獄編年錄》第 113 頁。

2、關於林昭的生日，有兩種說法。一種說法，認爲林昭生於 1932 年 12 月 16 日。——見《從王實味到劉曉波：中國當代文字獄編年錄》第 108 頁；另一種說法，認爲林昭生 1932 年 1 月 23 日。——見《血書：林昭的信仰、抗爭與殉道之旅》第一章《活在陽光下》（但若依林昭對 1964 年 11 月 4 日上海市靜安區人民檢察院對自己的起訴書所做的批註 30 歲推算，林應生在 1934 年，見 17 注釋引用的起訴書中）。

3、舅舅許金元：曾任中共江蘇省委青年部長，1927 年在 4.12 事變中，被國民黨處決，其年僅 21 歲。父親彭國彥：1926 年畢業於東南大學，1928 年 9 月當選吳縣縣長，1932 年任邳縣縣長，還任過國民政府中央銀行專員等官職，解放後因效仿伯夷叔齊，對共產黨避而遠之，又受到共產黨的迫害與打壓，於 1960 年 11 月 23 日自殺。母親許憲民：20 世紀 30 年代初，追隨胞兄許金元參加革命，與人共同創辦"蘇州婦女會"，出任蘇州《大華報》社長，1941 年加入中國民主同盟，1946 年當選國民大會蘇州國大代表，解放後擔任汽車公司董事長，屬統戰對象，林昭死後，受打擊，晚年淒苦，1975 年死於上海外灘。——《血書：林昭的信仰、抗爭與殉道之旅》。

林昭在獄中，寫過一首悼念舅舅許金元的詩——《家祭》：

四月十二日——沉埋在灰塵中的日期。

三十七年前的血，誰複記憶？

死者已矣，後人作家祭，但此一腔血淚。

舅舅啊——甥女在紅色的牢獄中哭您！

我知道您——在國際歌的旋律裏，

教我的是媽，而教媽的是您！

假如您知道，您為之犧牲的億萬同胞，

而今卻只是不自由的罪人和饑餓的奴隸！

——《尋找林昭的靈魂》、《追尋林昭》第 2 頁。

4、林昭早年寫的詩《望穿眼睛到今朝——記一個農民的控訴》：三十年苦
頭吃穿了，毛主席恩惠比天高。——《血書：林昭的信仰、抗爭與殉道之旅》
第二章《脫下皮鞋換草鞋》。

5、1951 年 5 月，給陸震華寫的信中，所言。——《血書：林昭的信仰、抗
爭與殉道之旅》第二章《脫下皮鞋換草鞋》。

6、三反五反中，林昭寫揭發父母反動歷史的材料。母親許憲民 1952 年受到
調查，一度自殺，被救活。林昭曾發現父親偷聽"美國之音"，向政府舉報，
致使父親補定性為"歷史反革命"。 ——《血書：林昭的信仰、抗爭與殉
道之旅》第二章《脫下皮鞋換草鞋》、第三章《冠冕》、《追尋林昭》第 3 頁。

7、1952 年 5 月，給好友倪竟雄寫的信中，所言。——《血書：林昭的信仰、
抗爭與殉道之旅》第三章《冠冕》。

8、1957 年 5 月 19 日，北大學生張元勳與沈澤宜，在校園內貼了《是時候了》
的大字報。可以說，這張大字報，點燃了北大的"整風運動"：

（一）

是時候了，

年輕人

放開嗓子唱！

把我們的痛苦

和愛情

一齊都瀉到紙上！

不要背地裏不平，

背地裏憤慨，
背地裏憂傷。
把心中的甜、酸、苦、辣
都抖出來
見一見天光。
讓批評和指責
急雨般落到頭上，
新生的草木
從不怕太陽光照耀！
我的詩
是一支火炬
燒毀一切
人世的藩籬，
它的光芒無法遮攔，
因為它的火種
來自——"五四"！！！

（二）

是時候了。
向著我們的今天
我發言！
昨天，我還不敢
彈響沉重的琴弦。
我只可用柔和的調子
歌唱和風與花瓣！
今天，我要唱起心裏的歌，
作為一支巨鞭，
鞭笞死陽光中的一切黑暗！
為什麼，有人說，集體裏沒有溫暖？
為什麼，有人說，有許多牆壁隔在我們中間
為什麼，你和我不敢坦率地交談？
為什麼……？

我含著憤怒的淚，

　　向我輩呼喚：

歌唱真理的弟兄們

　　快將火炬舉起

火葬陽光下的一切黑暗！！！

　　——《憶林昭》第 37、38 頁、《原上草：記憶中的反右運動》第 16 頁。

9、林昭被打成右派之後，給妹妹信中所言。——《血書：林昭的信仰、抗爭與殉道之旅》第三章《冠冕》、《追尋林昭》第 4 頁。（1957 年底，北大共有 589 名學生與 110 名教職員被劃爲右派，這是第一批，林昭並不在此列；第二批右派，林昭被劃入了，當時整個北大有 8983 名學生，最終光學生就有 600 左右被劃爲右派，因 "整風運動"，全國被劃入右派的人數，多達 120 萬之眾。——《血書：林昭的信仰、抗爭與殉道之旅》第三章《冠冕》）。

10、——出自《血書：林昭的信仰、抗爭與殉道之旅》第三章《冠冕》。

11、林昭被劃成右派後，始終沒有低頭認錯檢討，但卻自殺過，被室友發現後，送醫院搶救而活命。——《血書：林昭的信仰、抗爭與殉道之旅》第四章《星火》、《從王實味到劉曉波：中國當代文字獄編年錄》（第 111 頁）皆謂其吞食火柴頭自殺；——《精英是怎樣被毀滅的：1949 年以來各界精英死難實錄》（第 499 頁）謂其食安眠藥自殺。

12、——出自《血書：林昭的信仰、抗爭與殉道之旅》第四章《星火》。

13、——出自《血書：林昭的信仰、抗爭與殉道之旅》第六章《雪地之燈》。

14、在胡傑拍攝的紀錄片——《尋找林昭的靈魂》中，關於林昭的保外就醫，有兩種說法：一是、林昭獄中病情加重，她的母親又屬統戰部對象，因而允許其母親將她帶回保外就醫；二是、因爲《星火》主要負責人張春元沒有抓住，公安採取透捕的方法，之所以才將林昭保外就醫。——《血書：林昭的信仰、抗爭與殉道之旅》第五章《玉碎》中則認爲，當時林昭在獄中，態度

168

軟化，是促使監獄放她保外就醫的原因。

15、《我們是無罪的》，是林昭出獄後，寫的兩篇文章之一。另一篇是《給北大校長陸平的信》。她當時在上海找到無國籍僑民阿諾・紐門，是希望他能把這幾篇文章，帶到海外發表。後來阿諾・紐門被公安抓了，交出林昭的文章。——出自《血書：林昭的信仰、抗爭與殉道之旅》第五章《玉碎》、《從王實味到劉曉波：中國當代文字獄編年錄》第 112 頁。

16、1961 年 9 月，林昭與蘇州同是右派的黃政，共同起草了"中國自由青年戰鬥同盟"的綱領與章程，制定"行動計畫"，意圖以組織的形式，來反抗毛澤東領導的共產黨。——《從王實味到劉曉波：中國當代文字獄編年錄》第 112 頁、《血書：林昭的信仰、抗爭與殉道之旅》——《生平大事記》、《序》、第五章《玉碎》。

17、林昭第二次被捕的時間是 1962 年 11 月 8 日，12 月 23 日關押到上海提籃橋監獄。1963 年 8 月 8 日，移送上海第一看守所，遭到非人的對待。林昭在《致＜人民日報＞編輯部》的信中，這樣形自己所遭受的虐待："在彼處備遭摧折，屢被非刑，百般慘毒，瀕絕者數！寸心之悲憤冤苦沉痛激切，不堪追憶，不可回想，不忍言說！憶之如癡，想之欲狂，說之難盡也！嗚呼！哀哉！此是何世？！"第一次坐牢的時候，被帶鐐銬180天，這一次也不例外。1963 年 11 月 25 日後，被帶上兩副手銬，到 1964 年 3 月 23 日才取下；1964年 5 月 21 日，又被帶上手銬，至 1964 年 9 月 7 日才取下；1964 年 11 月 9 日，手銬又給帶上，直到 1965 年 5 月 26 日，才取下。1965 年 5 月 31 日受審，被以"反革命罪"判刑 20 年，之後關回上海提籃橋監獄。在第一看守所，林昭被關在暗無天日的地方，當在提籃橋監獄見到陽光時："當我的視線穿過牢門投注於那被鐵窗棚欄隔成若干長方小塊的映著陽光的晴朗的天空時，我禁不住熱淚橫流！"——《血書：林昭的信仰、抗爭與殉道之旅》第五章《玉碎》、第六章《雪地之燈》。

　　上海市靜安區人民檢察院對林昭的起訴書，於 1964 年 11 月 4 日做出，1964 年 12 月 2 日到林昭手上，林昭對這份起訴書，逐條做了批註：

上海市靜安區人民檢察院起訴書
【64】滬靜檢訴字第一線 23 號

　　"中國自由青年戰鬥聯盟"反革命集團主犯林昭，業經公安機關依法逮捕並偵察終結，移送本院審查起訴，經審查證實：被告林昭，原名彭令昭，又名許蘋，化名呂明，女，32 歲。（注曰：應為 30 歲）江蘇蘇州市人，官僚資產階級出身，（注曰：不知所云）學生成人大學文化。（注曰：就是 1957 年被你們那與名遠播的所謂反右運動迫害中斷了學業的！）住蘇州喬司空巷 15 號，上海住址茂名南路 159 弄 11 號。1950 年起參加土改、五反工作隊。（注曰：確證這名"被告"一未經定罪，一非臺北派讀，而是當初被你們所煽惑利用的天真純潔的追隨者、冒從者之一！）1954 年考取北京大學新聞系，（注曰：應為中國文學新聞專業）1957 年因反黨反社會主義而淪為右派，（注曰：極權統治者所慣用的偽善語言，其顛倒黑白而混淆視聽可謂至矣！這句話正確地說，應該是：1957 年在青春熱血與未死之良知的激勵與驅使之下，成為北大"五一九"民主反暴運動的積極分子！）給予保留學籍、勞動察看處分，（注曰：多謝留情寬覽！但也是你們未曾真正掌握得林昭當時的全部活動之故！）1959 年因病來休養，1960 年 10 月 24 日被捕。

　　"中國自由青年戰鬥聯盟"是一個有組織、有綱領的反革命集團，（注曰：飽食終日，無所事事，捉影捕風，白日見鬼！估價悉離了！其實不過是我輩一些黃毛丫頭、黃口小子湊起來的無聊兒戲而已！）主犯林昭犯有組織反革命集體、進行反革命宣傳鼓動，勾結帝國主義為敵人供給情報、策劃偷越國境和煽動在押犯人暴動等，破壞社會主義事業，陰謀推翻人民民主專政的嚴重罪行。（注曰：官僚昏遺，語無倫次，都是抬高了黃毛丫頭的聲價，三生有幸，不勝榮幸！）

　　早在 1957 年，我黨整風期間，被告林昭在北京大學就參加了以張元勳為首的反動集團，（注曰：豈止參加而已哉！傳說還是"廣場"集撰的"幕後軍師"呢！）以自由出版為名，搞起了反動刊物《廣場》，借此向我黨和社會主義進攻，（注曰：借用我們少年英雄中共一位闖將的話來說：假如那所謂的"社會主義"只意味著對於人的凌虐、迫害與污辱。那麼，"反社會主義"或進攻"社會主義"就決不是一種恥辱！）被告以"寧進監獄"的反動立場在幕後為反動集團出謀劃策，積極活動（注曰：果然"幕後"來了！沒有關係，既有監獄，則總得有人進去坐坐，否則你們這些特務偽職人員豈

170

不要面臨失業恐慌？）而淪為右派，繼續堅持反革命立場，與"廣場"反動
集團中的右派分子預謀，（注曰：見覓大方得緊聚速文法都不曾過！好像在
"廣場"編輯部其一切通過組織業居然還刺著個把沒藏你們竟以所謂"右派
分子"的稀事殺者似地！）由右派分子陳奉孝偷越國境勾結帝國主義。（注曰：
一切國家的革命都少不了爭取外援，因為人類是一個整體，而且不僅是作為
概念上的整體！更因為人類解放的正義事業，從來不分彼我！聯合世界上一
切以平等待我之民族共同奮鬥。從國父孫中山先生起就是這樣做的！我們不
過遵著前人的榜樣而已！）陳奉孝正在實施偷渡時，被公安機關逮捕。以後，
張元勳等反革命分子也相繼被公安廳機關逮捕後，（注曰：當時我們缺這一
些鬥爭經驗。在與此陰險习伏老奸巨滑，詭謀多端，手段惡毒的極權統治者
作交手戰之過程中，這一個弱點就益後突出，並在一嚴不通程度上造成了我
們的失敗。但這並沒有什麼值得奇怪之處。更不是我們的恥辱！初生之犢，
難敵猛獸！）被告竟隱蔽地繼續活動。（注曰：我盡自己之一分力量，做應
該做的事情！）她通過右派分子孫和的關係，於1958年認識了蘭州大學右派
分子張春元，（注曰：是我們同時代人中的將才！）林昭代表"廣場"反革
命集團，（注曰："五一九"的旗幟決不容其顛倒！"五一九"的傳統決不
容其中傷！"五一九"的火種決不容其熄滅！只要有一個人，戰鬥就將繼續
下去，而且將繼續到他的最後一息！）同張春元和繼而認識的右派分子顧雁、
譚蟬雪、功慶文等人聯繫，採取通訊、串連的方法，組成反革命集團，（注曰：
違反沒有公式的！偽善的語言才公式化得可憎！）張春元同被告商議確定了
組織名稱為"中國自由青年戰鬥聯盟"，（自贊曰：是名清新可喜不落陳套！）
要以反革命武裝推翻人民政府為目的，（嘲曰：你們除了武裝就是武裝，只
曉得武裝，別的你們還曉得什麼？槍桿子裏出一切東西！將來倘或無子無孫，
大約也只捎到槍桿子裏去"出"！）他們在上海、蘇州等地，多次聚會商討
出版以《星火》命名的反革命刊物，以進行造謠污蔑和顛覆人民政權的宣傳
鼓動，（注曰：其實那才不過是一本極其泛泛的油印小冊子，抗戰勝利以後，
在國民黨統治區下不知多步像這樣的小冊子！ 曲學主和一般社會青年出敗
的，而其內容對於醫時現實的針對性及批判不知要比《星火》強烈而火銳到
多少！可能是因為蔣介石並不實行糧食統制政策，所以他們的醫家特務總算
也還不偌得發她而不曾去找那些出版者的晦氣！）被告寫的反革命文章"海
鷗"，為張春元印成宣傳品，"普洛米修士受難的一日"則登左邊於《星火》
第一期上，（注曰：竟然連普洛米修士海海鷗都要"反革命"，可見這一"革

命”之該反而且非反不可已到了什麼程度！）被告又接受了能使在全國各地散發《星火》而收集我各地黨政領導幹部和各民主黨派負責人名單的任務，妄圖以此策動我公職人員反對黨的領導，（注曰：當是什麼“人員”也罷，好傢伙們對於爾等之“領導”的反對竟然還需要“策動”似地！未免太嫌自作多情了罷！）該反革命集團為了繼續要同國外帝國主義勾結，派遣譚蟬雪偷渡去香港，當譚蟬雪實施偷渡被我公安機關逮捕後，被告同顧雁共商對策，銷毀罪證。（天哪！居然也知道標點中除了逗號之外還有句號的！那麼早該用上了！這麼一大段兒糊糊概概一直撒下來，看看那累哪！“被告”未敢設想替稿者是如此一遍到底的逗才，我還道那架打字機上湊巧缺了個“。”——句號鉛字呢！）

被告林昭，由於其官僚資產階級家庭出身（注曰：狗屁不通之外，更兼無理可喻！）和父親彭國彥因反革命案被打擊後，於1960年畏罪自殺身死，（注曰：一派胡言，文過飾非，可恨可鄙！即是也聽見得耳熟能詳了；凡所有自殺者大略都是“畏罪”所致！若果如此，則至少也說明了一點：我們這個美好制度之下的活“罪”比之死“罪”還要可怕而可“畏”得多！）因此對我黨和人民政府抱有刻骨的階級仇恨，（注曰：“樓梯上打架”的仇恨罷了，何“階級”之有？）在逮捕以後，就一直不思坦白認罪，（注曰：你們如此罪恶滔天還不肯認，林昭反抗無罪，當然不認！）後因患肺病，於1962年3月5日，政府准與保外就醫。（注曰：是你們叫人“保外就醫”去的！沒有誰個求“醫”！）但被告仍堅持反動立場，（注曰：從“反右”以來迄於今日以至將來，林昭永遠只此一個立場！）在保外就醫期間，繼續進行以下反革命破壞活動：

一、寫了一封恐嚇信給北大校長陸平，（嘲曰：嚇妙天下！真個前無古人，殆謂後無來者！恐嚇信！其神經衰弱精神錯亂之程度唯是應該去精神病院作特別治療了！不僅需作住院鑒定而已！）信中自稱是右派“群體中的一分子”，（注曰：事實如此！）惡毒地咒罵我黨和人民政府是“偽政”，（注曰：事實如此！）污蔑我反右鬥爭，狂妄地宣稱“我們是不會後退的，要以最後的一息獻給戰鬥”等。（注曰：皇天後土，實聞此言！）還用書面答辯的形式，將反革命文章寄給上海市靜安區人民法院，（注曰：否，是通過你們的戶籍警先生傳遞而去的！）文中造謠攻擊政府鎮壓反革命是懲辦了“善良”的人，（注曰：文中所“造”之“謠”頗多，似是而非地摘此區區一語全未概括得了！那份書面答辯提綱我契領者三，記憶猶新，不妨在此回顧一下：第一，種權

172

統治下的"反革命"這個名詞，缺乏最最起碼的原則性與嚴肅性！第二，極權政治本身的殘暴、骯髒和不義，使一切反抗它的人成為正義而光榮的戰士！第三，特別對於我們這代青年來說，問題完全不是我們對統治者犯下了應該受到嚴肅譴責的罪行！）並揚言要"誓死反對"社會主義，（注曰：像這樣的"社會主義"若還不該誓死反對，則誠恐普天下更無值得人們誓死反對之物！）被告還在醫院（敢問曰：什麼醫院？何不明寫？）的牆上也塗"自由吟"等反革命詩詞。（注曰："吟"及"自由"即是"反"了"革命"，真是大堪發噱！那首詩並不長，完全可以背誦而添錄於此以當"反革命"的注解之一。詩共五章，首章引著匈牙利愛國詩人裴多菲的名作"生命誠可貴，愛情價更高；若為自由故，兩者皆可拋。"以當主題，以下各章反覆和詠歎，依次是：

生命我所重，愛情諭足珍；但為自由故，敢惜兩犧牲。

生命似嘉樹，愛情若麗花；自由昭臨處，欣欣迎日華。

生命巍然在，愛情亦無休；願殉自由死，終不甘如囚。

生命蘊華彩，愛情熠奇光；獻作自由祭，地久並天長。

他日倒也請天下人評評看，這算那一道的"反革命詩詞！？作者自己看到至少是並不見得比"江山如此多嬌，引無數英雄盡折腰"更陳舊、更落後和更反動的！）

二、為了擴充反革命組織，又在蘇州發展了右派分子黃政、朱泓參加，同黃政一起制定了"中國自由青年戰鬥聯盟"的"政治綱領"和"盟章"，（注曰：管它何"綱"何"章"，總是本人手筆，未便由他人掠美。）確定了以右派分子為主要發展對象，凡是右派分子均可擔任"盟的各級組織核心"的組織路線，（注曰：不像你們所說的這麼簡單，"右派分子"們也是千差萬別的；但這一組織基礎係先生們的貴黨之所製造而提供，後來人謹表謝意！）和實行私人設廠的經濟路線，妄圖收羅各地右派分子，在我國實施資本主義復活。（注曰：正確地說是：計畫集合當年中國大陸民主抗暴運動的積極分子，在這古老而深厚的中世紀遺址上掀起強有力的、劃時代的文藝復興——人性解放運動！）

三、為要同帝國主義勾結，於1962年9月，在本市淮海中路主動勾搭（注曰：惡俗已極，其心可誅——言為心聲，說明不知人間更有羞恥事！）無國籍僑民阿諾，要他幫助其偷渡出境，（注曰：無是事，且無是想！林昭的戲不是如此唱法的！要如此唱法倒也簡單了！）被告將《我們是無罪的》、《給北大校長陸平的信》等四篇反革命文章（注曰：答辯姑且勿論，連給你們的委派之校長的呼籲都是"反革命文章"，說明先生們真正已經苦苦硬著逼得喪失起碼的理性！）交給阿諾，要他設法帶往國外發表，妄圖在國際上擴大反對我黨我國的影響。（注曰：豈敢，也不過是盡力而為地做一些自己所應該做的事情而已！）

　　1962 年 12 月 23 日，被告被收監羈押，（注曰：收押日期是 1962 年 11 月 8 日，由你們當庭宣告，事實俱在，怎麼可以移到 12 月 23 日去呢？這一個多月裏已被"收監羈押"的"被告"又到何處去了呢？）竟仍堅持反動立場，（注曰：早已說過了，我只有一個立場！）堅決與人民為敵，（注曰：自作多情得令人噁心！"人民"在公胸裏！此外更無"人民"的氣味可言！）在監所中繼續進行破壞活動，（注曰：林昭曾說之至再，監獄不是爭取入黨的地方！）向在押的詐騙犯張如一（注曰：又是故意給人臉上抹黑！她是政治犯呢！）灌輸了反動思想，（注曰：胡言亂語！除了你們藉此混飯吃的那所謂馬克思列寧主義思想也者，更無其他任何思想是需要"灌輸"或可以"灌輸"的！）併發展她參加"中國自由青年戰鬥聯盟"，（注曰：還公然舉行了加盟儀式呢！）告訴她聯絡暗號，佈置她在刑滿出獄後，到蘇州找黃政聯繫，以共謀反革命活動，（注曰：絕妙的小說情節！）還教唆張如一在任何情況下"絕不能動搖信念"。（注曰：其實，說過的話也不少，隨便找兩句出來便得，何必瞎造呢？）同時，在監獄中又用高聲呼喊的方法，煽動在押人犯暴動，（噢曰：夫自有政治起訴以來，未有如此之妙文也！豈惟捧腹，直堪噴飯！在 1964 年 12 月 5 日所謂的法庭受審時首光便指出："起訴書"上滿列了我曾在監獄中建立一個軍械局與三座兵工廠，兩個軍火倉庫的重要事實！幾曾聽到過光憑口舌可以進行暴亂呢？敢則那所謂的八一起義、秋收起義等等全憑口舌來進行的嗎？怪不得人家說共產黨的天下是靠嘴巴得來的！）還先後出了惡毒污蔑我黨和人民民主專政的、題為《牢獄之花》、（注曰：《牢獄之花》有一百多萬！還是 1961 年寫起的，你們見了幾萬？怕也不過晚飯片段引文之中見了一個題目知道有那麼一回事吧？是不在吠影的一犬之列而只當為吠聲的百犬之翼！）《提籃橋的黎明》、《血花》等等的反革命詩詞、歌曲、標語、口號。（注曰：還有小說、戲劇、論文、散文綱要、傳單、信箋、照會、宣言、講稿、呼籲、抗議……種種舉多不及備載。絕之，當世奇才，一代完人！）被告在 1963 年 6 月 16 日（注曰：應為 19 日）寫的《絕食書》中，狂妄地說："一息尚存，此生寧坐穿牢底，決不稍負初願，稍改初志。"（注曰：是有這話不假，呈天後上共閱！）一系例（注曰：應為一系列。）事實，

174

完全證明被告林昭是一個堅決與人民為敵的反革命分子。（注曰：除了"人民"兩字尚待整報招尋兩外，這一論斷本身卻也大大值得年輕的反抗者引為無上榮譽！）

上述事實，有各地群眾的檢舉揭發（注曰：算了吧！哪有這麼回事，影兒都沒有！），經上海、蘇州、天水等地公安機關的嚴密偵訊，搜集到林昭所收集起來而要的我黨政領導幹部和各民主黨派負責人的名單，及反革命集團成員間來往信件，還有反革命刊物《星火》等宣傳品，有被告同黃政寫的"中國自由青年戰鬥聯盟"政治綱領，（注曰：說了是我寫的不假！）有監所和醫院（敢問曰：到底什麼醫院？真正現醜丟人！）轉來的被告寫的反革命文章、詩詞、信件等，有反革命集團成員張元勳、顧雁、梁炎武、譚蟬雪、苗慶之、孫和、黃政、朱明、張如一等人和帝國主義間諜阿諾的供詞，及同監在押犯人（注曰：要麼是你們的狗！）的揭發、等等。大量人證、物證。（注曰：按所謂馬列主義原則來說，"法律"者，"統治者的意旨"而已！反抗即是大罪，爭自由即是大罪，要人權更是大罪，何需什麼"人證、物證！？"要說"證"哩，1962年8月29日（？）初次被傳出庭時，當場交上的一本《各國民權運動史》，不知是否亦在"罪證"之列？兩應明白列入，不在則當於櫛遺，為惑！）

如上所述，本院確認：被告林昭長期來堅持與我黨和人民為敵的立場，積極組織反革命集團，共謀出版《星火》刊物，進行造謠煽動，陰謀偷越邊境投敵，（注曰：是可忍孰不可忍，祖國不是你們締造的！她倒只是被你們所敗壞！）在保外就醫期間和在監所中進行了一系例（注曰：又是"一系例"，看來打字被上刪缺"列"字！）反革命活動妄圖推翻人民民主政權，破壞社會主義事業，勾結帝國主義作反革命的垂死掙扎，（注曰：比如寫出此罵語妙天下的所謂"起訴書"來，俾即垂死掙扎的好例！）實屬怙惡不悛的反革命分子，罪行極為嚴重。為此，本院為鞏固人民民主專政，特根據中華人民共和國懲治反革命條例第一條、第六條第一款、第十條第三款，比照第七條第二款、第一款和第十二條之規定，提起公訴，請依法嚴懲。（注曰：官話連篇，不知所云！實關有聽喜放屁者作打油詩曰：屁乃肚中之氣，哪有不放之理？誰要干涉放屁，真正豈有此理！這份所謂的"起訴書"大致亦可作如是觀。）

此致

上海市靜安區人民法院

檢察員：吳澤春

1964 年 11 月 4 日

〔注曰：用這個日期是別有用心的，表達著某種暗示或作某種掩飾司馬昭之心的無效的努力。〕

附：被告林昭押於上海第一看守所移送被告的偵訊案卷八冊：隨案附送大批罪證。〔注曰：不知前述那冊《世界民權運動史》可在其內，那是我的書，我還要呢！慎毋遺失為便！〕

1964 年 12 月 2 日上午 750 分收到。

林昭　自志

——《憶林昭》第 241-250 頁。

判決後的聲明

　　昨天你們——那所謂的偽法院假借而盜用著法律名義非法判我徒刑 20 年！這是一個極其骯髒、極其可恥的判決！但它確實也夠使我引為叛逆者而無上光榮！

　　自來善惡不聖峙即如漢賊不兩立，你們這一非法的可恥判決，從另一方面看恰正是林昭個人戰鬥生涯的上好見證！它證明著作為一名自由戰士之林昭的吾志清操大節正氣！更證明你們的欺騙、引誘、迷惑、試探、逼迫、折磨、侮辱、凌虐、摧殘、殘害等種種一切鬼域伎倆，終於不得不在反抗者堅毅不屈貞烈無二的意志之前宣告徹底失敗而完全破產！

　　這是一個可恥的判決，但我驕傲地聽取了它！這是敵人對於我個人戰鬥行為的一種估價，我為之由衷地感到戰鬥者的自豪！我還做得太少，更做得非常不夠。是的，我應該努力做得更多，以符合你們的估價！除此以外，這所謂的判決於我可謂毫無意義！我藐視它！

　　看著吧！歷史法庭的正式判決很快即將昭告於天下後世！你們這些極權統治者和詐偽的奸宄——歹徒、惡賴、竊國盜和殃民賊子將不僅是真正的被告更是公訴的罪人！

　　公義必勝！自由萬歲！

林昭

主曆 1965 年 6 月 1 日

176

——《憶林昭》第 251 頁。

18、林昭於 1968 年 4 月 29 日被槍決，而她的死刑判決是 1968 年 4 月 19 日做出的：

最 高 指 示

不管什麼地方出現反革命分子搗亂，就應當堅決消滅他。

至死不變，願意帶著花崗岩頭腦去見上帝的人，肯定有的，那也無關大局。

中國人民解放軍上海市公檢法軍事管制委員會
刑事判決書
一九六七年度滬中刑【1】字第 16 號

反革命犯林昭，又名彭令昭、許萍，女，卅六歲，江蘇省蘇州市人，住本市茂名南路一五九弄十一號。

反革命犯林昭出身於反動官僚家庭，一貫堅持反革命立場。一九五九年積極參加以張春元為首組織的反革命集團，拘捕後，又擴展反革命組織，發展成員。為此，於一九六五年五月三十一日由原上海市靜安區人民法院判處徒刑二十年。

但反革命犯林昭在服刑改造期間，頑固地堅持反革命立場，在獄中繼續進行反革命活動，大量書寫反革命日記、詩歌和文章，惡毒地咒罵和污蔑我黨和偉大領袖毛主席，瘋狂地攻擊我無產階級專政和社會主義制度。無產階級文化大革命開展後，林犯反革命破壞活動更為猖獗，繼續大量書寫反革命文章，竭力反對和肆意詆毀我無產階級文化大革命運動。尤其不可容忍的是，林犯竟敢明目張膽地多次將我刊登在報紙上的偉大領袖毛主席光輝形象用污血塗抹。與此同時，林犯還在獄中用污血在牆上、報紙上塗寫反革命標語，高呼反革命口號和高唱反動歌曲，公然進行反革命鼓動，反革命氣焰極為囂張。

在審訊中，林犯拒不認罪，態度極為惡劣。

反革命犯林昭，原來就是一個罪惡重大的反革命分子，在服刑改造期間，頑固堅持反革命立場，在獄內繼續進行反革命活動，實屬是一個死不悔改、怙惡不悛的反革命分子。為誓死保衛偉大領袖毛主席，誓死捍衛戰無不勝的毛澤東思想，誓死保衛以毛主席為首的黨中央，加強無產階級專政，茲根據中華人民共和國勞動改造條例第七十一條和中華人民共和國懲治反革命條例第二條、第十條第三款之規定，特判決如下：

　　判處反革命犯林昭死刑，立即執行。

中國人民解放軍

上海市公檢法軍事管制委員會

1968 年 4 月 19 日

　　——《血書：林昭的信仰、抗爭與殉道之旅》第八章《血書家信》。

19、20、——出自胡傑拍攝的紀錄片——《尋找林昭的靈魂》。

21、1963 年 6 月 19 日，林昭於《絕食書》中，所言。——《血書：林昭的信仰、抗爭與殉道之旅》第五章《玉碎》。

22、23、24、——出自胡傑拍攝的紀錄片——《尋找林昭的靈魂》。

25、1966 年 5 月 6 日，張元勳與許憲民到監獄探視林昭時，林昭對張元勳所講。此次探監原本是兩天的，獄方是想借助親朋勸說來征服林昭，後由於監獄領導認為效果不理想，第二天的探視被取消。——《從王實味到劉曉波：中國當代文字獄編年錄》第 113 頁、《林昭，不再被遺忘》第 102-107 頁。

26、此詩是和毛澤東 1949 年寫的《七律・人民解放軍佔領南京》，時間為 1964 年 9 月 26 日。——《血書：林昭的信仰、抗爭與殉道之旅》第五章《玉碎》。

27、《歷史將宣告我無罪》為林昭收到死刑判書後，用鮮血所寫的最後一份遺書。——《追憶林昭》第 8 頁、《林昭，不再被遺忘》第 8 頁。

28、上海市高級人民法院，分別於 1980 年 8 月 22 日與 1981 年 12 月 30 日，對林昭案，前後做了兩次 "無罪" 的判決：

上海市高級人民法院刑事判決書
【80】滬高刑複字第 435 號

　　林昭，又名彭令昭、許萍，女、1932 年生，江蘇蘇州市人，原北京大學學生。

　　林昭於 1965 年 5 月由上海市靜安區人民法院以反革命罪判處有期徒刑二十年。1968 年 4 月 29 日又由中國人民解放軍上海市公檢法軍事管制委員會以反革命罪判處死刑，立即執行。現經本院復查查明：林昭在 1958 年被錯劃為"右派分子"後因精神上受到刺激，1959 年 8 月開始患精神病。嗣後，曾以寫長詩、文章等表示不滿，並非犯罪行為。1965 年對林昭以反革命罪判處徒刑顯屬不當，應予糾正。林昭被錯判服刑後，精神病復發，又曾用寫血書、詩歌、日記以及呼喊口號等表示不服，1968 年將林昭在病發期間的行為又以反革命處以極刑，顯屬錯誤，應予糾正，據此本院特重新判決如下：

　　撤銷上海市靜安區人民法院 1962 年度靜刑字第一七一號和中國人民解放軍上海市公檢法軍事管制委員會 1967 年度滬中刑（一）字第一六號兩次判決。

　　對林昭宣告無罪。

上海市高級人民法院

1980 年 8 月 22 日

　　——《憶林昭》第 22、23 頁。

上海市高級人民法院刑事判決書
【81】滬高刑申字第 2346 號

　　林昭，又名彭令昭、許萍，女，1932 年生，江蘇省蘇州市人，原系北京大學學生。

　　林昭因被控反革命案，經上海市靜安區人民法院 1965 年 5 月以 1962 年度靜刑字第 171 號判決判處有期徒刑二十年，在押期間又經中國人民解放軍上海市公檢法軍事管制委員會於 1968 年 4 月 29 日以 1967 年度滬中刑 [1] 字第 16 號判決按反革命罪判決死刑，立即執行。經本院於 1980 年 8 月 22 日復查，以 80 滬高刑複字第 435 號判決，撤銷上述上海市靜安區人民法院及中國人民解放軍上海市公檢法軍事管制委員會兩次判決。對林昭宣告無罪在案。經本院院長發現，本案改判判決，在適用法律上仍屬不當。由審判委員會決定再審。

現經本院再審查明，林昭於 1958 年在北京大學讀書期間被錯劃為右派分子，於是以寫長詩、文章等表示不滿。1968 年林昭在被錯判服刑期間，又先後用寫血書、詩歌、日記，以及呼喊口號等表示不服，按林昭以上行為，根本不構成犯罪，而上海市靜安區人民法院和中國人民解放軍上海市公檢法軍事管制委員會均以反革命定罪，處刑是錯誤的。本院於 1980 年 8 月 22 日復查改判時，否定林昭犯有反革命罪，撤銷原來兩個錯誤判決，對林昭宣告無罪，是正確的。但據以宣告無罪的理由是說林昭因患有精神病，在病發期間的行為不應以反革命罪論處，如上所述，林昭的行為既不構成犯罪，故本院 80 滬高刑複字第 435 號判決在適用法律上亦屬不當，均應與前兩個判決一併予以糾正。據此，本院判決如下：

一、撤銷本院 80 滬高刑複字第 435 號、中國人民解放軍上海市公檢法軍事管制委員會 1967 年度滬中刑 (1) 字第 16 號和上海市靜安區人民法院 1962 年靜刑字第 171 號判決。

二、對林昭宣告無罪。

上海市高級人民法院刑事審判庭

審判長　佟介凡

審判員　阮時平

代理審判員　王玉義

本件與原本核對無異。

1981 年 12 月 30 日

書記員　丁幼玲

——本判決書原文收錄於《南方週末》2013 年 11 月 14 日《林昭案卷的來龍去脈》（專訪），作者彭令範（彭令昭之妹）。

參考資料：

1、《尋找林昭的靈魂》，紀錄片，胡傑拍攝。

2、《憶林昭》，甘粹著，勞改基金會出版，2009 年版。

3、《追憶林昭》，許覺民編，長江文藝出版社，2000 年版。

4、　《林昭之死 1932—1968 四十年祭》，傅國湧編，天地圖書出版，2008 年版。

5、　《原上草：記憶中的反右運動》，牛漢、鄧九平編，經濟日報出版社，
　　　1998 年版。

6、　《北大魂：林昭與"六．四"》，甘粹著，秀威資訊科技股份有限公司，
　　　2010 年版。

7、　《從王實味到劉曉波：中國當代文字獄編年錄》，張裕編，自由文化出
　　　版社，2003 年版。

8、　《血書：林昭的信仰、抗爭與殉道之旅》，連曦著，連曦、賈森譯，臺
　　　灣商務印書館有限公司，2021 年版。

9、　《精英是怎樣被毀滅的：1949 年以來各界精英死難實錄》，胡顯中、岑
　　　超南編，五七學社出版公司，2012 年版。

《出身論》的殉道者——遇羅克

遇羅克【1942 － 1970】

《解放軍報》曰：政治好，業務也可以不好。……很顯然，假使政治好的人反而不如私心雜念的人鑽研業務時幹勁足，不正說明政治的無力嗎？事實上，比如說，乒乓球隊獲勝是因為毛澤東思想政治掛帥，那麼，人們不禁要問，籃球隊不也學習毛澤東著作嗎？蘇聯隊不是沒學嗎？為什麼中國隊敗給蘇聯呢？講不出來了。這是用政治講不通的問題。知道走錯了路，而又不敢回頭的人，必然用歪理來解釋真理。

——遇羅克《日記》1966 年 5 月 23 日

　　一個母親上下班的時候，經過北京工人體育館，每次都得把臉扭過去，從不願去看那個地方，因為那是她的兒子含冤而死的地方。這個母親叫王秋琳，而她的兒子，卻是中國歷史上——那個因《出身論》而被殺死的，僅僅活了 27 歲的遇羅克。

　　十九世紀的芝加哥工人，為了爭取八小時的工作制度，舉行了大罷工，經過艱苦的鬥爭，最終於 1886 年 5 月 1 日獲得了大勝利，因而這一天，也成為人類爭取自身權利值得紀念的一天；56 年後的這一天（1942 年 5 月 1 日）[1]，中國的

182

遇羅克來到了這個世界，他之所以選擇這一天的到來，是因為也有等待著他去為之奮鬥與抗爭的使命。

從小古靈精怪的遇羅克，是弟妹們最好的玩伴，因為他總能玩出新的花樣來。6 歲開始上小學，當別的孩子，零花錢都用來買吃的、玩的東西的時候，而他卻選擇了買書、買紙和筆，似乎這興趣是從娘胎裏帶來的一樣。他每次做完作業，就是喜歡看課外書，它的這一愛好，除了成績優異外，小小年紀就寫童話、寓言故事，投稿給《中國少年報》。

1954 年，進入北京市男二十五中學上初中。入學的個人履歷表上，赫然出現"出身"一欄，遇羅克這下不如何填了，他跑過去問母親，母親卻不假思索地說："當然是資本家"。因為這資本家的出身，遇羅克的操行，從小學的"優"變成了"良"[2]。然而，從"舊社會"過來的母親，根本就不知道這樣微妙的變化，意味著什麼？而在遇羅克心裏，卻很在乎這種微妙的變化。之後，他勸母親不要收取房租，也力勸母親把房子交給國家，甚至到派出所去舉報父母無理解雇手指被軋工人。當母親質問他："我不養你，你吃什麼？"時，他回道："養活我，是你的社會義務"，氣得母親氣不打一處來。其實遇羅克之所以有這樣諸多的做法，甚至忤逆，無非是希望自己能有個好的出身，無非是希望自己能改變附著在自己身上的"資本家"這一不好的烙印，無非是希望能從"良"再回到"優"中來。整個的初中，遇羅克除了操行從"優"到了"良"，而他的學習成績，卻沒有絲毫的退步。三年後的他，以全優的成績考入第一志願高中——北京市男 25 中。

1957 年，整風運動中，父親寫了篇《這是為什麼》的大字報，反對"小彙報"制度，說"人與人，冷冰冰"，成為了極右的右派；又因堅持己見，拒不認錯，被水利電部開除公職，勞動教養三年。母親因同情右派，為章乃器鳴不平，沒想到自己也成為了右派，被免除廠內一切職務，下放到鉗工車間當工人。

　　家中的巨變，自己的操行，也從原來的"良"到了"中"，更加之 1959 年高中畢業的他，各門成績都優異，卻因為這個"中"——出身"右派"家庭，而考不上大學；後來復習了一年，仍然因為同樣的原因，沒有考上大學。殘酷的現實，帶給他的是困苦與思索，是對自己所處的社會更深入的認識與理解。在上大學無望時，1961 年，他毅然自己申請下鄉當農民，每月掙到的工錢都拿來貼補家用，直到 1964 年才回城。這四年間，雖處農村，過著非常艱苦的生活，然而勞累之餘，卻沒有一刻離開過書本，離開過黑格爾、康德，離開過他對知識的探求與對社會的思索。這其間，他寫的小說《蘑菇碉堡和菜花老人》，發表於"北京晚報"；他的《評影片"劉三姐"》，出現在"大眾電影"上。

　　回城後的遇羅克，經朋友介紹，做過看傳呼電話的工作，也做過圖書館的整理圖書目錄的工作，更經人介紹，去中國科技情報研究所做管理外文資料卡片的工作，更做過兩個學校的代課老師，無論自己工作怎麼的認真、勤懇，都躲不過出身"右派"的追殺。1966 年 2 月，原來在朝陽區小牌坊胡同小學當代課老師的他，卻因寫了一篇批評姚文元的文章[3]，被學校辭退了。又淪為待業青年的遇羅克，多虧東四街道辦事處負責分配工作的徐老師的力介，才有機會進入市人民機器廠當學徒工，這也是其有生之年的最後一份工作。

　　1966 年，"文化大革命"襲卷了中華大地，毛澤東治下的無秩與殘暴隨處可見。8 月 26 日，他在日記中，做了最壞的打算："我想，假若我也挨鬥，我一定要記住兩件事：一、死不低頭；二、開始堅強，最後還堅強。"[4] 兩天後，他擔心這樣的無秩與殘暴，會降臨在自己及家人身上，讓妹妹把自己的日記及筆記等資料都燒掉了，只留下一本藍皮封面的《北京日記》，那是他思想的結晶所在，實在捨不得付之一炬。在後來的抄家中，遇羅克因不向"紅衛兵"下跪，被關到廠裏進行"專政"；母親被關進了廠裏寫檢討；兩個弟弟也進了學校辦的"黑七類子女學習班"，而妹妹遇羅錦，後來因為自己沒有燒掉的日記，被羅織罪名，勞教三年[5]。

抄家所發生的事，只是無秩的一角，眼所見、耳所聞的，卻不知道有多少了；而最為殘暴的，卻是發生在徐霈田身上的事：

> 退休老工友徐霈田 (76 歲) 於 1966 年 10 月 3 日下午，被六中紅衛兵領導，西糾隊員王xx和陳xx帶到淋浴室。他們說："給你洗澡。"於是這群暴徒們開始慘無人道的折磨這個老工人。先是用冷水潑身，只聽老人慘叫："冷啊！冷啊！"然後又用滾開的水向老人頭上猛澆。王xx，陳xx等人一面澆一面獰笑著說："老頭子，今天讓你洗個痛快！"老人被折磨的死去活來，連聲慘叫"熱啊！熱啊！饒了我吧，老祖宗！"這夥暴徒獸性更是大發，反而澆的更厲害了。老人的頭皮被燙去一層。當老人勉強爬向宿舍時，已經奄奄一息，不省人事了。4 日早晨，徐要求醫治，但他們不許出屋，不給醫治。當天 10 點 40 分，徐又被王xx、陳xx等人拉到後院，進行種種毒打和戲弄。他們強迫76 歲的老工人學哭、學笑，令其吃屎、喝尿，過夠癮後，又把徐嘴堵上，帶到後院廁所中，將徐吊死。這群暴徒真是置人於死地而後快。更令人氣憤的是，他們竟揚言徐上吊自殺了。[6]

文革的無秩與殘暴，雖是隨處可見的事。而此時的遇羅克，他最最關心的，還是他的"出身問題"[7]；因為這個問題總是糾纏著他。從初中到高中，從無法上大學到無法正常工作，困擾他的始終是"出身問題"。哪怕是文革中的紅衛兵，出身不好的人，連當紅衛兵的資格都沒有。因而經過他的深思熟慮，在再三的醞釀之下，又經過三易其稿，《出身論》[8]——

這篇關乎很多人命運的傳世之作，終於橫空出世了。

1967 年 1 月 18 日，為了擴大《出身論》的影響，遇羅文、王建複、牟志京等人鉛印了《中學文革報》[9]。《中學文革報》創刊號印 3 萬份，《出身論》佔據了三版的篇幅，一經銷售，很快就賣光了；之後又加印了專刊版 6 萬份，也很快就賣光了。這份以遇羅克的文字為主打的小報，因遇羅克的《出身論》一炮而紅，總共辦了 7 期，出版了幾十萬份，影響深遠，深得民心，若不是被 "中央文革" 把《出身論》定為 "大毒草"[10]，這《出身論》引起的對 "出身" 這個問題的思考，或許真能來個真正意義上的 "文化大革命"。

遇羅克以筆名 "北京家庭出身問題研究小組" 發表於《中學文革報》上的《出身論》，贏得廣大讀者認可的同時，危險也悄悄向他靠近了。被捕前，他曾給廣東的一位讀者寫信道：*"我只有一半自由了，我的身後總有人跟蹤，我的朋友開始受到訊問，我的信件都被郵檢了……"*。自從那以後，遇羅克過上經常被人跟蹤、盯梢的生活。1968 年，他正在著手寫另一篇著作——《工資論》，還沒有等他寫完，1 月 5 日，他像往常一樣，帶上午飯，騎著單車去上班，卻被伺機已久的秘密警察抓走了，再也沒有回來。

1968 年 1 月 6 日，遇羅克被關進了半步橋監獄。3、4 月份後，監獄經常押著遇羅克去批鬥，受盡非人的拆磨。1969 年 10 月，關押遷至河北，1970 年 1 月又押回北京，投入死刑號。在獄中，遇羅克時常被帶上鐐銬，接受日日夜夜不讓休息的輪番審問；二年多的時間，提審八十多次，他把所有的罪責都擔下了，沒有檢舉過任何人，也沒有認罪。遇羅克的鐵骨錚錚，這是獄方沒有料到的。而他的這種氣節，從 1966 年 8 月 8 日的日記中，就可以看出："*晚間開會鬥宋玉鑫，（人民機器廠）宋始終不承認自己是黑幫。這種氣節是值得學習的。假使他認為是對的，就*

死也不能說是錯。革命，只能信託有氣節的人。”

　　一位幹部子弟出身的獄友（張朗朗），曾問他：“為了一篇《出身論》去死，值得嗎？”遇是這樣答的：“值得。你過去一直生活優越，終日在高幹子弟中間，這所大學上膩了，看不上了，還可以上另一所。你對家庭出身問題沒有體會。而我幾次高考，成績優異都沒有考上。像我這樣的並不是一兩個啊。可以說，從我們能奮鬥的那天起，就是被社會歧視的。你不了解我們這些人的社會地位和心情。我被抓了，也許結果不堪設想，但為出身問題付出這麼大代價的，解放以來還是第一次。如果說這是吶喊，也是受壓迫的人，喊出的最強音了。我沒有想到一篇《出身論》會影響這麼大，全國各地那麼多感人肺腑的來信，常使我讀著流淚。我永遠忘不了有姐妹倆，哭著找到我們，一再說：‘收下我們吧！哪怕整天給你們端水掃地都願意。’為了他們，值得一死。” [11]

　　1970 年 1 月 9 日，在遇羅克判決的內部討論中：“遇犯思想反動透頂、對我黨和社會主義制度懷有刻骨仇恨、妄圖顛覆我無產階級專政” [12]，以上羅織的哪一罪項，不都是要置遇羅克於死地。終於在 1970 年的 3 月 5 日，在北京工人體育館的公審大會上，“思想反動透頂”的遇羅克，被以“現行反革命罪” [13] 判處死刑，立即執行。遇羅克被殺死後，公安拿著死刑判決書，問遇羅克的父親：“你兒子被槍決了，你有什麼意見？”據遇羅克的妹妹遇羅錦後來所得到消息，哥哥臨死刑前，他的眼角膜，被人喪心病狂地從身上割下，植入另一個人的眼睛 [14]。

　　70 年代末，80 年代初，全國大規模的平反冤假錯案。經過遇羅克家人多方的努力，北京市中級人民法院，於 1979 年 11 月 21 日，對遇羅克的案件進行了再審，最終得以宣判——“遇羅克無罪” [15]。已經身死的遇羅克，被判他死刑的“人”平反後，其家人，獲得了他被關押期間的工資的補發 [16]。80 年代中期，其父親被“改正”後，受了 20 年折磨的他，補發

187

了兩年的工資，但其原本每月工資 198 元，卻被"證據"成了 132 元。1986 年，遇羅錦去了德國。90 年代，遇羅文給姐姐寫信，希望她回來看看，她只回了一句："當什麼時候？我們能像人一樣被對待時，自然會回去。"多年後，勸她回去看看的弟弟，選擇了去美國安享晚年。

相關注釋：

1、1942 年 5 月 1 日，遇羅克生於南京，7 歲隨全家遷至北京。1954 年於"北京市東四區一中心小學"小學畢業，1957 年於"北京市男 25 中學"初中畢業，1960 年於"北京市男 65 中學"高中畢業。——資料來源於遇羅錦創建的"紀念文革、懷念遇羅克"的博客。遇崇基與王秋琳夫婦共同生育過 5 個孩子。遇羅克老大，老二遇羅錦，老三遇羅文，老四遇羅勉，老五送人。——《一個大童話：我在中國的四十年（1946—1986）》。遇崇基以筆名羅茜出過《日文報紙譯讀法》一書，遂給孩子取的名字中都有"羅"字，問其義，遇崇基解釋道：羅的繁體字上為"四"，下為"維"，"禮義廉恥"為國之"四維"的意思。——《我家》第 18 頁。

2、解放後，北京的學校都實行"操行評定"，操行評定分成"優、良、中、差、劣"五個等級。遇羅克小學是"優"，初中是"良"，到了高中，因為此時父母都成了右派，而右派的子女，就只配得上"中"了。被評為"中"是根本不可能上大學的，若是"差"，基本上要被開除，不配再接受教育了。——《我家》、《一個大童話：我在中國的四十年（1946—1986）》。

3、遇羅克的文章原名叫《人民需不需要海瑞——與姚文元同志商榷》，《文匯報》刊載時改名叫《和機械唯物論進行鬥爭的時候到了》，原文一萬五千餘字，發表時被刪成三千來字。文章是 1966 年 2 月 13 日見報，遇羅克於 15 日看到。1966 年 2 月 15 日，遇羅克的日記談到此文："……買來《文匯報》（十三日）一看，果然有。……發表一篇文章真是難得的很！不過，這在家裏卻掀起了軒然大波。父親和母親以及來和父親下棋的棋友都害怕起來。他們一見那標題《和機械唯物論進行鬥爭的時候到了》就十分不安。文中的小標題也使他們不知所措。整個版面的安排對我也純屬不利……我的文章儼然是工人和農民的反面教材了。……生活在今天對我來講，成了乾乾淨淨的零。我有什麼可怕的呢？未來只有勝利，最壞的結果也不過既無勝利也無損失罷了。我要是害怕，那不十分可笑嗎？……平心而論，《文匯報》大部分刪得也還不失本來面目，文筆依然犀利，論點也還清楚。敢道他人之不敢道，敢言他人之不敢言。足以使朋友們讀了振奮，使認識我的人知道生活並沒有把我擊垮。難道我還有什麼可顧慮的嗎？誰敢如我全盤否定姚文元呢？誰敢如我公開責備吳晗不進一步把海瑞寫得更高大呢？那些折中的文章，名為否定實為肯定的作者，可有我的態度鮮明、立場堅定？……這時候，有一種自豪感油然而生，我甚至想，如果北京日報發表我那篇《從‘海瑞罷官’談到歷史遺產繼承》就更好了。……真理是在我這一邊的，姚文元諸君只是跳樑小丑。‘爾曹身與名俱滅’，在歷史面前，正是他們在發抖。"——《我家》第54、55頁、《一個大童話：我在中國的四十年（1946—1986）》第144、145頁。

4、遇羅克的日記。——《遇羅克遺作與回憶》第122頁、《一個大童話：我在中國的四十年（1946—1986）》第150頁。

5、遇羅錦因日記中，對一些文藝、對破四舊和毛戴紅衛兵袖章一事有些看法，被判勞教三年。後來平反，給的結論是："經復查，遇羅錦主要是認識問題，原定性處理不妥。現決定撤銷原結論和勞教三年處分，為遇羅錦平反，恢復名譽，消除影響。"公安以規定為由，不給平反結論書，只讓抄。——《一個大童話：我在中國的四十年（1946—1986）》第185、186、320頁。

6、這是遇羅克在北京六中紅旗公社公佈的材料上看到的，摘錄於《"聯動"的騷亂說明什麼？》中，此文原載於1967年2月10日《中學文革報》第3期。——《遇羅克遺作與回憶》第35頁、《遇羅克與〈中學文革報〉》卷三《中學文革報》大全。

7、共產黨統治大陸後，搞階級劃分（家庭成份與政治身份掛鉤，一損具損，一榮具榮），其基因屬於封建連坐制的一部分。影響最爲廣泛的劃分是"紅五類"與"黑五類"，不論是"紅"是"黑"，每個等級所享受的政治待遇都不同。而"紅"與"黑"就像"好人"與"壞人"的區分，是深深烙在中國人身上的印記。出身不好的人，自然就低人一等，學習、工作、生活都不方便，可以說舉步維艱。每個人都戴著有色眼鏡看人，他人也戴著有色眼鏡來看自己；不同等級的人，受到不同等級的待遇；這與個人的能力無關，而判定的依據就是"出身"；這是一種變態的人上人、人下人的等級森嚴制度，是一種反文明的道德秩序。"紅五類"依次是：工人、貧下中農、革命幹部、革命軍人、革命烈士；"黑五類"依次是：地主、富農、反革命分子、壞份子、右派分子。"黑五類"後來擴大爲"黑七類"：地主、富農、反革命分子、壞份子、右派分子、資本家、走資派。——《遇羅克遺作與回憶》《序》、《從王實味到劉曉波：中國當代文字獄編年錄》第 168 頁、《我家》第 60、61 頁。

8、《出身論》的全名叫《略論家庭出身的幾個問題》，作者遇羅克，縮簡成《出身論》三字題，是作者弟弟遇羅文的傑作。1966 年 7 月完成初稿，9 月定稿，11 月修改。1967 年 1 月 18 日，正式發表於遇羅文、王建複、牟志京等人創辦的《中學文革報》創刊號上，署名：北京家庭問題研究小組。發表之前，鉛印了許多，以張貼及傳單的方式供人傳閱。《一個大童話：我在中國的四十年（1946—1986）》第 170-178 頁《略論家庭出身的幾個問題》，爲沒有經過修改的版本；《遇羅克遺作與回憶》第 3-22 頁《出身論》是修改過的版本，也是發表於《中學文革報》上的版本。

《略論家庭出身的幾個問題》
北京家庭出身問題研究小組

　　家庭出身問題是長期以來嚴重的社會問題。

　　這個問題牽涉面很廣。如果說地富反壞右分子占全國人口的 5%，那麼他們的子女及其近親就要比這個數字多好幾倍。（還不算資本家、歷史不清白分子、高級知識份子的子女，更沒有算上職員、富裕中農、中農階層的子女。）不難設想，非紅五類出身的青年是一個怎樣龐大的數字。由於中國是一個落後的國家，解放前只有二百多萬產業工人，所以真正出身於血統無產階級家庭的並不多。這一大批出身不好的青年一般不能參軍，不能做機要工作。因此，具體到個別單位，他們（非紅五類）就占了絕對優勢。

他們往往享受不到同等的政治待遇。特別是所謂黑七類出身的青年，即"狗崽子"，已經成了准專政對象。他們是先天的"罪人"。在它的影響下，出身幾乎決定了一切。出身不好不僅低人一等，甚至被剝奪了背叛自己的家庭的權利。這一時期，有多少無辜青年，死於非命，溺死於唯出身論的深淵之中。面對這樣嚴重的問題，任何一個關心國家命運的人，不能不正視，不能不研究。而那些貌似冷靜和全面的折衷主義觀點，實際上是冷酷和虛偽。下面我們就從社會實踐中尋找答案，分三個問題來闡述我們的觀點。

一、社會影響和家庭影響問題

先從一副流毒極廣的對聯談起。

"老子英雄兒好漢，老子反動兒混蛋，基本如此。"

辯論這副對聯的過程，就是對出身不好的青年侮辱的過程。因為這樣辯論的最好結果，也無非他們不算是個混蛋而已。初期敢於正面反駁它的很少見。即使有，也常常是羞羞答答的。其實這副對聯的上半聯是從封建社會的山大王竇爾敦那裏借來的。難道批判竇爾敦還需要多少勇氣嗎？還有人說這副對聯起過好作用。是嗎？

這副對聯不是真理，是絕對的錯誤。

它的錯誤在於：認為家庭影響超過了社會影響，看不到社會影響的決定性作用。說穿了，它只承認老子的影響，認為老子超過了一切。

實踐恰好得出完全相反的結論：社會影響遠遠超過了家庭影響，家庭影響服從社會影響。

從孩子一出世就同時受到了這兩種影響。稍一懂事就步入學校大門，老師的話比家長的話更有權威性，集體受教育比單獨受教育共鳴性更強，在校時間比在家時間更長，社會影響便成了主流。

朋友的琢磨，領導的教導，報紙、書籍、文學、藝術的宣傳，習俗的薰染，工作的陶冶等等，都會給一個人不可磨滅的影響，這些統稱社會影響。這都是家庭影響無法抗衡的。

即使是家庭影響，也是社會影響的一部分。一個人家庭影響的好壞，不能機械地以老子如何而定。英雄的老子，反動的媽媽，影響未必是好的。父母都是英雄，子女卻流於放任，有時更糟糕。父母思想好，教育方法如果簡

191

單生硬，效果也會適得其反。同樣，老子不好，家庭影響未必一定不好。總之，一個人的家庭影響是好是壞，是不能機械地以出身判定的。出身只是家庭影響的參考。

總的來說，我們的社會影響是好的。有時社會影響又不全是好的。無論是什麼出身的青年，如果經常接受社會上的壞影響，一般總要服從這種壞影響，犯這樣或那樣的錯誤。但是只要引導得法，他很快就會拋掉舊東西，回到正確的立場上來。所以，故意讓青年背上歷史包袱，故意讓青年背上家庭包袱，二者都是殘酷的。由於社會影響是無比強大的，但又不見得全是好的，所以不管是什麼出身的青年放棄思想改造，都是錯誤的。對於改造思想來說，出身好的青年比出身不好的青年並沒有任何優越性。

家庭影響也罷，社會影響也罷，這都是外因。過多地強調影響，就是不承認主觀能動性的機械論的表現。人是能夠選擇自己的前進方向的。這是因為真理總是更強大，更有感召力。

二、重在表現問題

（1）出身和成份完全不同

出身和成份是完全不同的兩件事。老子的成份是兒子的出身。如果說，在封建社會家庭是社會的分子，子承父業還是實在情況，那麼，到了資本主義社會，這個說法就不完全正確了。家庭的紐帶已經鬆弛了，年輕的一代已經屬於社會所有了。而到了社會主義社會，一般的青少年都接受無產階級教育，準備為無產階級事業服務或已經服務了，再把兒子、老子看作一碼事，那也太不"適乎潮流"了。

出身和成份是不能相提並論的。有一段對話是很耐人尋味的。甲（是個學生）："你什麼出身？"乙："你呢？"甲："我紅五類，我爸爸是工人。"乙："我比你強，我就是工人。"

如果說唯成份論都沒有道理，那麼唯出身論又怎麼能夠存在？

特別是在新社會長大的青年，能說他們是在剝削階級地位中生活嗎？世界上哪里有一種沒有剝削的剝削階級呢？沒有這樣的東西。給一個人的思想打上烙印的，不只是家庭，更重要的是社會。青年人的階級地位，要麼是準備做勞動者，要麼是已經成了勞動者。這時對他們還強調"成份"，那就是要把他們趕到敵對階級中去。

我們必須要劃清出身和成份這二者之間不容混淆的界限。誰抹煞了這兩

192

條界限，雖然樣子很"左"，但實際上就是抹煞了階級界限。

（2）出身和表現關係甚小

於是，公允派不談成份了。他們說："我們既看出身，也看表現（即政治表現）……"

這是"出身即成份論"的翻版。兩相比較，也就是五十步笑百步，沒多大差別。

出身是死的，表現是活的，用死標準和活標準同時衡量一個人，能得出同一個結論嗎？我們已經分析過：出身是家庭影響的一個因素，家庭影響是表現的一個因素，而且是一個次要的因素，社會影響才是表現的主要因素。因此，出身和表現根本沒有同一性。究竟一個人所受影響是好是壞，只能從實踐中檢驗。這裏所說的實踐，就是一個人的政治表現。表現好的，影響就好；表現不好的，影響就不好。這和出身毫無牽涉。

退一步說，我們非要既看出身，又看表現不可，那麼請問：出身不好，表現好，是不是可以抹煞人家的成績？出身好，表現不好，是不是可以掩飾人家的缺點？出身不好，表現不好，是不是要罪加一等？出身好，表現好，是不是要誇大優點？難道這樣做是有道理的嗎？

"既看出身，也看表現"，實際上不免要滑到"只看出身，不看表現"的泥坑裏去。出身多麼容易看，一翻檔案，就完事大吉了。或者在街上一見面問對方："你是什麼出身？"便了解了一切。真是又簡單又省事。要看表現是何等麻煩，特別是對那些莫名其妙的懷疑派來說，既不相信你平時的表現，也不相信你大風大浪中的表現；既懷疑你過去的表現，也懷疑你現在的表現；並準備懷疑你將來的表現，直懷疑你個死而後已，才給你蓋棺論定。終於連他們也懷疑膩了。何如看出身？兩秒鐘能解決大問題。再說，表現這種東西，對於某些人根本就沒有固定的準繩。愛奉承的人，認為拍馬屁是最好的表現；愛虛偽的人，認為客套是最好的表現；愛錯誤路線的人，認為出身不好的青年終日頌經似的懺悔是最好的表現。哪里比得上出身？只需"老子英雄兒好漢，老子反動兒混蛋，老子平常兒騎牆"三句話就解決問題了。

在表現面前，所有的青年都是平等的。出身不好的青年不需要人家恩賜的團結，不能夠只做人家的外圍。誰是中堅？娘胎裏決定不了。任何通過個人努力所達不到的權利，我們一概不承認。

談到怎樣看表現，想到古代思想家的一則寓言。他說千里馬常有，但識千里馬的伯樂不常有。一般人相馬，總是根據母馬、外型、產地、價錢來判斷馬的好壞，偏偏忘記了讓馬跑一跑，試一試，看看它到底能不能日行一千，夜走八百，這樣不就分出哪一匹馬是千里馬。今天有的人不正是這樣嗎？他們只是著眼於出身啦，社會關係啦，這些死材料，恰恰忘了真正可以做為根據的表現。久而久之，不但糟蹋了千里馬，就是普通的馬也要變成"狗崽子"了。

我們必須要擺對出身和表現的位置。衡量一個青年是否革命，出身不是標準，只有表現才是唯一的標準。對於這個說法，廣大的出身好表現也好的青年，是不應該反對的。你們真的以為出身好表現就好，盡可以在表現上超過出身不好的同志。只有表現糟糕的人，才扯起出身這面大旗當虎皮，拿老子當商標，要人買帳。

出身、社會關係這些東西只能算是參考。只要把一個青年的政治表現瞭解清楚了，它們就連參考的價值也沒有了。

（3）出身好壞和保險與否毫無關係

公允派這回換了口氣："黑五類子女同他們的家長當然不完全一樣了……"言外之意，和紅五類子女當然也不一樣了。為什麼呢？因為（這回功利主義這塊法寶來了）："他們不保險！"

可是，為什麼不保險呢？"無論如何，他們受過壞影響！"外因決定論者這樣說。且不談家庭出身不好影響未必不好，且不談家庭影響服從社會影響。那麼，是不是家庭影響壞一些，社會影響再好，表現也要壞一些呢？這絕不是代數和的關係，而是辯證的關係。如果不和自己頭腦中的非無產階級思想作鬥爭，無產階級思想又如何樹立得起來？我們常常形容一些只受過紅一色教育而沒有經過刻苦的思想改造的青年為溫室裏的花朵。他們禁不起風浪，容易動搖和變質，容易為壞人利用。不是這樣嗎？他們保險嗎？而馬克思、列寧、毛澤東出身都不好。這個事實也絕不是偶然的。問題的關鍵，不在於出身，在於思想改造。

"革幹子弟不想復辟，不會革老子的命。"家庭觀念極重的人這樣說。往往，復辟是在不自覺中進行的。運動中揭出來的黨內走資本主義道路的當權派，凡是近幾年提拔的，出身一般都很好，他們保險了嗎？後來形"左"實右的工作隊或明文規定，或暗中推行歧視出身不好的青年的政策，那時，選入革委會的大都是出身好的，結果大多當了工作隊的反動路線的推銷員，他們保險了嗎？北京市中學生紅衛兵某負責人，他竟有男女秘書各二人，司機一人，此外還有小汽車、摩托車、手錶、照相機、答錄機等等，陳伯達同志稱之為假紅衛兵。可見，只依靠出身好的人同樣不能取消復辟的危險。古代有個女皇名叫武則天，她把大臣上官儀殺了，卻把上官儀的女兒留做貼身秘書。有人為她擔心。她說："只要政治修明，自然使人心悅誠服，這有什麼關係？"看看那些反動路線的執行者，他們連封建帝王的這點遠見也沒有，還自稱為"無產階級戰士"呢！縱然如革命勝利後驅逐了剝削階級的蘇聯，所有的青年出身都不錯，也不是保險的。

提倡保險論的人並不少，像樣的理由卻沒有。難道這就是"階級觀點"嗎？依照他們的觀點，老子反動，兒子就混蛋，一代一代混蛋下去，人類永遠不能解放，所以他們不是共產主義者。依照他們的觀點，父親怎樣，兒子就怎樣，不曉得人的思想是從實踐中產生的，所以他們不是唯物主義者。依照他們的觀點，一個人只要爸爸媽媽好，這個人的思想就一定好，不用進行艱苦的思想改造和思想鬥爭，所以他們不是革命者。他們自己不革命，也不准出身不好的人革命。他們稱自己是"自來紅"，殊不知，"自來紅"只是一種餡子糟透了的月餅而已。

我們必須相信廣大青年，應該首先相信那些表現好的青年。不能用遺傳學說來貶低一部分人抬高一部分人。那樣做，無非是一種拙劣的政治手段，絕沒有任何道理。

三、受害問題

有一位首長在 1961 年講過："出身不同的青年之間，不應該存在一道不可逾越的鴻溝。"

不應該存在，可是偏偏存在著，這是怎麼造成的？

記得運動初期，受害問題首先由一些時髦人物提出來了。隨著，大家都說自己受了修正主義集團的迫害。修正主義集團那麼反動，要是自己不但沒受迫害，反而得到寵愛，那還算是革命者嗎？於是譚力夫也說他受害了。經濟上受害嗎？困難時期他大吃荷蘭煉乳；政治上受害嗎？思想那麼反動還入了黨，哪一點像受過委曲的公子哥兒？新改組的《北京日報》也大登特登紅五類出身的青年訴苦文章。說他們是前市委修正主義路線的受害者。應該說，所有的青年都是受害者，為什麼單是出身好的青年是受害者呢？我們看一看他們受了哪些害。

195

一、"我們被拒於大學之外，大學為剝削階級子女大開方便之門；"二、"大學裏出身好的青年功課不好，大受教授白眼；"三、"有的出身不好的青年竟被提升做幹部；"四、"……"假使這就算受害，那麼，受害的正是出身不好的青年。堂堂首都一份大報竟然這麼顛倒黑白，還是讓事實說話吧！

回想每年大學招生完畢，前高教部總發表公告："本年優先錄取了大批工農子弟、革幹子弟。"不少大學幾乎完全不招收黑五類子女。大學中的重要科系就更不用提了。學校則以設立"工農革幹班"為榮。難道這就是"為剝削階級子女大開方便之門"了嗎？上了大學的，也是出身好的人受優待。不少大學設立"貧協"一類的組織，與團組織並列。這次運動開展以來，有禁止黑七類子女串聯的，有用出身攻擊敢於寫大字報的同學的，有不許出身不好的青年參加各種組織的，有借出身挑動群眾鬥群眾的……。這些大家都不感到怎樣意外。可見出身不好的青年受迫害歷來就是常事。至於說紅五類出身的青年學不好功課，那純粹是對出身好的青年的誣衊。何以見得出身和學習一定成反比呢？中學也如是。據前北京市教育局印發的調查亂班的材料，其中有"搗亂"學生出身調查一項（注意：這裏的"搗亂"和造反沒關係），材料中指的是大談男女關係，有偷盜行為的，大都出身很好。有在亂班中別人都鬧他不鬧的，出身反而挺糟。問其原因，答曰："我出身不好，人家鬧沒事，我一鬧就有事了。"這話不假，不用說中學，連小學也是如此。有位校長對青年教師說："有兩個孩子同時說一句反動的話，出身好的是影響問題，出身不好的是本質問題。"不知道是不是前團市委的指示，有一度某些學校所有出身不好的少先隊幹部全改選了。近幾年中學的團幹部、班幹部也都是從出身這個角度考慮的。一般教師也許是為輿論左右，也許是發自肺腑，沒有不對出身好的青年（特別是革幹子弟）另眼看待的。相反的情況純然是例外。否則，早扣你個"沒有階級觀點"的大帽子了。

工廠這種現象也很普遍。凡是近三、四年提升的行政幹部，幾乎無一例外是出身好的。就連先進工作者候選名單上也有出身這一欄。有的工廠還規定，出身不好的師傅不許帶徒工，不許操作精密機床。運動初期還有規定"出身不好的工人有選舉權但沒有被選舉權"的。在總結各廠當權派罪狀的時候，所謂招降納叛（即曾經提拔過某個出身不好的人做了技術幹部），是十分要緊的一條。可想而知，以後的當權派要再敢這麼辦才怪呢！工廠裏也組織了紅衛兵。出身限制很嚴。翻遍"中央"檔，只有依靠工人一說，從未見只依靠出身好的工人一說。是誰把工人也分成兩派了呢？

196

農村中這樣的例子更多。凡搞過"四清"的地方，把地富子女劃分了一下成份。表現不好的，出身就是成份；表現一般的，是農業勞動者；表現好的，是中農。為什麼表現好的就是中農呢？不能算貧下中農嗎？那麼，貧下中農子弟表現壞的是不是也要劃成地主、富農呢？表現是出身的結果呢，還是出身是表現的結果呢？出身不好，便不能做行政、財會、保管等各種工作，也不能外調。沒有普及中學教育的農村，能夠上初中的，要教師、貧協、大隊長三結合進行推薦。當然，他們誰肯為出身不好的少年背黑鍋呢。大隊長介紹說："這個娃出身好，又聽話，肯幹活，就是他吧！"這樣的，就上初中。

社會上其他部分也如是。北京的街道近兩年改選居民委員會，出身是一項首要條件；連街道辦事處印製的無職青年求業登記表上也有出身這一項。求業表上主要就有兩項，除去出身，還有一項是本人簡歷。自己填寫簡歷，又都是青年，自然情況差不多。招工單位來挑人，沒有不挑出身好的。要不，放著出身好的你不挑，單挑出身壞的，是什麼思想？所以，不被學校錄取而在街道求職的青年，積年沉澱下來的，大都是出身不好的。只有在大批分配工作的時候，他們才有被分配的把握。"出身壓死人"這句話一點也不假！類似的例子，只要是個克服了"階級偏見"的人，都能比我們舉得更多、更典型。那麼，誰是受害者呢？像這樣發展下去，與美國的黑人，印度的首陀羅、日本的賤民等種姓制度還有什麼區別呢？

"這正是對他們的考驗啊！"收起你的考驗吧！你把人家估計得和他們的家長差不多，想復辟、不保險、太落後，反過來又這樣高地要求人家，以為他能經受得住這種超人的考驗。看其估計、審其要求，是何等矛盾！忘記了馬克思的話嗎？"要求不幸者是完美無缺的"，那夠多麼不道德！

"他們的爸爸壓迫過我們的爸爸，所以我們現在對他們不客氣！"何等狹隘的血統觀念！在資本主義社會中，父親破了產，兒子只要宣佈放棄繼承權，就可以脫離關係。想不到今天父子關係竟緊密到這個地步了，"左"得多麼可愛啊！

算了！我們不再浪費筆墨駁斥這種毫無見地的議論了。讓我們研究一下產生這種新的種姓制度的根源吧！

正因為這些青年和他們不屬於同一個階級，所以他們才這樣做。而對於實現復辟陰謀，無論是無產階級出身的子弟，還是非無產階級出身的子弟，在他們看來，是沒有區別的。或許，那些溫室裏的花朵，那些不諳世面而又躺在"自來紅"包袱上的青年對他們更有利一些。為了轉移鬥爭的方向，他們便偷換了概念。本來，父親的成份應該是兒子的出身，現在，他們卻把父親的成份當成了兒子的成份。這樣，就在“階級鬥爭”的幌子下，一場大規模的迫害，通過有形無形的手段，便緊鑼密鼓地開場了。出身不好的青年是他們的擋箭牌，而壓迫這些天生的“罪人”，則成了他們掛羊頭、賣狗肉，擾亂視聽的金字招牌！

他們幹這種罪惡勾當，利用的是社會上的舊習慣勢力，利用的是青少年的天真幼稚，特別利用一些高幹子女的盲目自豪感（例如把自己劃在一二三類，因為革軍、革烈實際也就是革幹，而工農子女便只好是第四、第五兩類了）。他們還利用部分中下層幹部的缺點和錯誤。有些幹部所以承認並且推行了這一套政策，在理論上是無知的表現，他們分不清什麼是階級論，什麼是唯出身論；在認識上是曖昧的表現，他們分辨不出青年的哪些表現是本質的，哪些表現是表面的，在工作上是軟弱無力的表現，他們不會給青年人提供表現政治思想的機會，他們不會做政治工作，以至把出身當工具，打擊一些人，鼓勵一些人，以推進工作；在政治上是熱情衰退的表現，他們不願做細緻的調查研究，滿足於用出身當框框；在意志上是怕字當頭的表現，他們不敢提拔真正表現好的人，怕負責任。於是這些東西一起推波助瀾，形成了在我們的社會制度下，一個新的特權階層形成了，一個新的受歧視的階層也隨之形成了。而這又都是先天的，是無法更改的。

嚴重的社會問題非但沒有解決，反而更加深化、公開化了。殘酷的“連根拔”、極盡侮辱之能事的所謂“辯論”，以及搜身、辱罵、拘留、毆打……全都以“超毛澤東思想”的面目出現了。迫使這麼多人消沉了，感到自己是無罪的罪人、低人一頭、見不得人。有理由這樣講：

如果不把以前受壓迫最深的這一大部分青年徹底解放出來，那麼，這次運動就絕不會取得徹底勝利！

難道還能允許這種現象繼續存在下去嗎？不應當填平這人為的鴻溝嗎？受壓抑的青年不僅是出身不好的青年，也包括與走資派對抗的工農出身的青年及其它革命青年。你們絕不是局外人，你們是掌握自己命運的主人。只有膽小鬼才等待別人恩賜！一切受壓抑的青年，起來勇敢戰鬥吧！

徹底的唯物主義者是無所畏懼的！

1966 年 10 月

——摘錄於《一個大童話：我在中國的四十年（1946—1986）》第 170-178 頁。

《出身論》
北京家庭出身問題研究小組

編者按：目前，北京市的中學運動普遍呈現出一派奄奄欲斃的氣象，造反派雖然十分努力，群眾卻總是發動不起來，資產階級反動路線依然猖獗如故。這種現象，不由使許多同志疑惑起來：究竟是什麼東西至今還這樣有力的阻礙著對資產階極反動路線的批判呢？

我們認為，不是別的，正是在社會上廣有市場的反動的唯出身論。

過去各中學所普遍執行過的那一條資產階級反動路線，根子不是別的，也正是反動的唯出身論。

反動的唯出身論者，從資產階級形而上學的哲學垃圾堆裏尋得理論上的根據，把學生分為三、六、九等，妄圖在社會主義制度下重新形成新的批上偽裝的特權階層，以至反動的種姓制度，人與人之間新的壓迫。是反動的唯出身論，使一部分青年背上了"自來紅"的大包袱，自以為老子是天生的革命者，其結果正成了修正主義的苗子。是反動的唯出身論，迫使一部分青年學生產生了強烈的白卑感，使他們甘居中游，使他們放棄了對國家的前途、世界的前途應盡的責任。還是它，使許許多多受資產階級反動路線蒙蔽的同志至今堅持其錯誤。還是罪惡的它，使多少同志至今在資產反動路線前面畏縮恐懼！

同志們，這樣可惡的東西，不打倒它，如何批判資產階級反動路線？不打到它，那裏去培養和造就千百萬無產階級的接班人？不打到它，中國的顏色就必將發生改變！

全市的革命造反派們，你們不是要打退資產階級反動路線的倡狂反撲嗎？你們不是要發動千千萬萬群眾共同戰鬥嗎？那麼，你們就掀起一個狂濤巨浪，徹底衝垮反動的唯出身論的堤岸吧！到了那一日，千百萬群眾就會沖決束縛他們的一切，和你們匯成一股不可抗禦的的力量。也只有到了那一日，資產階級反動路線才會徹底的被葬入墳墓，中國的顏色才永遠是鮮紅的。

"北京家庭出身問題研究小組發表的《出身論》在社會上引起了強烈的反響。我們說，它的出現好得很！它宣告了反動的唯出身論的破產，是無產階級革命路線的偉大勝利。

《出身論》敢於衝破社會上舊的觀念的束縛，勇敢地向有強大社會勢力的反動唯出身論宣戰，這種革命造反精神好的很！

《出身論》的出現，不免要被一些人認為是株大毒草，但這算得了什麼？馬克思主義在開始的時候也曾被認為是毒草，然而今天卻成了世界人民的指導思想。真理只有在同謬誤的鬥爭中才能發展，才能為廣大群眾接受。我們深信：反動的唯出身論雖然貌似強大，但他的反動本質決定了它只是一只腐朽的紙老虎，革命的《出身論》今日雖星星之火，明日必成燎原之勢。

同時，我們認為，由於作者掌握毛澤東思想的水準有限，由於對社會進行的調查研究不夠全面，《出身論》必定存在著不少的缺點和不完美的地方。我們熱切希望廣大的革命同志用毛澤東思想這個偉大的武器來衡量它，並真摯地歡迎同志們對《出身論》提出批評。

家庭出身問題是長期以來嚴重的社會問題。

這個問題牽涉面很廣。如果說地富反壞右分子占全國人口的５％，那麼他們的子女及其近親就要比這個數字多好幾倍。（還不算資本家、歷史不清白分子、高級知識份子的子女，更沒有算上職員、富裕中農、中農階級的子女）。不難設想，非紅五類出身的青年是一個怎樣龐大的數字。由於中國是一個落後的國家，解放前只有二百多萬產業工人，所以真正出身於血統無產階級家庭的並不多。這一大批出身不好的青年一般不能參軍，不能做機要工作。因此，具體到個別單位，他們（非紅五類）就占了絕對優勢。

由於形"左"實右反動路線的影響，他們往往享受不到同等政治待遇。特別是所謂黑七類出身的青年，即"狗崽子"，已經成了准專政對象，他們是先天的"罪人"。在它的影響下，出身幾乎決定了一切。出身不好不僅低人一等，甚至被剝奪了背叛自己的家庭、保衛黨中央、保衛毛主席、參加紅衛兵的權利。這一時期，有多少無辜青年，死於非命，溺死於唯出身論的深淵之中，面對這樣嚴重的問題，任何一個關心國家命運的人，不能不正視，不能不研究。而那些貌似冷靜和全面的折衷主義觀點，實際上是冷酷和虛偽。我們不能不予以揭露、批判，起而捍衛毛主席的革命路線。下面我們就從毛主席著作和社會實踐中尋找答案，分三個問題來闡述我們的觀點。

一、社會影響和家庭影響問題

先從一幅流毒極廣的對聯談起。

"老子英雄兒好漢，老子反動兒混蛋，基本如此。"

辯論這幅對聯的過程，就是對出身不好的青年侮辱的過程。因為這樣辯論的最好結果，也無非他們不算是個混蛋而已。初期敢於正面反駁它的很少見。即使有，也常常是羞羞答答的。其實這幅對聯的上半聯是從封建社會的山大王竇爾敦那裏借來的。難道批判竇爾敦還需要多少勇氣嗎？還有人說這幅對聯起過好作用。是嗎？毛主席說，任何真理都是符合於人民利益的，任何錯誤都是不符合於人民利益的。它起沒起過好作用，要看它是否是真理，是否符合毛澤東思想。

這幅對聯不是真理，是絕對的錯誤。

它的錯誤在於：認為家庭影響超過了社會影響，看不到社會影響的決定性作用。說穿了，它只承認老子的影響，認為老子超過了一切。

實踐恰好得出完全相反的結論：社會影響遠遠超過了家庭影響，家庭影響服從社會影響。

從孩子一出世就受到了兩種影響。稍一懂事就步入學校大門，老師的話比家長的話更有權威性，集體受教育比單獨受教育共鳴性更強，在校時間比在家時間更長，黨的雨露和毛澤東思想的陽光滋潤著這棵新生的幼芽，社會影響便成了主流。

朋友的琢磨，領導的教導，報紙、書籍、文學、藝術的宣傳、習俗的薰染、工作的陶冶等等，都會給一個人以不可磨滅的影響，這些統稱社會影響，這都是家庭影響無法抗衡的。即使是家庭影響，也是社會影響的一部份。一個人家庭影響的好壞，不能機械地以老子如何而定。英雄的老子，反動的媽媽，影響未必是好的。父母都是英雄，子女卻流於放任，有時更糟糕。父母思想好，教育方法如果簡單生硬，效果也會適得其反。同樣，老子不好，家庭影響未必一定不好，列寧就是例證。總之，一個人的家庭影響是好是壞，是不能機械地以出身判定的，出身只是家庭影響的參考。

總的來說，我們的社會影響是好的。這是因為：我們的社會制度是無比優越的；我們的黨是一貫突出政治的，是最重視年輕一代成長的；我們絕大多數人民是熱愛新社會的。當然，我們也不能忽視階級鬥爭的複雜性和尖銳性，不能忽視我們還處在小資產階級汪洋大海之中。我們的文化教育制度正待徹底改革。有時社會影響又不全是好的。無論是什麼出身的青年，如果接受社會上的壞影響，一般總要服從這種壞影響，犯這樣或那樣的錯誤。但是只要引導得法，他很快就會拋掉舊東西，回到正確的立場上來。所以，故意讓青年背上歷史包袱，故意讓青年背上家庭包袱，同屬於一種錯誤路線，二者都是殘酷的。由於社會影響是無比強大的，但又不見得全是好的，所以不管是什麼出身的青年放棄思想改造，都是錯誤的。對於改造思想來說，出身好的青年比出身不好的青年並沒有任何優越性。

家庭影響也罷，社會影響也罷，這都是外因。過多地強調影響，就是不承認主觀能動性的機械論的表現。人是能夠選擇自己的前進方向的。這是因為真理總是更強大，更有號召力。你真的相信馬克思列寧主義是無比正確的嗎？你真的相信毛澤東思想是戰無不勝的思想武器嗎？你真的承認內因起決定作用嗎？那麼，你就不應該認為老子的影響比甚麼都強大。否則，只能表明你的思想混亂到無以復加的程度了。

二．重在表現問題

如果你沒有理由駁倒社會影響大於家庭影響，也駁不倒現在社會的好影響是主流，也不得不贊同出身和家庭影響沒有必然的聯繫。那麼，我們可以一起來研究"重在表現"的幾個問題。

無產階級文化大革命的初期，很多人都說"重在表現"是修正主義觀點。後來聽說這是毛主席提出來的，才慌忙改口。可見他們對這項政策根本不理解。讓他們來解釋這項政策，就必然會任意歪曲。限於篇幅，這裏只檢查三種提法，看是否符合毛澤東思想。

1、出身和成份完全不同

貌似公允的同志常對出身不好的青年這樣講："一我們有成份論，二不唯成份論，三重在政治表現……"[A] 這是不看對象。

江青同志解釋過這句話。她說：這是對背叛本階級的個別份子講的。江青同志的解釋是甚麼意思？舉例說，恩格斯本人是資本家，但他背叛了本階級，成了共產主義的第一代公民，成了工人階級傑出的領袖。巴黎公社中也有一些本人是資產階級份子的委員，但他們是工人階級公社的代表。我國革命時期也有這樣的例證。我們能不能因為他們成份不好而抹煞他們的歷史功績呢？不能！我們要重在政治表現。這就叫"不唯成份論。"我們認為相反的情況也適用於這個公式。對成份是礦工，但背叛了無產階級，背叛了革命的份子，也要重在表現，也沒有一點可以輕恕他的罪惡的理由。小而言之，李鼎銘是地主份子，但他向邊區政府提出了"精兵簡政"的建議，毛主席讚揚說："不管甚麼人……你說的辦法對人民有好處，我們就照你的辦。"這就是不以人害言，亦即不唯成份論的具體表現。

出身和成份是完全不同的兩件事。老子的成份是兒子的出身。如果說，在封建家庭是社會的分子，子承父業還是實在情況，那麼，到了資本主義社會，這個說法就不完全正確了。家庭的紐帶已經鬆馳了，年輕的一代已經屬於社會所有了。而到了社會主義社會，一般的青少年都接受無產階級教育，準備為無產階級事業服務了，再把兒子、老子看作一碼事，那也太不"適乎潮流"了。

毛主席在 1939 年寫的《中國革命和中國共產黨》一文中說，當時的知識份子屬於小資產階級範疇。在這裏並沒有分門別類，把哪一個階級出身的

202

知識份子劃歸為哪一範疇。

毛主席在1957年寫的《關於正確處理人民內部矛盾的問題》一文中又說：
"我們的大學生，雖然還有許多人是非勞動人民家庭出身的子女，但是除了
少數例外，都是愛國的，都是擁護社會主義的……"這又是一個例證。

由此可知，同一個家庭的成員不見得就是同一個階級的成員，這一點連
階級敵人都知道得很清楚。例如，運動期間北京中級人民法院的一份判決書
上寫道，一個反革命富農份子，因為三個兒子檢舉了他，夜間持兇器砍死、
砍傷了他們。又據一份傳單，市內某公社工廠書記——一個蛻化的變質份子，
臨自殺前，親手溺斃了自己的孩子。他在遺囑中說，孩子長大也不會為自己
報仇了。

出身和成份是不能相提並論的。有一段對話是很耐人尋味的。甲（是個
學生）："你甚麼出身？"乙："你呢？"甲："我紅五類，我爸爸是工人。"
乙："那我比你強，我就是工人。"

如果說唯成份論都沒有道理，那麼唯出身論又怎麼能夠存在？

有些人會用毛主席的話反駁說："在階級社會中，每一個人都在一定的
階級地位中生活，各種思想無不打上階級的烙印。"這是放之四海而皆准的
真理。地主、資本家他們長期在剝削階級地位中生活，他們的思想無不打上
剝削階級的烙印。因此，他們要想重新做人，就必須脫胎換骨地改造，這也
就是我們"有成份論"的根據。但是對他們的子女，就不能這樣看了。特別
是在新社會長大的青年，能說他們是在剝削階級地位中生活嗎？世界上哪有
一種沒有剝削的剝削階級呢？沒有這樣的東西。給一個人的思想打上烙印的，
不只是家庭，更重要的是社會。今天的社會是一所毛澤東思想的大學校。青
年人的階級地位，要麼是準備做勞動者，要麼是已經成了勞動者。這時對他
們還強調"成份"，那就是要把他們趕到敵對階級中去。

我們必須要劃清出身和成份這二者之間不容混淆的界限。誰抹煞了這兩
條界限，雖然樣子很"左"，但實際上就是抹煞了階級界限。

2、出身和表現關係甚小

於是，公允派的同志不談成份了。他們說："我們既看出身，也看表現
（即政治表現）……"

這是"出身即成份論"的翻版。兩相比較，也就是五十步笑百步，沒多
大差別。

出身是死的，表現是活的，用死標準和活標準同時衡量一個人，能得出

203

同一個結論嗎？我們在本文第一個問題已經分析過：出身是家庭影響的一個因素，家庭影響是表現的一個因素，而且是一個次要的因素，社會影響才是表現的主要因素。因此，出身和表現根本沒有同一性。究竟一個人所受影響是好是壞，只能從實踐中檢驗。這裏所說的實踐，就是一個人的政治表現。表現好的，影響就好；表現不好的，影響就不好。這和出身毫無牽涉連。

退一步說，我們非要既看出身，又看表現不可，那麼請問：出身不好，表現好，是不是可以抹煞人家的成績？出身好，表現不好，是不是可以掩飾人家的缺點？出身不好，表現不好，是不是要罪加一等？出身好，表現好，是不是要誇大優點？難道這樣做是有道理的嗎？

"既看出身，也看表現"，實際上不免要滑到"只看出身，不看表現"的泥坑裏去。出身多麼容易看，一翻檔案，就完事大吉了。或者在街上一見面問對方："你是什麼出身？"便了解了一切。真是又簡單又省事。要看表現是何等麻煩，特別是對那些莫名其妙的懷疑派來說，絕不相信你平時的表現，也不相信你大風大浪中的表現，既懷疑你過去的表現，也懷疑你現在的表現，並準備懷疑你將來的表現，直懷疑你個死而後已，才給你蓋棺論定。終於連他們也懷疑膩了。如果看出身，兩秒鐘能解決大問題。再說，表現這種東西，對於某些人根本就沒有固定的準繩。愛奉承的人，認為拍馬屁是最好的表現；愛虛偽的人，認為客套是最好的表現；愛錯誤路線的人，認為出身不好的青年終日超經驗的懺悔是最好的表現。哪里比得上出身？只需"老子英雄兒好漢，老子反動兒混蛋，老子平常兒騎牆"三句話就解決問題了。

看一看毛主席怎樣教導我們吧，毛主席說："革命的或不革命的或反革命的知識份子的最後分界，看其是否願意並且實行和工農民眾相結合。我們在這裏提出了一個標準，我認為是唯一的標準。"這唯一的標準是出身嗎？

毛主席提出的革命接班人的五項條件，有出身這一條嗎？

十六條中的第五條是堅決執行黨的階級路線，談到要依靠什麼人，團結什麼人，反對什麼人，有出身這個根據嗎？

革命左派的三個標準，有出身這個標準嗎？沒有！完全沒有！出身好壞與本人革命與否又有什麼關係？即使出身不好，一樣可以是革命左派，可以是無產階級事業的接班人，可以是革命的依靠對象[B]。在表現面前，所有的青年都是平等的。出身不好的青年不需要人家恩賜的團結，不能夠只做人家的外圍。誰是中堅？娘胎裏決定不了。任何通過個人努力所達不到的權利，我們一概不承認。革命最堅決的人，就是那些表現最優秀的人。誰也不能說王傑的光輝程度就不及雷鋒。

談到怎樣看表現，想到古代思想家的一則寓言。他說千里馬常有，但認識千里馬的伯樂不常有。一般人相馬，總是根據母馬、外形、產地、價錢來判斷馬的好壞，偏忘記了讓馬跑一跑，試一試，看看它到底能不能日行千里，夜走八百，這樣不就分出哪一匹馬是千里馬。今天有的人不正是這樣嗎？他們只是著眼於出身啦，社會關係啦，這些死材料，恰恰忘了真正可以做為根據的表現。久而久之，不但糟踏了千里馬，就連普通馬也要變成"狗崽子"了。

我們必須要擺對出身和表現的位置。衡量一個青年是否革命，出身不是標準，只有表現才是唯一的標準。你們真的認為出身好表現就好，盡可以表現上超過出身不好的同志？只有表現糟糕的人才扯起出身這面大旗當虎皮，拿老子當商標，要人買賬。我們說，你表現不好，比如：頑固堅持反動路線，不學不用毛主席著作等等，就是出身於紅五類中的前三類（革幹、革軍、革烈），也一點沒有用處。

出身、社會關係這些東西只能算是參考。只要把一個青年的政治表現瞭解清楚了，它們就連參考的價值也沒有了。

3、出身好壞和保險與否毫無關係

公允派的同志這回換了口氣："黑五類子女同他們的家長當然不完全一樣子……"言外之意，和紅五類子女當然也不一樣了。為什麼呢？因為（這回功利主義這塊法寶來了），因為："他們不保險！"

可是，為什麼不保險呢？"無論如何，他們受過壞影響！"外因決定論者這樣說。且不談家庭出身不好影響未必不好，且不談家庭影響服從社會影響。那麼，是不是家庭影響壞一些，社會影響再好，表現也要壞一些呢？這絕不是代數和的關係，而是辯證的關係。毛主席說："不破不立"，又說："破字當頭，立在其中"。如果不和自己頭腦中的非無產階級思想作鬥爭，無產階級思想又如何樹立得起來？我們常常形容一些只受過紅一色教育而沒有經過刻苦的思想改造的青年為溫室裏的花朵。他們經不起風浪，容易為壞人利用。不是這樣嗎？文化大革命初期，那些喊"老子英雄兒好漢"的出身頗為令人羨慕的好漢們，後來不是執行了修正主義路線，成了資產階級的代言人了嗎？他們保險嗎？而領導無產階級偉大革命事業的偉大導師馬克思、列寧、毛主席出身都不好，這個事實也絕不是偶然的。問題的關鍵，不在於出身，在於思想改造。

"革幹子弟不想復辟，不會革老子的命。"家庭觀念極重的人這樣說。

往往，復辟是在不自覺中進行的。運動中揭出來的黨內走資本主義的當權派，凡是近幾年提拔的，出身一般都很好，他們保險嗎？後來形"左"實右的工作隊或明文規定、或暗中推行歧視出身不好的青年的政策，那時，選入革委會的大都是出身好的，結果大多當了工作隊的反動路線的推銷員，他們保險了嗎？北京市中學紅衛兵某負責人，他竟有男女秘書各二人、司機一人，此外還有小汽車、摩托車、手錶、照相機、答錄機等等，陳伯達同志還稱之為假紅衛兵。可見，只依靠出身好的人同樣不能取消復辟的危險。古代有個女皇名叫武則天，她把大臣上官儀殺了，卻把上官儀的女兒留做貼身秘書。有人為她擔心。她說："只要政治修明，自然使人心悅誠服，這有什麼關係？"看看那些反動路線的執行者，他們懼怕毛澤東思想，不貫徹黨的政策，又怎麼能相信革命的青年？可笑！他們連封建帝王的這點遠見也沒有，還自稱為"無產階級戰士"呢！我們偉大領袖毛主席是絕不會在接班人的條件中寫上出身這一條的，因為他的政策最正確，路線最鮮明。在他領導下，青年也就最保險。否則，縱然如革命勝利後驅逐剝削階級的蘇聯，所有青年出身都不錯，也是不保險的。

提倡保險論的人並不少，像樣的理由卻沒有。難道這就是"階級觀點"嗎？不像！這是"階級偏見"，它和無產階級無緣，和小資產階級倒挺親近。這些人頭腦裏沒有樹立公字，私有意識濃厚，所以度己度人，沒有不變樣走形的，依照他們的觀點，老子反動，兒子就混蛋，一代一代混蛋下去，人類永遠不能解放，共產主義就永遠不能成功，所以他們不是共產主義者。依照他們的觀點，父親怎樣，兒子就怎樣，不曉得人的思想是從實踐中產生的，所以他們不是唯物主義者。依照他們的觀點，一個人只要爸爸媽媽好，這個人的思想就一定好，不用進行艱苦的思想改造、思想鬥爭，所以他們不是革命者。他們自己不革命，也不准出身不好的人革命。他們稱自己是"自來紅"，殊不知，"自來紅"是一種餡子糟透了的月餅而已。

我們必須相信毛澤東思想哺育下的廣大青年，應該首先相信那些表現好的青年。不能用遺傳學說來貶低一部份人抬高一部份人。那樣做，無非是一種拙劣的政治手段，絕沒有任何道理。我們不允許用資產階級的階級偏見代替無產階級的階級觀點。當然，任何一個有出息的青年都應該下定決心改造自己。這樣即使影響不好，也能變壞事為好事，變阻力為鞭策。如果沒有這種決心，那也就無所謂有好的政治表現，也就不堪設想了。

三、受害問題

有一位首長在 1961 年講過，"出身不同的青年之間，不應該存在一道不可逾越的鴻溝。"

　　不應該存在，可是偏偏存在著，這是怎麼造成的？

　　記得運動初期，受害問題首先由一些最時髦人物提出來了。隨著大家都說受了修正主義集團的迫害。修正主義集團那麼反動，要是自己不但沒受迫害，反而得到寵愛，那還算革命嗎？於是譚力夫也說他受害了。經濟上受害嗎？困難時期他大吃荷蘭煉乳；政治上受害嗎？思想上那麼反動還入了黨，哪一點像受了委屈的公子哥兒？新改組《北京日報》也大登紅五類出身青年的訴苦文章，說他們是前市委修正主義路線的受害者。應該說，所有的青年都是受害者，為什麼單是出身好的青年是受害者呢？我們看一看他們受了哪些害。

　　一"我們被拒於大學之外，大學為剝削階級子女大開方便之門"；二"大學裏出身好的青年功課不好，大受教授白眼"；三"有的出身不好的青年竟被提升當幹部"；四"……"。假使這就算迫害，那麼受害的正是出身不好的青年，堂堂首都一份大報竟然這麼顛倒黑白，那也無怪乎它壽終正寢了，還是讓事實說話吧！

　　回想修正主義集團當政時，每年大學招生完畢，前高教部總發表公告："本年優先錄取了大批工農子弟，革幹子弟。"不少大學幾乎完全不招收黑五類子女。大學中的重要科系就更不用提了。學校則以設立"工農革幹班"為榮。難道這就是"為剝削階級子女大開方便之門"了嗎？上了大學的，也是出身好的人受優待。不少大學成立"貧協"一類的組織，與團組織並立。這次運動開展以來，有禁止黑七類子女串聯的，有用出身攻擊敢於寫大字報的同學的，有不許出身不好的青年參加各種戰鬥組織的，有借出身挑動群眾鬥群眾的……。這些大家都不感到怎樣意外，可見出身不好的青年受迫害歷來就是常事。至於說紅五類出身的青年學不好功課，那純粹是對出身好的青年的誣衊。何以見得出身和學習一定成反比呢？中學也如是，據前北京市教育局的調查亂班的材料，其中有"搗亂"學生出身調查一項（注意，這裏的"搗亂"和造反沒有關係，材料中指的是大談男女關係，有偷竊行為的），大多出身很好，有在亂班中別人都鬧他不鬧的，出身反而挺糟。問其原因，答曰："我出身不好，人家鬧沒事，我一鬧就有事了。"這話不假，不用說中學，連小學也是如此。有位校長對青年教師說："有兩個孩子同時說一句反動的話，出身好的是影響問題，出身不好的是本質問題。"不知道是不是前團市委的指示，有一度某些學校所有出身不好的少先隊幹部全改選了。近幾年中學的團幹部、班幹部也都是從出身這個角度考慮的。一般教師也許是為輿論左右，也許是發自肺腑，沒有不對出身好的青年（特別是革幹子弟）另眼看待的，相反的情況純然是例外。否則，早就扣你個"沒有階級觀點"的大帽子了。

工廠這種現象也很普遍。凡是近三、四年提升的行政幹部，幾乎無一例外是出身好的。就連先進工作者候選名單上也有出身這一欄。有的工廠還規定，出身不好的師傅不許帶徒工，不許操作精密機床。運動初期還有規定"出身不好的工人有選舉權但沒有被選舉權"的。在總結各廠當權派罪狀的時候，所謂招降納叛（即曾經提拔過某個出身不好的人做了技術幹部），是十分要緊的一條。可想而知，以後的當權派要再敢這麼辦才怪呢。工廠裏也組織了紅衛兵。出身限制很嚴。翻遍中央文件，只有依靠工人一說，從未見依靠出身好的工人一說。是誰把工人分成兩派了呢？

農村中這樣的例子更多。修正主義代表人物搞過"四清"的地方，把地富子女劃分了一下成份，表現不好的，出身就是成份；表現一般的，是農業勞動者；表現好的，是中農。為什麼表現好的就是中農呢？不能算貧下中農嗎？那麼貧下中農子弟表現壞的是不是也要劃成地主富農呢？表現是出身的結果呢？還是出身是表現的結果呢？出身不好，便不能做行政、財會、保管等工作，也不能外調。沒有普及中學教育的農村，能夠上初中的，要教師、貧協、大隊長三結合推薦。當然，他們誰肯為出身不好的少年背黑鍋呢？大隊長介紹："這個娃出身好，又聽話，肯幹活，就是他吧！"這樣的，就上初中 D。

社會上的其他部分也如是。北京的街道近兩年改選居民委員會，出身是一個首要條件。連街道辦事處印製的無職業青年求業登記表上也有出身這一項。求業表上主要就有兩項，除去出身，還有一項是本人簡歷。自己填寫簡歷，又都是青年，自然情況差不多。用工單位來挑人，沒有不挑出身好的。要不，放著出身好的你不挑，單挑出身壞的，是什麼思想？所以，不被學校錄取而在街道求職的青年，積年沉澱下來的，大多是出身不好的。只有在大批分配工作的時候，他們才會有被分配的把握 E。

"出身壓死人"這句話一點也不假！類似的例子，只要是個克服了"階級偏見"的人，都能比我們舉的更多、更典型。那麼，誰是受害者呢？象這樣發展下去，與美國的黑人、印度的首陀羅、日本的賤民等種姓制度還有什麼區別呢？

"這正是對他們的考驗呀！"收起你的考驗吧！你把人家估計得和他們的家長差不多，想復辟、不保險、太落後，反過來又這樣過高地要求人家，以為他能經受得住這樣超人的考驗。看其估計，審其要求，是何等矛盾！忘記了馬克思的話嗎？"要求不幸者是完美無缺的"，那夠多麼不道德！

"他們的爸爸壓迫過我們的爸爸，所以我們現在對他們不客氣！"何等狹隘的血統觀念！在資本主義社會中，父親破了產，兒子只要宣佈放棄繼承權，就可以脫離關係，想不到今天父子關係竟緊密到這個地步了，"左"得多麼可愛啊！

算了！我們不再浪費筆墨於這種毫無見地的謬論了。讓我們研究一下產生這種新的種姓制度的根源吧！

這正是修正主義份子一手造成的。那麼資產階級份子為什麼要壓迫資產階級出身的子弟呢？這不奇怪嗎？我們說這一點也不奇怪。正因為這些青年和他們不屬於同一階級，所以他們才這樣做。而對於實現復辟陰謀，無論是無產階級出身的子弟，還是非無產階級出身的子弟，在他們看來是沒有區別的。或許，那些溫室裏的花朵，那些不諳世面而又躺在"自來紅"包袱上的青年對他們更有利一些。特別是 1962 年，毛主席提出了"千萬不要忘記階級鬥爭"的偉大號召以後，這些陰謀家便慌了手腳。當前的階級鬥爭，矛頭指向誰呢？鬥爭的矛頭主要是指向黨內走資本主義道路的當權派，指向他們所包庇的牛鬼蛇神。為了轉移鬥爭的方向，他們便偷換了概念。本來父親的成份應該是兒子的出身，現在，他們卻把父親的成份當成了兒子的成份。這樣就在"階級鬥爭"的幌子下，不顧中央指示，一場大規模的迫害，通過有形無形的手段，便緊鑼密鼓地開場了。出身不好的青年是他們的擋箭牌，而壓迫這些天生的"罪人"，則成了他們掛羊頭、賣狗肉，擾亂視聽的金字招牌。黨中央正確地指出了他們推行形"左"實右路線，這便是其中一個淵源。

他們幹這種罪惡勾當，利用的是社會上的舊習慣勢力，利用的是青少年的天真幼稚，特別利用一些高幹子女的盲目自豪感（例如把自己劃在一二三類，因為革軍、革烈實際也就是革幹，而工農子女便只好是第四、第五兩類了）。他們還利用部分中下層幹部的缺點和錯誤。有些幹部所以承認並且推行了這一套反動的政策，在理論上是無知的表現，他們分不清什麼是馬克思主義的階級論，什麼是小資產階級的唯出身論；在認識上是曖昧的表現，他們分辨不出青年的哪些表現是本質的，哪些表現是表面的；在工作上是軟弱

209

無力的表現，他們不會給青年人提供表現政治思想的機會，他們不會做政治工作，以致把出身當工具，打擊一些人，鼓勵一些人，以推進工作；在政治上是熱情衰退的表現，他們不願做細緻的調查研究，滿足於用出身當框框；在革命意志上是怕字當頭的表現，他們不敢提拔真正表現好的人，怕負責任。於是這些東西一起推波助瀾，形成了在我們的社會制度下，在我們黨的身邊所絕對不能容忍的現象。一個新的特權階層形成了，一個新的受歧視的階層也隨之形成了，而這又都是先天的，是無法更改的。正如毛主席指出的，種族壓迫，就是階級壓迫。反動的修正主義分子的這套做法，也正是資產階級反革命復辟的前奏[F]。我們不能不指出，即使如此，反革命修正主義分子主要還是從右邊抹殺了階級路線，因為他們肆意包庇地富反壞右分子，包庇資產階級分子。他們把資產階級權威老爺拉入黨內，給某些五類分子厚祿高薪，和他們大講和平共處，反過來卻迫害出身不好的青年，迫害無產階級事業的一部分接班人，這不是一場尖銳複雜的階級鬥爭又是什麼？

工作隊當政時期，又以極"左"的面目抹殺了階級路線。在對待出身問題上，與修正主義集團可以稱得上是一丘之貉。因此，這個嚴重的社會問題非但沒有解決，反而更加深化了，反而將矛盾擴大化、公開化了。殘酷的"連根拔"，極盡侮辱之能事的所謂"辯論"，以及搜身、辱罵、拘留以及毆打等嚴重侵犯人權的行為，破壞這一部分青年生活的正常秩序的種種手段，剝奪他們政治權利的種種措施，全都以"超毛澤東思想"的面目出現了。迫使這麼多人消沉了，感到自己是無罪的罪人，低人一頭，很見不得人。他們不能以全部力量投入運動。想革命而又沒有革命的本錢，想造反而又沒有造反的條件，窒殺了多少革命青年的熱情！革命隊伍縮小了，這正中了反動路線的下懷。客觀上起到了包庇鑽進黨內走資本主義道路的當權派的作用，起到了挑動群眾鬥群眾的作用。有理由這樣講：如果不把以前受壓迫最深的這一大部分革命青年徹底解放出來，那麼這次運動就決不會取得徹底勝利！

同志們，難道還能允許這種現象繼續存在下去嗎？不應當填平這人為的鴻溝嗎？在反動勢力當政時期，受壓抑的青年不僅是出身不好的青年，也包括和走資本主義道路當權派對抗的工農出身的青年及其他革命青年。我們呼籲：一切受反動勢力迫害的革命青年，在毛澤東思想旗幟下，團結起來！組織起來！你們受資產階級壓迫最深，反抗應該最堅決。在批判他們的時候，你們最有發言權。那些冒牌受害實際上得寵的譚式人物沒有發言權。依靠他們批判，必然不深不透。所以你們決不是局外人，你們是掌握自己命運的主人。只有膽小鬼才等待別人恩賜，而革命者從來依靠的就是鬥爭！你們應該責無旁貸地捍衛毛澤東思想，捍衛黨的階級路線。既不容許修正主義集團從右面歪曲它，也不容許反動路線從"左"面攻擊它。你們應該相信自己能夠勝任這一光榮任務！你們也不應該排斥那些沒有受壓抑也沒有偏見的青年。你們可以團結他們，共同戰鬥，共同提高。同志們，我們要相信黨，我們要牢記毛主席的教導，"徹底的唯物主義者是無所畏懼的"！

　　勝利必將屬於你們！

　　一切受壓迫的革命青年，起來勇敢戰鬥吧！

1966 年 7 月初稿

9 月定稿

11 月修改

　　A：《出身論》剛發表的時候，我們不得不這樣寫。現在我們看到了，1966 年 7 月在團中央九中全會上講這個話的"貌似公允"的李雪峰及其一流人物，現在都變成了怎樣的資產積極反動路線的代表人物。

　　B：《出身論》剛剛張貼時，在這句話的旁邊，寫滿了"大毒草"，"胡說八道"之類的話，發洩夠了譚立夫之流的廉價憤慨。他們有眼光，因為這正是《出身論》的主題。可是歷史畢竟是無情的。今天不少紅衛兵組織已經引用這句話作為自己的組織綱領了。有一個紅衛兵組織的宣言寫道："過去的紅衛兵組織只能是所謂的"紅五類"子女組織和參加，這是不符合毛澤東思想的，我們就是要造它的反。"謹向這些組織的大無畏的行動，致以革命的敬意。

　　C："自來紅"是北京一種月餅的名稱。

　　D：農村中有些地區會規定：小學升初中時，出身占 60 分，表現占 20 分，學習成績占 5 分，其他占 15 分。

　　E：我們建議有志於研究這個問題的同志做一下社會調查。可以在本單位調查一下出身好的青年多少人？出身不好的青年多少人？擔任行政職務的比例是多少？黨團員的比例是多少？有沒有因為出身不好而限制他們參加政治活動的？此外，還可以翻閱一下 1964 年以來《中國青年》等刊物。同志們可以看一看，在這樣的被修正主義集團控制的刊物上發表的有關階級路線的修正主義觀點的文章，和我們今天某些人的觀點是何等相似。

　　F：在我們歷數修正主義集團迫害出身不好的青年的罪狀的時候，竟然有人指責我們為修正主義集團"塗脂抹粉"。這並不奇怪，因為他們直到現在還認為壓迫出身不好的青年是大功一件。要說誰迫害了"狗崽子"，按照他們的混蛋邏輯，那不是給誰塗脂抹粉又是什麼？

　　——摘錄於《遇羅克遺作與回憶》第 3-22 頁。

9、《中學文革報》於 1967 年 1 月 18 日創刊，遇羅文所著《我家》中，謂《中學文革報》總共發行了 7 期；而經筆者多方查找，都只能找到第 6 期，未見第 7 期；遇羅錦編著的《遇羅克與〈中學文革報〉》中，《中學文革報》也只收集了 6 期；但《中學文革報》創刊號後出了個專刊號，其內容與創刊號很多文章是重複的，有少部分略作了修改，也增加了篇幅，若加上專刊號，方可對上遇羅文的"共發行 7 期"。而《中學文革報》第 6 期，是 1967 年 4 月 1 日出來的；《我家》中，14 日有暴徒抄、砸印刷廠，可能抄、砸的是未出世的第 7 期。參與過《中學文革報》的人員，遇羅克《我家》中列出了 17 人，而牟志京在"《出身論》與《中學文革報》"的回憶中又有些新面孔，一併錄入：遇羅文、王建複、牟志京、郝志、王玲、李金環、紀亞琴、張富英、張君若、遇羅勉、王嘉材、張麗君、王世偉、張元琪、閻世均、張穎、陳家華、毛憲文、貼漢、陶洛誦、韓基山、顧雷、趙京興、劉力前等。——《我家》第 87、98、99 頁、《遇羅克與〈中學文革報〉》卷三《中學文革報》大全、《遇羅克遺作與回憶》第 217-231 頁。

10、1967 年 4 月 14 日，中央文革把《出身論》定爲"大毒草"，稱它惡意歪曲黨的階級路線，挑動出身不好的青年向黨進攻。當時，有被授意的暴徒，到印《中學文革報》的工廠進行抄、砸，《中學文革報》被迫停止刊行。——《我家》第 87 頁、《從王實味到劉曉波：中國當代文字獄編年錄》第 170 頁、《往事鉤沉：重大冤案實錄》第 643 頁。

11、出自《我家》第 165 頁。在遇羅克紀念網，有一篇《我和遇羅克在獄中》的文章，發表日期是 2010 年 5 月 8 日，署名爲張郎郎。文章中有張郎郎與遇羅克的對話，張："什麼樣的作爲才是真正有意義的？什麼才是有對歷史起推動作用的？什麼才是值得去犧牲的？我認爲自己入獄就不值得，純粹是個歷史誤會。我根本不懂什麼政治，更不是什麼政治家。只是因爲自己太熱情、太衝動、太好抱打不平。結果，糊裏糊塗捲入政治旋渦，極其荒唐地變成了個政治犯關在這裏"。遇羅克想了想，說："我值得。你不可能理解我們的心情。我們這些 '出身不好' 的人，一直沒有和你們一樣擁有同等的政治權利和生活權利。所以，即使在我們有機會說話的時候，我們也往往會出現先天性的自卑感 —— 一種政治上的軟骨病。因此，我們這些人很難勇敢地團結起來奮勇前進，形成一股政治力量，去爭取自身應有的權利。這次，《出身論》的發表，也許是我們這類青年所能發出的最強音了。它甚至比我想像的還要強些。我很有滿足感，我願為此付出任何代價。"——文章網址：http://beijingspring.com/yu/ReadNews.asp?NewsID=58

12、1970 年 1 月 9 日，內部討論遇羅克等人的處理意見資料：

最高指示

堅決地將一切反革命份子鎮壓下去，而使我們的革命專政大大地鞏固起來，
　以便將革命進行到底，達到建成偉大的社會主義國家的目的。
....

通知

　　在以偉大領袖毛主席為首、林副主席為副的黨中央的英明領導下，在中央兩報一刊一九七０年元旦社論的鼓舞下，首都革命人民緊跟毛主席的偉大戰略部署，努力完成"九大"提出的各項戰鬥任務，鬥、批、改群眾運動蓬勃發展，社會主義革命競賽熱火朝天，形勢越來越好。但是，一小撮階級敵人不甘心他們的失敗和滅亡，積極配合帝、修、反進行破壞活動，幻想變天。為進一步搞好戰備，加強對一小撮反革命勢力的專政，準備最近再召開一次公審大會，宣判一批現行反革命分子，以狠狠打擊反動氣焰。現將楊淑辰等二十名罪犯的材料發給你們，請各級革命委員會，工人、解放軍毛澤東思想宣傳隊組織革命群眾認真討論，提出處理意見，速告市公法軍管會。

　　此材料只供內部討論，不准張貼。

中國人民解放軍

北京市公法軍事管制委員會

一九七０年一月九日

……其他人（略）

十、　現行反革命犯遇羅克，男，二十七歲，北京市人，資本家出身，學生成份，北京市人民機械廠徒工。其父系反革命分子，其母系右派分子。

遇犯思想反動透頂，對我黨和社會主義制度懷有刻骨仇恨。一九六三年以來，遇犯散布大量反動言論，書寫數萬字的反動信件、詩詞和日記，惡毒地污蔑誹謗無產階級司令部；在無產階級文化大革命中書寫反動文章十餘篇，印發全國各地，大造反革命輿論；還網羅本市與外地的反壞分子十餘人，陰謀進行暗殺活動，妄圖顛覆我無產階級專政。遇犯在押期間，反革命氣焰仍很囂張。

……其他人（略）

——摘錄於《遇羅克與〈中學文革報〉》卷一。

13、1970 年 3 月 5 日，北京市中級人民法院，對遇羅克做出的死刑判決：

北京市中級人民法院刑事判決書
【70】刑字第 30 號

遇羅克，男，1942 年生，漢族，北京市人，家庭出身資本家，本人成份學生，系北京市人民機器廠徒工，住北京市朝陽區南三裏屯東 5 樓 13 號。父母系右派分子，其父是反革命分子。

遇犯思想反動透頂，自 1963 年以來，散佈大量反動言論，書寫數萬字的反動信件、詩詞和日記，惡毒污蔑誹謗無產階級司令部，在無產階級文化大革命中又書寫反動文章十餘篇，印發全國各地，大造反革命輿論，還網羅本市和外地的反、壞分子十餘人，策劃組織反革命集團，並揚言進行陰謀暗殺活動，妄圖顛覆我無產階級專政。遇犯在押期間，反革命氣焰仍很囂張。遇犯罪大惡極，民憤極大。經中國人民解放軍北京市公、法軍事管制委員會和最高人民法院批准，判處現行反革命分子遇羅克死刑，立即執行。

一九七〇年三月五日

——摘錄於《遇羅克與〈中學文革報〉》卷一。遇羅克被殺有一個大的政治背景：1970 年 1 月 31 日，中共中央發出《關於打擊反革命破壞活動的指示》。2月5日，又發出《關於反對貪污盜竊、投機倒把的指示》和《關於反對鋪張浪費的通知》。此後，全國開展以打擊反革命分子、反對貪污盜竊、反對投機倒把、反對鋪張浪費爲主要內容的"一打三反"運動，再次釀成大量冤假錯案。——《中國共產黨新聞網》中國共產黨大事記·1970年。所謂的"陰謀暗殺活動"，其實是遇羅克之弟遇羅文，1970年夏，大串聯時，從東北帶回的手榴彈所引起的，是公安羅織的罪名罷了。——《遇羅克遺作與回憶》第229、230頁。

14、1977年或1978年，遇羅錦遇見朝陽醫院的韓姓醫生，聽其所講："七零年下半年，我在醫院看見過一篇內部通訊——‘死刑政治犯遇羅克的眼角膜，移植給了一位幾乎盲了的勞動模範，手術成功。那位勞模，視力達到了零點二的水準……’。"——《一個大童話：我在中國的四十年（1946—1986）》第348、349頁。

15、1979年11月21日，北京市中級人民法院，對遇羅克案進行再審，宣告遇羅克無罪。

北京市中級人民法院刑事再審判決書
【79】中刑監字第 1310 號

　　遇羅克，男，一九四二年生，漢族，北京市人，家庭出身資本家，本人成份學生，原系北京市人民機器廠徒工，住北京市朝陽區南三裏屯東五樓十三號。

　　1968 年 1 月以"現行反革命"罪被原中國人民解放軍北京市公法軍事管制委員會，以"現行反革命"罪判處死刑，立即執行。

　　一九七八年十一月一日以來，遇之父遇崇基對原判不服多次申訴。

　　經本院再審查明：原判以遇羅克犯反革命罪，判處死刑，從認定的事實和適用法律上都是錯誤的，應予糾正，據此改判如下：

　　一、撤銷中國人民解放軍北京公法軍事管制委員會（70）刑字第 30 號判決書。

　　二、宣告遇羅克無罪。

如不服判決，可於接到判決書的第二天起十天內，向本院提交上訴書及副本，上訴於北京市高級人民法院。

北京市中級人民法院

一九七九年十一月二十一日

——摘錄於《遇羅克與〈中學文革報〉》卷一、《我家》第 327 頁。

16、遇羅克於 1968 年 1 月 5 日被抓走，到 1970 年 3 月 5 日被殺害，被關押共 26 個月；遇羅克在人民機器廠學徒工的工資頭年每月 16 元，第二年每月 18 元，第三年每月 24 元，若按 24 元來換算，遇羅克的家人能獲得 624 塊錢工資的補發。——《一個大童話：我在中國的四十年（1946—1986）》第 319 頁。遇羅克平反時，專案組的公安上門問詢家屬有什麼要求？遇家人提出了三點要求：一、希望公安給凡是因遇羅克案受牽連的人都平反；第二、給遇崇基、遇羅文、遇羅錦都平反，並解決就業問題；第三、希望國家幫忙解決居問題；第一、二點，公安當場表示可以辦到，至於第三點，只說盡力給辦。——《一個大童話：我在中國的四十年（1946—1986）》第 319 頁。

參考資料：

1、 《我家》，遇羅文著，中國社會科學出版社，2000 年版。

2、 《遇羅克：中國人權先驅》，金鐘編著，開放出版，2010 年版。

3、 《遇羅克與〈中學文革報〉》，遇羅錦著，允晨文化出版，2014 年版。

4、 《遇羅克遺作與回憶》，徐友漁等編著，中國文聯出版社，1999 年版。

5、 《往事鉤沉：重大冤案實錄》，楊萬福編著，中國檔案出版社，1996 年版。

6、 《歷史的代價："文革"死亡檔案》，金石開編著，中國大地出版社，1993 年版。

7、 《從王實味到劉曉波：中國當代文字獄編年錄》，張裕編著，自由文化出版社，2013 版。

8、 《一個大童話：我在中國的四十年（1946—1986）》，遇羅錦著，晨鐘書局出版，2009 年版。

共產黨員毛遠新殺死了共產黨員張志新

張志新【1930 — 1975】

1930 年 10 月 12 日[1]，張志新降生在天津一個知識份子家中，父親張玉藻爲河北省立師範學院的老師，上有三個哥哥，還有一個姐姐（後來夭折），下面又添三個妹妹，然而因爲父親當時教書的收入可觀，小時候帶給張志新的印象是——"生活很美滿"[2]。

在張志新 6 歲的時候，父親因對校方的不合理情況提出質問與揭發而丟掉了工作，家裏從此沒有了可觀的經濟來源做支撐，生活狀況一日不如一日。又因家中孩子眾多，解決溫飽也成了問題。因營養的不良，七個孩子中就有四個身體患有不同程度的軟骨症。一方面，因爲大環境——戰爭對人們工作與生活的影響；另一方面，因爲父親不願意外出工作，家中變得拮据，使得張志新到 11 歲才開始正式上學[3]。

1950 年，進入河北省天津師範學院教育系讀書。解放後的學校，增加了政治課，經過精心包裝的馬克思、列寧主義，開始植入年輕人的頭腦，張志新也開始學會運用共產黨前無來者的發明——"批評與自我批評"來重塑自己的靈魂，慢慢從一個擁有個人主義情懷，懂得"謹慎對待共產黨"[4]的小姑娘，過度至一個積極入團入黨把思想與靈魂都交給組織，有著政治覺悟的新人類。

抗美援朝後，曾積極申請去前線，組織覺得她學好俄語更重要，更能發揮她對黨的幫助；於是她聽從黨的安排，於1951年1月20日，進入人民大學，接受俄語的學習。此後的工作，都緊密地團結在俄語周圍。由於表現突出，1955年12月25日始，張志新成爲了黨組織的一員，並且準備"爲共產主義事業貢獻出自己的一切"[5]；這一年，也走入了婚姻的殿堂。1957年，她離開了自己熟悉的北京，爲了共產主義事業，回應黨的號召，來到了瀋陽宣傳部幹起了講師的工作，繼續爲黨燃燒著自己的火與熱。

然而好景不長，十年後的"文化大革命"，猶如決堤的洪水，傾瀉而下。張志新曾今所有的努力，爲她所相信的黨獻出的汗水與青春，都因自己與同事談心時，說了幾句關於時事的憂慮的肺腑之言[6]，被同事舉報而淹沒。張志新於1968年11月，被送進盤錦"五七"幹校，進行再教育；12月20日，接受自己熱愛的黨的批鬥與專政；1969年9月24日，她的丈夫曾真，也被要求參加在幹校召開的關於張志新的批鬥大會，也是被捕大會，旋即押入省看守所。

關於張志新的罪狀，呈現於1969年自己的檢討中，大概如是：

批評毛澤東在"文化大革命"中，犯了"左"傾的錯誤路線[7]；直言"對林彪、對江青不信任"，不僅反對林彪搞個人崇拜，更認爲林彪辦"學習班"是搞形式主義，對毛澤東打倒劉少奇存有自己的看法；這種種，用張志新自己的話說就是："我的問題的核心和要害，是對毛主席、無產階級司令部不相信、不信任。以前談都說江青，實際矛頭是對著毛主席的"[8]、"我認爲，無論誰都不能例外。不能把個人凌駕於黨之上，這些年，什麼都提毛主席，放在

218

黨的上邊，我不反對宣傳領袖，但不要宣傳得太過份了。"[9]

在那個全民對毛澤東頂禮膜拜，猶如敬神一般存在的年代，任何對毛澤東的指摘，都是在感情上犯了眾怒的、大不敬的。張志新這樣子的《對"文化大革命"的質疑》[10]，這樣子的說出自己內心真實的想法，是不被當時的政治環境所接受的，是有悖於領導的意志的，是大逆不道的，是冒天下之大不韙的，因而在"學習班"中，受到各種各樣的批鬥，而批鬥的目的只有一個，那就是張志新得低頭認罪。

面對來自自己所加入的"共產黨"的批鬥與強迫，面對來自自己所親生的女兒"您承認錯誤吧"[11]的懇求，張志新做了為自己所相信的真理而獻身的準備：

> "我認為我沒有錯，所以準備走下去，否則沒有好處。過去開了我的會，辦了學習班，強迫我低頭認罪，我也強迫自己想這些問題，但是這樣做沒有好處，那是蒙混過關，自欺欺人。……強迫自己說自己是錯的，這個滋味太不好受了！很痛苦。我沒有舊社會的體會，但就像在舊社會，自己心裏有了對象，父母要包辦，強迫自己嫁到另一家去，這個滋味太不好受了，很痛苦。不行，我還是要走自己的路！我自己鬥爭的很激烈，就是投降還是不投降？不投降，有後果，投降，自己又做不到。以前我還想過自己的事，算自己的帳，兩個家庭（親屬）加起來二十一個人，這些人就是都拋掉了，又有什麼了不起！階級鬥爭就是這樣。我是個共產黨員嘛！為了自己的家，忘了自己是共產黨員，這不行！"[12]

因為張志新不肯低認罪，她的那些政治不止確的言論，成為了自己所相信的黨不能容忍的罪證。1970 年 5 月 14 日，張志新因"反對毛主席，因反對江青、林彪，為劉少奇翻案"等罪名被判處死刑，後因上層認為留著她的小命，當"反面教材"，更能發揮有利於黨組織宣傳的作用，才於 1970 年 8 月 20 日，被盤錦地區革委會人保組，改判為無期徒刑[13]；

219

1970 年 12 月 25 日，投入瀋陽監獄。

張志新被判無限徒刑後，她的丈夫曾真向法院申請了離婚，棄她而去。曾真在給妻妹張志勤的信中，細說了其申請離婚的理由："你們的姐姐由於長期不改造資產階級世界觀，終於墮落為現行反革命分子，我已經征得她和組織上的同意，辦了離婚手續。以後要瞭解有關她的情況，可以直接找她的組織單位。我考慮她已判了無期徒刑，即使以後表現得好，有可能減刑出獄的話，政治上也不會有什麼前途了；因此，經濟上，也沒有條件再添置衣物。我問她要什麼東西，但她表示什麼都不要，最好你們來個人，把她的東西拿走；如果來不了，我只好將她的東西送到監獄了。"[14]

在自己所加入並相信的黨的監獄中，因為依然固執己見，不肯認罪低頭，張志新受盡了人世間最喪盡天良的折磨。張志新的妹妹張志勤，哽咽地向鳳凰衛視講敘姐姐所遭受到的"滅絕人性的摧殘"：

"在監獄裏面，他們還唆使流氓，所謂以毒攻毒的毆打體罰，拔頭髮，前面和上面的這塊頭髮都已經拔光。還用鐵絲勒住姐姐的這個舌頭、嘴，拿拖布往嘴裏塞，為了不叫姐姐說話。給姐姐銬上十八斤重的雙腳鐐、雙手銬，叫她在露天的地裏，十圈十圈地跑；還給她帶背銬，就是兩隻手的大指一上一下的朝後邊銬起來。一般蹲小號的時間就是一兩個星期，否則精神就失常了，人也廢了。張志新竟然蹲了一年零七個月。為了不再受強姦犯的這種難以啟齒極其低級的侮辱，姐姐竟然把糞便抹在自己的身上、臉上。就這樣，姐姐在精神上、身心、肉體上，受到了滅絕人性的摧殘。後來，終於患了精神分裂症，一連幾天徹夜不眠，兩眼發呆，蹲坐一天，一動也不動，時笑時哭，自言自語，吃牙膏，把窩窩頭醮著經血吃……"[15]

然而，當獄警把張志新的真實情況向上級反應時，上級卻說其是"裝瘋賣傻"。1975 年 2 月 26 日，中共遼寧省黨委召開擴大會議，審批張志新的案件。會上，蔡文林作了《關於現行反革命犯張志新的案情報告》；會議中，毛澤東的親姪子，毛遠新說："判了無期徒刑，還一直相當反動，看來是死心塌地；服刑期間還那麼瘋狂，還犯罪，讓她多活一天多搞一天反革命，殺了算了。"[16]

或許因為毛遠新同志發了話，1975 年 4 月 3 日，瀋陽中級人民法院，下達了共產黨員張志新的第二次死刑判決[17]。次日，為了讓其不發出聲來，毛遠新同志的手下，"把張志新帶到一間辦公室，先上來四個大漢，強行將張志新按倒在水泥地上，頭墊一塊磚，將她的頭、手、腳死死地壓住，開始動刀"（紀錄片《盜火者：張志新》中，張志勤口述），冷酷而殘忍地，割斷了張志新的喉嚨。之前，在獄中，為了讓她不能書寫，剝奪的是她書寫的筆[18]；此次，為了不讓她在批判會上發出聲來，剝奪的是她發聲的喉嚨。張志新忍著劇烈的痛疼，接受所處的共產黨社會慘無人道的最後一次批判後，一聲槍響，終於從肉體上徹底給消滅了[19]。

在張志新的案卷中，有一段讓女兒、兒子與"罪犯"母親劃清界限、殺人誅心的筆錄，記錄了那個朝代集體反人性的一面：

"林林：剛聽說張志新犯了反革命的罪行，我當時感覺會影響我進步的，這下可完了。但經過學習提高了認識，母女關係是有階級性的，她雖然生了我，是我的母親，可她是反革命，就不是母親了，已是我的敵人了。她反黨反毛主席，我們就和她鬥爭到底。我後來經過學校老師和家長的教育，我已認識到她反革命，我和她劃清界限，並不會影響我的進步。

問：張志新實屬死心塌地，罪大惡極，你們有什麼想法，看法？

林林、彤彤：堅決鎮壓，把她處死刑，為人民除害。我們連屍體也不要，政府願意怎麼處理就怎麼處理，我們都擁護。對於張志新在監獄的還有什麼財物，我們什麼都不要，這有（由）政府處理。"[20]

生前的張志新，曾在《誰之罪》中這樣寫道："今天來問

221

罪，誰應該是領罪的人？我是無罪的人，我相信不久的將來，歷史會告訴他，誰應該是領罪的人。"在張志新死後的 1979 年 3 月，詭異的事情發生了。曾經宣判她"死刑"的組織，又以法律的名義宣判了她的"無罪"[21]。 只是那真正應該領罪的人，依然好好的活著，而張志新卻慘死在同是共產黨員的手裏。

　　如今，張志新的一雙兒女，曾林林與曾彤彤，都把家安在了異國的他鄉[22]；回看他們母親一生的遭遇，這樣的選擇，無疑是有充分的理由的。

相關注釋：

1、關於張志新的生日，有兩種說法：一種是生於 1930 年 10 月 12 日，爲張志新《自傳》採用的時間；一種是生於 1930 年 12 月 5 日。《張志新》第 152 頁爲 10 月 12 日出生；《張志新》第 168 頁、《張志新傳》第 224 頁、《一份血寫的報告》第 31 頁，皆爲 12 月 5 日出生。

2、在張志新申請入黨時寫的《自傳》中，如是說。——《張志新》第 152 頁。

3、1941 年 2 月，在天津私立達文小學讀書；1942 年 9 月停學，跟著母親學文化；1943 年 2 月，在天津私立特一小學讀書；1944 年 8 月，在私立達文中學讀書；1945 年 2 月，在天津第一女子中學讀書；1950 年 8 月，在河北天津師範學院教育系讀書；1951 年 1 月，入讀中國人民大學俄語系。——《張志新傳》第 224、225 頁，《張志新》第 168、169 頁。

4、《自傳》中，對剛剛解放時期的共產黨，是持謹慎的觀望態度。——《張志新》第 154 頁。

5、1955 年 12 月 15 日，張志新在《中國共產黨入黨志願書》中的話。——《張志新》第 166 頁、《一份血寫的報告》第 7 頁。

6、7、8、——出自紀錄片《盜火者：張志新》。

9、10、1969 年 1 月 10 日，張志新在批鬥會上的發言；此發言後被命名為《對
"文化大革命"的質疑》。——《張志新》第 13-16 頁。

11、監獄方面，為了征服張志新，動員其女兒給母親寫信，企圖以親情相要挾，
讓其屈服認罪。——《一份血寫的報告》第 5 頁、紀錄片《盜火者：張志新》。

12、1968 年冬，張志新在五七幹校批鬥大會上講的話。——《一份血寫的報
告》第 3、4 頁。

13、1970 年 5 月 14 日，張志新因"反對毛主席，因反對江青、林彪，為劉
少奇翻案"等罪名判處死刑，死刑復核到陳錫聯處，指示如下："這個人還
是留下她，不要殺，留下來做個反面教員。"遂於 1970 年 8 月 20 日，被盤
錦地區革命委員會人民保衛組，判處張志新無限徒刑。

盤錦地區革命委員會人民保衛組刑事判決書
地保【70】刑字 52 號

　　現行反革命犯張志新，女，四十歲，瀋陽市
　　張犯思想極端反動，刻骨仇恨我黨和社會主義制度，於一九六八年以來，
公開在群眾中大肆散佈反動言論，惡毒地攻擊我黨和社會主義制度，污蔑誹
謗無產階級司令部，無恥吹捧帝修反，特別是在我黨九大召開前後，全面攻
擊無產階級文化大革命，極力為劉賊喊冤叫屈，企圖充當蘇修走狗，反革命
氣焰囂張。張犯罪嚴重，民憤極大，依法判處現行反革命犯張志新無期徒刑。

　　　　　　　　　　盤錦地區革命委員會人民保衛組（印）
　　　　　　　　　　一九七〇八月二十日
　　——《一份血寫的報告》第 45 頁、紀錄片《盜火者：張志新》、《文
革英烈（上）》第 428 頁。

14、15、——出自紀錄片《盜火者：張志新》。

16、出自"張志新年表"。——《張志新》第 170 頁、《張志新傳》第 226 頁、《文革中公民異議文獻檔案匯編（上）》。

17、1975 年 4 月 3 日，遼寧省瀋陽中級人民法院，判處張志新死刑，立即執行。張志新，於 1975 年 4 月 4 日被槍殺。槍殺前，爲了阻止她在批判大會上發聲，被殘忍地割斷喉管。

遼寧省瀋陽市中級人民法院刑事判決書
沈法【75】刑字第 17 號

現行反革命犯張志新，女，四十五歲，現於瀋陽監獄改造。

張犯一九七〇年因現行反革命罪被判處無期徒刑，投入勞改後，仍頑固堅持反動立場，繼續進行反革命活動。在犯人中公開散佈反革命言論。一九七三年十一月十六日下午三時許，張犯在犯人參加的大會上，公開呼喊反革命口號，在禁閉反省期間，不思悔改，仍對我黨和社會主義制度進行惡毒的攻擊，大肆吹捧蘇修叛徒集團的修正主義路線，爲叛徒陳獨秀、王明揚幡招魂，反革命氣焰極爲囂張，實屬死心塌地的反革命分子，罪大惡極，民憤極大，依法判處現行反革命犯張志新死刑，立即執行。

瀋陽市中級人民法院
一九七五年四月三日

——出自紀錄片《盜火者：張志新》、《文革英烈（上）》第 429 頁。

18、1970 年 2 月，張志新用木籤，蘸著墨水寫《質問、控訴、聲討！！！》的抗議信，抗議看守所沒收了自己的筆；1973 年 10 月 19 日，張志新用手紙，寫《還我書、筆、紙》，再一次抗議監獄不給其紙、筆。——《張志新》第 122-126 頁。

19、張志新在大窪刑場的執行紀錄是：彈中頭部，一槍擊斃。時間是 1975

年 4 月 4 日上午 10 時 12 分。——《一份血寫的報告》第 30 頁。

20、屍骨未寒之即，瀋陽法院給張志新的家人，辦了個"死囚家屬學習班"，讓 18 岁的女兒曾林林，及 10 岁的兒子曾彤彤，與"罪犯"母親（張志新）劃清界限，此爲學習班的"筆錄"部分。——《文萃週末》2012 年 8 月 24 日第 34 期、紀錄片《盜火者：張志新》。

21、1978 年 12 月，營口法院向省高級人民法院替交的張志新案復查報告中，宣告張志新無罪。1979 年 3 月 27 日，判張志新死刑立即執行的瀋陽市中級人民法院，對張志新案件進行了再審，宣告張志新無罪。此時，張志新已經死去差不多四個年頭了。

營口市中級人民法院
張志新案復查報告

原遼寧省委宣傳部幹部張志新，曾於一九七〇年經原盤錦地區人保組按現行反革命罪，判處無期徒刑。此案經我們復查，並報請市委政法小組討論認爲，原判認定張的罪行，並非惡攻性質，其主要言論是反對林彪、"四人幫"的，應予撤銷原判，宣告無罪。

　　——《一份血寫的報告》第 47 頁。

瀋陽市中級人民法院刑事判決書
沈法【70】刑再字 22 號

張志新，女，一九三〇年生，家庭出身自由職業者，本人成份學生，大學文化，共產黨員，原任遼寧省委宣傳部文藝幹事。

張志新於一九七〇年八月二十日，被原盤錦地區人保組以所謂現行反革命罪判處無期徒刑。在瀋陽監獄服刑期間，又以"頑固堅持反動廣場，繼續進行反革命犯罪"，經本院一九七五年四月四（實是三日）日加處死刑。粉碎"四人幫"後，張志新家屬提出申訴，根據中華人民共和國法院組織法第十二條之規定精神，決定再審，現查明：

張志新純系反對林彪、"四人幫"而被以"反革命犯罪"判處無期徒刑，營口市中級人民法院已撤銷原判，宣告無罪。張志新投入瀋陽監獄勞改後，仍不屈服，繼續遭到迫害，以致造成"妄想型精神分裂症"，原加處死刑認定的所謂事實，均系在精神失常情況下所為，不應視為犯罪，按照黨的"有錯必糾"的原則，故依法判決如下：

一、撤銷本院（75）刑字第 17 號判決。

二、宣告張志新無罪。

瀋陽市中級人民法院

一九七九年三月二十七日

——出自紀錄片《盜火者：張志新》。

22、1950 年，張志新認識曾真，1955 年國慶兩人結婚，婚後育一女一子。女兒叫曾林林，母新死時未滿 18 歲；兒子叫曾彤彤，母新死時未滿 10 歲。如今，都定居於美國明尼蘇達州。——《文革中公民異議文獻檔案匯編（上）》、《文萃週末》2012 年 8 月 24 日第 34 期。

參考資料：

1、《張志新》，遼寧人民出版社，1985 年版。

2、《文萃週末》，2012 年 8 月 24 日第 34 期。

3、《文革英烈（上）》，不平著，成家出版社，2019 年版。

4、《一份血寫的報告》，陳禹山著，海天出版社，1993 年版。

5、《盜火者：張志新》，紀錄片，鳳凰視頻出品，2012 年上映。

6、《名人遺書》，李秀忠、李樹房主編，山東友誼出版社，1998 年版。

7、《張志新傳 1936-1965 年部分》，張書紳著，遼寧人民出版社，1990 年版。

8、《歷史的代價：文革死亡檔案》，金石開編著，中國大地出版社，1993 年版。

9、《文革中公民異議文獻檔案匯編（上）》，宋永毅編著，國史出版社，2018 年版。

胡適之子胡思杜不是死於自殺，而是被謀殺

胡思杜【1921 — 1957】

　　胡思杜出生的這一年（1921年），正好是中國共產黨誕生的這一年，出生的這一天（12月17日），恰好是其父親——中國新文化運動先軀、那個被稱爲"播種者"[1]的自由主義堅定擁護者胡適之的生口。因了這樣的機緣、更因了中國共產主義與胡適之自由主義之間的分歧與不可磨合的鴻溝，作爲胡適之的兒子，留在共產主義的地盤，似乎註定了其今後的人生之路，不是那麼好過的。

　　這位出生在胡家的幼子，小名叫小三，大名叫思杜。"思杜"二字寄託著其父親對哲學老師杜威的感情，也涵蓋著胡適對小兒子的憧憬——"我要你做一個堂堂正正的人，不要你做我的孝順兒子"[2]。

　　年幼的思杜身體虛弱，使得讀書這件事時續時斷。其父雖然忙於公務，但對兒子的關愛卻並未減去半分，反而顯得更爲濃烈。

　　1930年夏，爲其請了家庭導師（羅爾綱、張道政），輔導功課。抗戰時期，胡適去美國當大使，思杜隨母就讀於上海，特請朋友竹垚生代爲照看。那一段時間，胡適幾乎每次給夫

227

人去信都會談及小三的情況，可見胡適對這兒子的牽掛與關心。後來，因竹姓朋友 1940 年 11 月 19 日信中言及小三恐沾染上上海青年惡習[3]，原本因經濟拮据暫並不打算把小兒帶至身邊的胡適改變了想法，於 1941 年 5 月托朋友把思杜帶去美國，讓其先就讀於教會學校——海勿浮學院，後轉到印第安那大學。

1947 年秋，在美國學習了 6 年的胡思杜，由胡適的朋友帶回國內[4]。歸國的他，在美所讀的大學雖未畢業，但由於其是北京大學校長胡適的兒子，子以父貴，一時間為其提供工作機會的地方並不少見，山東大學甚為積極，卻都被德高望重的胡適委婉謝絕，因胡適先生不希望自己的兒子倚仗他的社會聲望去獲得任何職務。之後，於 1948 年 8 月 30 日，依父親的安排去毛子水先生掌管的北大圖書工作，其用意是老子希望兒子腦袋裏面能多裝點實在的知識。

1948 年 12 月 15 日，這一天可以說是胡思杜與父親胡適、母親江冬秀、哥哥胡祖望訣別的日子，也可以說是胡思杜向自由世界揮手致別的日子。"我又沒做什麼有害共產黨的事，他們不會把我怎麼樣！"[5] 面對父母要求他一起離開北方時，他用叛逆而又稚嫩的口吻回道。

這一留下，留下的並不是個人的遺憾與悲劇，而是整個時代在那個變態年代的縮影。個人的幸福與理想的追求，在那個年代是不存在的。大多數人都被意識形態五花大綁了，他們被黑手吊在空中，等待的將不是解放，而是思想的淩遲。

1949 年 9 月，留在"解放區"的胡思杜，到華北革命大學政治部學習——"思想改造"（11 個月[6]）。這 11 個月的學習，胡思杜完成了他的"思想總結"。這位在羅爾綱眼裏，待保姆雜役親如家人；在傅斯年眼裏，天性淳厚的胡思杜；經過思想改造後，於 1950 年 9 月 16 日，在上海《大公報》上發表《對

我父親——胡適的批判》[7]:

> "今天，受了黨的教育，我再也不怕那座歷史上的'大山'，敢於認識它，也敢於推倒它，也敢於以歷史唯物主義的天秤來衡量他對人民的作用。從階級分析上，我明確了他是反動階級的忠臣、人民的敵人。在政治上他是沒有什麼進步性的。
>
> ……
>
> 在他沒有回到人民的懷抱來以前，他總是人民的敵人，也是我自己的敵人。在決心背叛自己階級的今日，我感受了在父親問題上有劃分敵我的必要，經過長期的鬥爭，我以為在認識上大致劃分了敵我；但是在感情人上仍有許多不能明確割開的地方……"

如果這 11 個月的思想改造、洗心革面，他的與父親劃清界線，為他 1950 年 9 月 16 日去唐山交通大學（又名唐山鐵道學院）教書鋪平了道路，是值得肯定與鼓勵的。那麼，這種泯滅人倫道德、扭曲人性的"思想改造"，是對人類個人意願與良知的隨意誅殺，是使人類淪落敗壞的開始。

曾是胡思杜的家庭導師、也是赫赫有名的歷史學家羅爾綱，看到自己的學生與父親劃清界線後，"豁然開朗了"[8]，提筆寫《兩個人生》批判自己的老師及與其劃清界線，便是淪落敗壞的有力例證。

當然，49 年後的中國，很長的一段時間，誠如 1950 年 1 月 9 日，胡適在回復《北平輔仁大學校長陳垣給胡適的公開信》時所說的："可憐我的老朋友陳垣先生，現在已經沒有不說話的自由了"[9]。

胡思杜思想總結中的《對我父親——胡適的批判》，便是在這樣的大背景下產生的。1950 年 9 月 11 日，其寫給母親的信中，還在叮嚀"爸爸少見客，多注意身體"[10]，轉眼間，卻向自己的親生父親，投以猛烈地批判；可想而知，"沒有不說話的自由"是顯而易見的；這或許正是，其"在感情人上仍有許多不能明確割開的地方"[11]的深層次的難言之隱和無可奈何。

經過一輪思想淩遲的胡思杜，他的對父親的批判，他的把父母留給他作結婚用的細軟及金銀手飾都毫無保留地交給了黨，並且積極地準備入黨的決心，使黨認爲其是可用之才、是可塑之人，才有他給母親信中言及的去唐山交通大學教書（又名唐山鐵道學院）的故事。

1957 年，天性淳厚的胡思杜天真以爲向黨靠攏就能平安無事、以爲 "雙百方針" 是黨真心地想聽人民群衆的意見，就積極主動的給他所在的院部領導提了關於教學改革的建議，並在公眾場合說 "我父親並不是報紙上說的樣子" [12]；沒想到，這只是黨的 "引蛇出洞"，胡思杜不明就裏的陷了進去，成了 5 月 20 日《人民日報》 "河北高等學校教授針對教育領導工作提出批評" 中的 '使用卑鄙手段妄圖奪取學校領導權' [13]、成了 8 月 29 日《河北日報》 "我省各高等學校反右派鬥爭獲得初步勝利" 中的 '挑撥離間黨與知識份子關係' [14] 的右派分子。滿天飛的帽子都向胡思杜砸來，在大字報、批鬥會中，曾經以爲 "我又沒做什麼有害共產黨的事，他們不會把我怎麼樣" 的胡思杜，最終忍受不了精神上的折磨，於 9 月 21 日，寫下給堂兄胡思孟的遺書 [15]；然後，'自絕' 於黨和人民。

嶽南在《南度北歸：離別》中有一段文字，敘述那個時代的特殊記憶：

> 據江冬秀的堂弟、北京大學數學系教授江澤涵回憶： "思杜的哥哥祖望在文革後期，大約是 1974 年到 1975 年前後，從美國給我們寫信，我們作爲他的舅舅、舅母，也是長時間與他失去了聯繫。他信的內容主要是瞭解我們的近況，同時問及他弟弟思杜是否還活著。他大概是在海外聽到關於思杜自殺的消息了。因爲胡適遺囑上說到他們兄弟倆分財產的事，他想證實思杜是否還在人世。當時，我們全家因

為與胡適的關係，也是被整得幾十年抬不起頭，喘不過氣，不敢給祖望回信，怕再因'海外關係、胡適關係'等惹出禍端來，就把這封信交給學校的領導，徵求他們的意見，結果學校沒有回答我們。我們也不敢隨便、輕易寫回復祖望的信。"[16]

胡思杜在遺書中對胡思孟說："現在我沒有親人了，也只有你了"[17]。細讀其舅江澤涵的回憶，再來品嘗其父胡適的"我們早知道，在共產主義國家里，沒有言論的自由；現在我們更知道，連沉默的自由，那里也沒有"[18]；那個時代的怪誕輪廓，便清晰起來了。

胡思杜的自殺，被組織定性爲"自絕於人民的畏罪自殺"[19]；溫故那段歷史，拂去別有用心灑下的迷霧，可以清晰地見到，這哪里是什麼畏罪自殺？明明是耀武揚威的權力，對個體生命的肆意謀殺！明明是張牙舞爪的權力，對個體希望的任意扼殺！

寫於 2017-4-17 避難中 [20]。

相關注釋：

1、對於把胡適先生譽爲——播種者，李敖先生在"爲《播種者胡適》翻舊帳"中這樣描述："先從題目說起。我的題目是《播種者胡適》。'播種者'三字在現代史中本有一點'特定意義'。在民國三十七年教師節那天，北京大學的學生送了一面繡有'播種者'三字的錦旗給他們的校長胡適。當時我是一個小學生，在報上看了這條新聞，覺得這面錦旗很有味兒，所以便記住了。十三年來，我還沒看到第二面用字不俗的錦旗——錦旗本身就是俗玩意兒！"——《胡適形究》第 59 頁。

2、1919 年 3 月 16 日，胡適的大兒子胡祖望降生；7 月 30 日，胡適寫了一首詩——《我的兒子》：

我實在不要兒子，

231

兒子自己來了。
　"無後主義"的招牌,
　　於今掛不起來了!

　　譬如樹上開花,
　　花落天然結果。
　　那果便是你。
　　那樹便是我。

　　樹本無心結子,
　　我也無恩於你。
　　但是你既來了,
　我不能不養你教你,

　那是我對人道的義務,
　並不是我待你的恩誼。
　　將來你長大時,
　　這是我所期望於你:

　我要你做一個堂堂的人,
　　不要做我的孝順兒子。
　　——《胡適傳論》第 68、368 頁。

3、1940 年 11 月 19 日,竹垚生在致胡適的信中說:"小兒在此讀書,無甚進境,
且恐沾染上海青年惡習,請君趕快注意。"——《胡適往來書信選(中冊)》
第 493 頁。

4、有一個說法也是大家都習慣採用的,那就是胡思杜是 1948 年夏回國的,
而這個依據又大都來自羅爾綱的《胡適瑣記》。筆者查閱了《胡適全集·日
記·書信》、《胡適年譜》、《胡適傳論》,胡適於 1947 年 10 月 12 日的
日記中寫道:"思杜明天上午可自美國到上海"(《胡適日記》第 659 頁),

如果沒意外，胡思杜的歸國時間應該是 1947 年 10 月 13 日。《胡適傳論》中，第 75 頁也說胡思杜是 1947 年 10 日胡適托朋友送回；而根據林建剛《關於胡適的兩則新史料》（參考以下第 5 條注釋）中 1947 年 9 月 8 日胡適給杭立武的信所言及兒子胡思杜的情形，筆者認為胡思杜 1947 年 10 月 13 日回國的可能性更接近歷史事實，因而在本文中採用了 1947 年而非 1948 年。

5、1948 年 12 月 15 日，胡適在日記中記載了“兒子思杜留在北平，沒有同行”。對於胡思杜為什麼沒有與父親一起南飛？彭勁秀在《胡思杜的人生悲劇》中，與李偉在《胡適與胡思杜之死》中，都以胡思杜的口吻解釋了這個問題。而從沈衛威《文化‧心態‧人格：認識胡適》（第 150 頁）可以得知，這話是胡適的學生鄧廣銘聽胡思杜講的——“我又沒做什麼有害共產黨的事，他們不會把我怎麼樣！”。當然，對於胡思杜為什麼會做這樣的選擇？林建剛的文章——《關於胡適的兩則新史料》之一‘胡適給杭立武的一封信’，值得細細品讀，摘錄於此：

　　筆者偶然從雅昌藝術拍賣網上發現一封胡適寫給杭立武的書信。這封信是上海道明有限公司拍賣的。經查，這封信並沒有編入《胡適全集》，胡適的其他文集中也未見收入，而這封信對於我們理解胡適與胡思杜的父子關係很有幫助。胡適的字娟娟可喜，非常好認，茲抄錄如下：

　　立武吾兄：

　　前在會場中，承見面告小兒思杜護照滿期，之邁兄有電問我應否叫他回國。當時我匆匆未及索閱原電文，即說應令他回國。

　　昨回校後始見尊函附來去兩電，始知之邁原電說小兒請求回國旅費，我很詫異。當我 1942 年下任時，政府已付我與兩兒旅費，共 3 份，每人兩千餘元，我即將兩兒的旅費購買美國戰時公債，各用兩兒本身名義。思杜的一份，已於我回國前扎人轉交給他了。他已領過旅費，不應再請求回國旅費。此兒甚不安分，或曾向之邁詭辭請求，以至之邁有此電。

　　此事使我甚不安。如當可挽回，乞兄告之邁勿付款。如已付款，乞告他托妥人將款取回。我已函告紐約友人將此兒遣送回國，絕不敢冒領公家第二次旅費。

　　此事竟致煩勞吾兄，十分感愧！此兒在學校成績甚不佳，故我在 8 月 27 日曾由滬去電叫他回國，萬不料他會向之邁出此“花頭”，匆匆奉陳，敬謝厚誼，並祝大安。

　　弟胡適敬上　　　卅六，九，八。

　　胡適的這封信寫於 1947 年，收信人杭立武當時是國民政府教育部常務次長。從寫信內容來看，胡適寫這封信的目的，主要是為了阻止他的兒子胡思杜冒領國家的回國旅費。他發現，胡思杜通過自己的老朋友陳之邁騙取了國家的回國旅費，這是他絕對不能忍受的，所以他特地寫這封信向杭立武說明事實真相。

　　關於胡思杜亂花錢的毛病，晚年胡適在臺灣的時候也曾提及。1961 年 5 月 14 日，胡適對秘書胡頌平說：

　　1946 年坐船由美國回來的途中。那天是 6 月 8 日，是美國的父親節，我想起我的第二個兒子思杜，我打一個電報給他。父親節，兒子沒有電報給我，倒由我打電報給他，他在印弟安那大學讀書的。誰知他這個學期根本沒有上課，他把我匯給他的錢全部跑馬跑光了，還欠了一身的債。結果為了兩張支票的事，險些兒被警察找去了，後來由我的一位朋友把他救出來。他的兩個衣袋裏全是當票，一張是我給他的一架打字機的當票。（胡頌平：《胡適之先生晚年談話錄》新星出版社 2006 年 10 月版，第 157 頁）

　　1948 年，回國之後的胡思杜，跟胡適的關係不太愉快。據傅斯年回憶：

　　（胡思杜）遂於三十七年夏由在美朋友送其回國。以後彼在北平家中，似不甚愉快，然適之先生對之仍保持其一向對人之涵養，並托毛子水先生管教。（胡頌平：《胡適之先生年譜長編初稿》第 6 冊聯經出版社，第 2150 頁）

　　之所以不太愉快，是因為胡思杜原本可以憑藉父親的名頭去山東大學任教，而自己的父親卻堅決不讓他去。

　　據鄧廣銘回憶，胡思杜回到北平後，有很多人給他介紹工作，或請他到大學任教，其中山東大學歷史系最為積極，但被胡適拒絕。

　　胡思杜在美國讀書讀的就是歷史系，山東大學歷史系邀請胡思杜去教歷史，胡思杜自然非常樂意。然而，對這件事，胡適卻堅決不同意。

　　在胡適看來，如果說此前胡思杜是利用他跟陳之邁的關係來騙取回國旅費的話，那麼，這一次，胡思杜恰恰也是利用他的社會聲望去獲得山東大學的教職。這也是胡適所不能接受的。

　　對胡思杜，胡適要求他去北京大學圖書館工作，當時北京大學圖書館館長就是毛子水，這也就是傅斯年所說的“托毛子水先生管教”。對自己這個兒子，胡適其實早已安排。1944 年 7 月 1 日，在寫給趙元任的信中，胡適寫道：

小三（指胡思杜）7 月 6 日就上課了。我叫他選一科愛讀的歷史課，用全力去試試看，餘力去學寫中國楷書，預備替我做抄手。

他這學期五門課，四門全不及格。大概"正途出身"，他是沒有希望了！

（耿雲志、歐陽哲生整理：《胡適全集》第 25 卷，安徽教育出版社 2003 年 9 月版，第 103 頁）

在胡適看來，大學都不能畢業的胡思杜當然不能去大學歷史系教書，胡適希望自己的兒子在圖書館工作一段時間之後，在熟悉各種古籍圖書的基礎上，成為自己學術研究的助手。胡適對胡思杜的這種規劃可能引起了胡思杜的一些想法，父子之間關係不太和諧，顯得有些微妙。

胡適與胡思杜在這件事上的矛盾，不禁讓人想起胡適與羅爾綱之間的一段插曲。

眾所周知，羅爾綱是胡適一手帶起來的學生。1936 年，清華大學歷史系教授蔣廷黻書生從政之後，打算邀請羅爾綱去清華代他教書。得到這樣絕好的機會，羅爾綱大喜過望。然而，出乎羅爾綱意料之外的是胡適的態度，胡適堅決反對羅爾綱去清華教書。胡適的這一態度讓羅爾綱很不理解，曾有很長一段時間，心存芥蒂的羅爾綱不再去胡適家問學請教了。後來羅爾綱去向胡適辭行，知道羅爾綱心裏不痛快的胡適向他解釋了原因，胡適說道：爾綱你生氣了，不上我家，你要知道，我不讓你到清華去，為的是替你著想，中國近代史包含的部分很廣，你現在只研究了太平天國一部分，如何去教人？何況蔣廷黻先生是個名教授，你初出教書如何就接到他的手？（羅爾綱：《師門五年記‧胡適瑣記》生活‧讀書 新知三聯書店 2012 年 10 月版，第 69 頁）

聽了胡適的解釋之後，羅爾綱才最終釋懷，兩人的這段小矛盾也由此化解。

1948 年，胡適與胡思杜的小矛盾，可能正是胡適與羅爾綱類似矛盾的重演。

最後，需要指出的是，可能恰恰由於父子之間的不太和諧，胡思杜沒有跟隨胡適夫婦離開大陸，而是選擇了留下，這也最終導致了他後來的悲劇命運。

——出自《關東學刊》2016 年第 1 期（第 43-45 頁）。

6、1950 年 9 月 11 日，胡思杜給母親去信，叮囑"爸爸少見客，多注意身體。"從中可以知道，他是 1949 年 9 月開始進行學習（思想改造），到 1950 年 9 月 16 日結束，然後去唐山交通大學去教書（應為唐山鐵道學院）。——《胡適全集・第 34 卷・日記》第 70 頁。

7、1950 年 9 月 11 日，胡思杜還在給母親的信中，叮囑父親："爸爸少見客，多注意身體。聽說前一向他身體不好。書都還存在北大，安全無恙，請放心。"轉眼 1950 年 9 月 16 日，卻對自己的父親，進行無情的批判——《對我父親——胡適的批判》：

　　在舊社會中，我看我的父親是個"清高的"、"純潔的"好人。解放後，有批評他的地方，自己就有反感：周總理到北大講話說："胡適之根本不認識什麼是帝國主義"，心中反感已極；以為以我父親的淵博，竟不知什麼是帝國主義，寧非侮辱。在華大時，仍以為父親"作惡無多"。學社會發展史以後，想法稍有轉變。經過學代選舉前兩次檢討會，使我瞭解在這問題上自己仍是站在反動的臭蟲立場。結合社會發展史、國家與革命、中國革命簡史的學習，鄧拓、何干之等同志的著作，自己鬥爭的結果，試行分析一下我父親在歷史上作用。

　　我的父親出身沒落的官僚士紳之家，在 1904 年到 1910 年時，他還是一個學生，1910 年去美國（年 20 歲），美國的物質文明和精神文明，使一個從半封建半殖民地社會來的人迅速的被征服，他的長期的教育環境使他的立場逐漸轉移到資產階級。在國外所寫的文章如《文學改良芻議》等，當時在中國名噪一時，是因為他在反封建（為資本主義開闢道路）的一點上，和當時人民的要求相符合；在反對死文學、舊禮教和守法觀念上，他起了一定的進步作用。

　　1917 年回國時，正是袁、段竊國的時期，他眼望著橫暴的政權，不知是否容許自己"置喙"，於是抱了"二十年不談政治"的決心，在思想文藝中，整理國故中逃避政治。"五四"時代，自己不能再逃避政治了，他發表了《問題與主義》，用庸俗的點滴改良主義對抗中國新興的社會主義學說，以為只有在不"根本解決"的基礎上，中國社會才有進步。說明一個中國無比軟弱的資產階級知識份子，面壁著驚天動地的"五四"、"六三"運動的必然看法。他所反對的"根本解決"，也就是打碎軍閥官僚地主買辦國家機器的革

236

命，也就是震撼他本階級利益的革命。

1919 年以後，日益走入歧途。提倡易卜生主義，以充實他的"問題論"；介紹實驗主義來抗唯物主義。自己彷徨於統治者之間，期望著在段祺瑞政府的基礎上進行"改良主義"，他參加了善後會議。在革命低潮中，他以教育為第一性，政治經濟是第二性，幻想在蔣政權下辦好一個學校——中國公學，以為在教育辦好了時，造就了人材，社會就好了（1927--30）。但在南京反動政府的威脅下，他的迷夢被擊破，被迫離開中公。無比軟弱的資產階級知識份子，是不敢反抗既有的"正統政府"的，他和當時他的階級一樣，在反動政權面前低了頭，轉過來要求蔣光頭的政府中實踐他的改良主義，在被迫走的那年，自願的就北京大學文學院長職。在這個位置上，他明確的奠定了他的文化政治統治者的基礎，一方面和帝國主義文化侵略利益進行密切的結合，如羅瓦基金、中美文化基金董事會、庚款委員會中，他都是重要的支柱；展開"全盤西化"的口號，甘做帝國主義的工具。一方面創辦《獨立評論》，望著南京政府的眼色行事，用委婉的口氣說"抗戰不易"。

更反動的是在圍剿蘇區時，他高呼"好人政府"，翁文灝、蔣廷黻等在他的鼓勵下，一一邁進仕途，使一般小資產階級在不能忍受政府的強暴的時節，忽然看見"開明"的教授們"脫卻了藍衫換紫袍"，以為中國前途有望，反動政府的國家機器有了這批"好人"、新"能吏"，也更能發揮他的壓迫人民的作用。至於我的父親這時所以拒絕了蔣匪的邀請做教育部長，是既維持自己的"清高"，又在"舉薦諸賢"以後，可以在國外發生更大的作用，何樂而不為。他當時要求過"學術獨立"，也反對"法西斯"，那不過是他認為學術的依附政治，會使匪幫政府"好景不常"，而他的"改良路線"則是他認為的"萬世之業"的打算。

但是，1937 年日寇侵略到華東華南，深入到英美帝國主義在華利益的心臟，英美派大資產階級被迫不得不戰時，在他的階級利益受到了威脅，他的階級代表蔣政權威信低落時，他在 1938 年終於做蔣匪幫駐美大使，做了一個蔣匪幫得力的官吏。他在任中簽定了種種的商約，使美帝可以廉價取得"四大家族"從人民手中掠奪來的"專賣品"，簽定多次借款，這些借款使蔣政可以權增強"威信"，可以購買更多彈藥來防共滅共，並可以使四大家族又多一項資本，在更廣的範圍內盤剝人民的血汗。他嚴肅不苟地為他的階級服務著。

1946 年，全國人民要求解放，統治階級受了全面的威脅，他覺得是他的神聖的責任，他就回國為階級效忠，盡自己最大的能力來鞏固蔣幫政府，儘量爭取落後的、動搖的小資產階級及其它人民。他回來以後，一方面在北京大學執行反動政府的命令，一方面技巧的維持學校當局和學生的矛盾，時常發表中間言論，蒙蔽著人民，他在小資產階級的落後性上發揮了最大的力量混淆是非，多少人給"世界學者"的言論蒙蔽了。

　　他對反動者的赤膽忠心，終於挽救不了人民公敵的頹運。全國勝利來臨時，他離開了北京、離開了中國，做了"白華"，他還盛讚"白俄居留異土精神之可佩"。

　　今天，受了黨的教育，我再不怕那座歷史上的"大山"，敢於認識它，也敢於推倒它，也敢於以歷史唯物主義的天秤來衡量他對人民的作用。從階級分析上，我明確了他是反動階級的忠臣、人民的敵人。在政治上他是沒有什麼進步性的。從 1919 年《問題與主義》發表以後，他彷徨於改良的路上，和他軟弱的資產階級一樣，摸索了 11 年。在 1930 年，做北大文學院長以後，更積極地參加鞏固加強蔣匪幫的工作，始終在蒙蔽人民，使人民不能早日認識蔣匪幫的黑幕，不能早日發現美帝狠毒的真相；並替蔣匪幫在美國籌計借款，出賣人民利益，助肥四大家族，鞏固蔣匪幫政府。這次出走，並在美國進行第三黨活動，替美國國務院掌管維持中國留學生的巨款（四百萬美金，收受這筆款的人大都是反動分子，民主個人主義者的資助和養成費），甘心為美國服務。這一系列的反人民的罪惡和他的有限的（動機在於在中國開闢資本主義道路的）反封建的進步作用相比，後者是太卑不足道。

　　我以前受了長期奴化教育，對於人民政策不瞭解，又未學辯證法，瞭解人也不是從發展的、變化的觀點出發；所以在學習一個多月以後，一個朋友從香港來北京公幹，回港時問我："你對你父親將來取如何態度？"我錯誤的回答："他恐怕永遠不會習慣集體主義，還是住在美國罷。"今天瞭解政府的寬大政策，對於一切違犯人民利益的人，只要他們承認自己的錯誤，向人民低頭，回到人民懷抱裏來，人民是會原諒他的錯誤，並給以自新之路的；我的想法因此有了轉變。

　　在他沒有回到人民的懷抱來以前，他總是人民的敵人，也是我自己的敵人。在決心背叛自己階級的今日，我感受了在父親問題上有劃分敵我的必要，經過長期的鬥爭，我以為在認識上大致劃分了敵我；但是在感情上仍有許多

238

不能明確割開的地方，除了自己隨時警惕這種感情的危害性以外，我並要求自己樹立起工農大眾的感情來。在瞭解工農的偉大，自己勝利的參加土改後，我想一定會訣絕這種狹隘的、非無產階級的毒性感情的。

（作者胡思杜，現在華北人民革命大學政治研究院二班七組學習，本文是節錄他的《思想總結》第二部份。）

原載於 1950 年 9 月 16 日《大公報·上海版》、《文匯報》；22 日，香港《大公報》轉發。——《胡適全集·第 34 卷·日記》第 60-65 頁。

8、曾是胡思杜的老師，也是胡適的學生羅爾綱，在看到自己昔日的學生批判自己的父親，感慨到：“我看後啓發我認識到胡思杜與胡適還可以劃清敵我界線，我做學生的，更可以與老師劃清敵我界線了！從此解決了心頭的難題，豁然開朗了。20 年前，我是胡思杜的老師，今天胡思杜是我的老師了！”——《師門五年記：胡適瑣記（增補本）》第 125 頁。

9、1949 年 5 月 11 日，北平輔仁大學校長陳垣在《人民日報》上發表《給胡適之先生的一封公開信》(《陳垣書信往來》第 191 頁——上海古籍出版社,1990 年版)，胡適於 1950 年 1 月 9 日，在《自由中國》2 卷 3 期上，發表了《共產黨統治下決沒有自由——跋所謂‹陳垣給胡適的一封公開信›》，文中說：“我在海外看見報紙轉載的這封‘公開信’，我忍不住歎口氣說：‘可憐我的老朋友陳垣先生，現在已沒有不說話的自由了！’”。（陳垣給胡適的公開信，出自陳垣的學生劉乃和之手，經過陳修改發表。）——《南渡北歸：離別》第 70 頁。

10、1950 年 9 月 11 日，胡思杜給母親去信，在信中叮囑“爸爸少見客，多注意身體。”　《胡適全集·第 34 卷·日記》第 70 頁。

11、1950 年 9 月 16 日，《對我父親——胡適的批判》首發於《大公報·上海版》、《文匯報》；22 日，香港大公報轉發。——《胡適全集·第 34 卷·日記》第 60-65 頁。

12、1957 年，胡思杜被劃爲右派分子，原因之一是他公開表示：“我父親並不是報上說的那個樣子。"——《胡適傳論》第 76 頁。

13、1957 年 5 月 20 日，《人民日報》以《河北高等學校教授針對教育領導工作提出批評》為題，發表'本報訊'，報導該校機械系主任孫竹生及胡思杜"使用卑鄙手段妄圖奪取學校領導權"，文中特別注明，胡思杜乃"胡適的兒子"。——《南度北歸：離別》103 頁。

14、1957 年 8 月 29 日，《河北日報》以《我省各高等學校反右派鬥爭獲得初步勝利》為題，發表'本報消息'："如唐山鐵道學院素稱'鐵樹不開花'的老教授史家宜，在鬥爭中都大膽揭發出右派分子胡思杜等挑撥離間黨與知識份子關係的反動言論。"——《人民文摘》（2012 年第 6 期）'胡適之子胡思杜：拼不上的人生碎片'。

15、1957 年 9 月 21 日，胡思杜在留給親人胡思孟的遺書裏說："現在我沒有親人了，也只有你了。你來了我一定不在了，找我的一個同事，他會告訴你我的一些情況。你是我最親的人了，現在我已經死了，你不要難過。你能吃苦，耐勞。我留下的六百多元錢，公債券二百多元，你的孩子若能上學的話，供給他們上大學。一個手錶也給你，留個紀念。希望你們努力工作，你的孩子們好好學習，為社會主義立點功。"——《南度北歸：離別》103 頁、《文化‧心態‧人格：認識胡適》第 154 頁。

16、此為胡思杜的舅舅江澤涵的回憶，在那種政治環境中，人的恐怖心裏隨處可以見，並且人人似乎都無處可逃。——《南渡北歸：離別》第 104 頁、《文化‧心態‧人格：認識胡適》第 156 頁。

17、同上 15 注釋。

18、胡適先生讀到其兒子批判自己的文章後，回答記者的提問時所講。——《文化‧心態‧人格：認識胡適》第 152 頁、《胡適之先生年譜長編初稿》第 6 冊第 2152 頁。

19、胡思杜死了之後，都不被放過，學院告訴胡思孟，胡思杜是屬於畏罪自殺、自絕於人民；而與組織不同的是，胡思杜在其遺言裏，叮囑自己的親人好好工作，為社會主義立功。——《南渡北歸：離別》第 103 頁。

20、筆者寫這篇文章時，正因為 2016 年去印度見了尊者而受到有關當局的恐嚇與威脅，人身自由處於隨時可能喪失的邊緣，這段時間避難於親戚家，對於那種似乎無處可逃的情境有最為切膚的感受。最大的感受就是，過去的政治陰霾，隨時準備著捲土重來。

參考資料：
1、《胡適傳論》，胡明著，北京人民出版社出版，1997 年版。
2、《陳垣書信往來》，陳智超編，上海古籍出版社，1990 年版。
3、《南度北歸：別離》，嶽南著，湖南文藝出版社出版，2011 年版。
4、《李敖大全集·胡適研究》，李敖著，中國友誼出版社出版，1999 年版。
5、《胡適年譜》，曹伯言、季維龍編著，安徽教育山版社出版，1986 年版。
6、《胡適全集·日記·書信》，季羨林編著，安徽教育出版社出版，2003 年版。
7、《文化·心態·人格：認識胡適》，沈衛威著，河南大學出版社，1991 年版。
8、《胡適之先生年譜長編初稿》，胡頌平編著，臺北聯經出版社出版，1984 年版。
9、《師門五年記·胡適瑣記（增補本）》，羅爾綱著，生活·讀書·新知三聯書店出版，2006 年版。
10、《胡適來往書信選·中冊·下冊》，中國社會科學院近代史研究所、中華民國史組編著，中華書局出版，1980 年版。
11、《萬象》2012 年第 7 期　　《胡適和他的右派兒子》，作者朱止。
12、《文史春秋》1997 年第 1 期——《胡適與胡思杜之死》，作者李偉。
13、《雜文月刊》2012 年第 9 期——《胡思杜的人生悲劇》，作者胡勁秀。
14、《文史精華》2003 年第 4 期——《胡適與愛子胡思杜》，作者郭汾陽。
15、《關東學刊》2016 年第 1 期——《關於胡適的兩則新史料》，作者林建剛。
16、《名人傳記》2014 年（上半月）第 8 期——《胡適父子的最後悲情》，作者嶽南。

17、《現代中國文化與文學》2010年第1期——《胡思杜對父親胡適的批判》，作者張麗霞。

18、《人民文摘》2012年第6期——《胡適之子胡思杜：拼不上的人生碎片》，作者沈虎鄒、吳名、嶽南。

毛澤東時代，政治運動簡列：

次數	運動名稱	時間
1	土地改革	1947 至 1952
2	鎮壓反革命	1950. 10 至 1951. 10
3	抗美援朝	1950. 10 至 1953. 07
4	第一次整風	1950. 05 至 1951
5	連隊民主	1950. 09 至 1951
6	忠誠老實政治自覺	1951. 05 至 1952
7	清理中層	1951. 08 至 1952. 10
8	批判《武訓傳》	1951. 05 至 1952
9	三自革新學習與教會民主改革	1951. 04 至 1954
10	農業生產互助合作	1951. 09 至 1956
11	民主改革	1951. 09 至 1953
12	文化教育戰線和知識份子思想改造	1951. 09 至 1952. 10
13	愛國增產節約	1951. 10 至 1952
14	三反	1951. 12 至 1952. 10
15	文學藝術界整風學習	1951. 12 至 1952
16	五反	1952. 01 至 1952. 10
17	反對違法亂紀	1953. 01 至 1954
18	公私合營	1954. 09 至 1955
19	胡適思想批判	1954. 10 至 1955
20	肅清胡風反革命集團	1955. 01 至 1956
21	增產節約	1957. 02 至 1957. 12
22	肅清反革命分子	1955. 07 至 1957
23	整風	1957. 04 至 1958. 08
24	反右	1957. 06 至 1958. 05
25	農村社會主義教育	1957. 08 至 1958
26	批判馬寅初人口論	1958. 04 至 1960
27	大躍進	1958. 05 至 1960
28	放衛星	1958
29	除四害	1958
30	拔白旗	1958)
31	人民公社化	1958. 07 至 1958. 10
32	全民大煉鋼鐵	1958. 08 至 1960

33	反對右傾思想	1959.07 至 1960
34	反瞞產私分	1960
35	整風整社	1960.05 至 1961)
36	兩憶三查（軍隊）	1960.10 至 1961
37	四清	1963.02 至 1966
38	學習雷鋒	1963.03.05 始
39	憶苦思甜（寫三史）	1963 至 1964
40	工業學大慶	1964.01.25 始
41	農業學大寨	1964.02 至 1976
42	文藝批判	1965 至 1966.04
43	文化大革命	1966.05.16 至 1976
44	紅衛兵	1966
45	三支兩軍	1967
46	三忠於、四無限	1968
47	上山下鄉	1968.12 至 1978.10
48	學'紅寶書'	1969
49	全民挖防空洞	1969.08 至 1970
50	一打三反	1970.01 至 1971
51	清查'五一六'	1970.03 至 1971
52	批陳整風	1970.11 至 1971
53	批林整風	1971.12 至 1972
54	批林批孔	1974.01 至 1975
55	開展對《水滸》評論	1975.08 至 1976
56	批鄧，反擊右傾翻案風	1975.11 至 1977
57	四五	1976

　　此列表，不包括1949年前，毛澤東時代；及1976年後，後毛澤東時代，所發生的運動。毛澤東統治中國期間，大大小小的運動，五六十餘次；每次運動，都會使很多卷入運動中的當事人，受盡迫害與折磨。其中反右運動，是毛澤東給知識份子下的套，用他自己的話講，就是引蛇入洞；此次運動，受到迫害的知識份子，人數多達四五十萬，這都是有數據可查的，還不包括間接受到迫害的人數，其給知識份子造成的傷害，是罄竹難書的。其次是文化大革命，在運動中，可以殺人放火！可以無惡不作！不知多少人受迫害而死？又不知釀造了多少人間慘劇？這場大災難，一直延續到，毛澤東撒手人寰才結束。

國家圖書館出版品預行編目資料

毛澤東把地獄搬到了人間：炎黃子孫在馬列子孫
統治下的苦難記憶／王修求著. --初版.--臺
中市：樹人出版, 2022.05
　　面；　公分
ISBN 978-626-95082-9-7（平裝）
1.CST：文化大革命 2.CST：人物志
3.CST：中國
628.75　　　　　　　　　　111004537

毛澤東把地獄搬到了人間：炎黃子孫在馬列子孫統治下的苦難記憶

作　　者　王修求
發 行 人　張輝潭
出　　版　樹人出版
　　　　　412台中市大里區科技路1號8樓之2（台中軟體園區）
　　　　　出版專線：（04）2496-5995　　傳真：（04）2496-9901
出版編印　林榮威、陳逸儒、黃麗穎、水邊、陳婷婷、李婕
設計創意　張禮南、何佳諠
經銷推廣　李莉吟、莊博亞、劉育姍、李佩諭
經紀企劃　張輝潭、徐錦淳、廖書湘、黃姿虹
營運管理　林金郎、曾千熏
經銷代理　白象文化事業有限公司
　　　　　401台中市東區和平街228巷44號（經銷部）
　　　　　購書專線：（04）2220-8589　　傳真：（04）2220-8505
印　　刷　百通科技股份有限公司
初版一刷　2022 年 05 月
定　　價　280 元